의자를 뒤로 빼지마

의자를 뒤로 빼지마

손낙구 지음
신한카드(구 엘지카드) 노동조합 기획

후마니타스

의자를 뒤로 빼지마

1판1쇄 펴냄 2009년 1월 1일

글쓴이 | 손낙구
기획 | 신한카드(구 엘지카드) 노동조합

펴낸이 | 박상훈
부대표 | 정민용
편집장 | 안중철
책임편집 | 이진실, 안중철
편집 | 박미경, 성지희, 최미정
디자인 | 서진
경영지원 | 김용운
제작·영업 | 김재선, 박경춘

펴낸곳 | 후마니타스(주)
등록 | 2002년 2월 19일 제300-2003-108호
주소 | 서울 마포구 서교동 464-46 서강빌딩 301호(121-841)
편집 | 02-739-9930, 9929   제작·영업 | 02-722-9960   팩스 | 02-733-9910
홈페이지 | www.humanitasbook.co.kr

인쇄 | 표지·인성인쇄 031-932-6966 본문·영창인쇄 031-995-7959
제본 | 일진제책사 031-908-1406

값 12,000원

ISBN 978-89-90106-73-5 03300

이 도서의 국립중앙도서관 출판시도서목록(CIP)은 e-CIP홈페이지(http://www.nl.go.kr/ecip)에서
이용하실 수 있습니다(CIP 제어번호: CIP2008003871).

차례

프롤로그 6

1부 **그해 겨울 '엘사모'**

엘지카드의 성장과 위기 18

유난히 추웠던 2003년 겨울 29

'엘사모'에서 노동조합으로 37

2부 **다섯 번의 봄여름가을겨울**

첫 출항……경영 정상화와 고용 안정을 위하여 62

'만주클럽'이 감자탕을 싫어한 사연 75

전략·전술이 빛난 '대주주 변경 투쟁' 90

회사 통합 과정에서 '10년 농사'를 짓다 131

계약직과 함께한 엘지카드 노조 5년 153

통합 노조 출범 그리고 새로운 출발 175

3부 **일상 속으로……조합원의 벗이 되다**

'가랑비에 옷 젖듯이' 5년간 꾸준하게 186

〈조합원의 날 취재 기록〉'수다'로 시작해 '수다'로 끝나다 208

〈좌담회〉콜센터 노동자의 하루 216

생활 속의 노동조합 활동 247

부록 엘지카드 노조원들의 에필로그 268

엘지카드 노동조합 활동 일지 288

1

이 책은 스스로를 노동자보다는 샐러리맨, 직장인, 회사원 좀 더 구체적으로는 잘 나가는 카드 회사 직원이라고 소개하는 게 더 적절하다고 생각하는 사람들의 직장 이야기다.

사실 같은 직장인이라도 많이 다르다. 하는 일도 천차만별이고 월급이나 대우에도 차이가 있다. 생긴 것도 다르고 고향도 다르고 취미나 특기, 좋아하는 탤런트까지 다르다. 심지어 자신을 호칭하는 방식도 다르다. 하지만 샐러리맨, 직장인, (회)사원, 봉급쟁이, 직원, 노동자, 근로자……, 그 어떤 이름으로 자신을 부르든 이들에게는 공통점이 딱 하나 있다. 남 밑에서 일하며 벌어먹고 산다는 것이다. 그런데 이 공통점이 너무 크기 때문에 같은 직장인으로서 공감대도 넓은 게 사실이다.

이들에게 일하는 자리, 즉 직장은 삶의 터다. 직장이 안정되면 직장인의 생활도 안정된다. 그러나 직장과 일자리가 흔들리면 모든 게 뒤죽박죽이 된다. 직장의 위기는 개인의 위기를 넘어 자신이 생계를 책임지고 있는 가족의 위기로 연결되는 게 현실이기도 하다. 이 책은 바로 직장이 위기에 처한 경험을 갖고 있는 직장인의 얘기다.

이야기는 카드 사태가 터지고 일등 카드 회사 엘지카드가 사실상의 부도로 치닫던 2003년 겨울에 시작된다. 경영진이 부실 경영의 짐을 직원들에게 떠넘기고 거액을 챙겨 도망갔다. 회사는 빚쟁이들 손에서 천당과 지옥을 오갔다. 평탄하게 달리던 길이 갑자기 무너지고 낭떠러지 위로 안개가 자욱했다.

이 책은 낭떠러지 앞에서 엘지카드 사원들이 모여 머리를 맞대고 어떻게 안개 속을 헤쳐 나갔는가를 기록한 실화다. '노조'라는 단어가 나오자마자 '의자를 뒤로 빼며' 거부감을 보였던 입사 10년차 중견 과장들, 이들이 얼떨결에 노조의 주역이 되고 나서 5년 동안 겪은 '좌충'과 '우돌'의 모습을 담았다.

솔직히 말해서 매각되거나 인수 합병을 당하는 직장에서 노동조합 활동은 잘해야 본전이다. 참고할 만한 사례도 거의 없다. 그런 점에서 노동의 '노'자도 생각해 본 적 없는 '초짜'들이 평상시도 아니고 회사 매각이라는 특수한 시기에 매 순간을 어떻게 헤쳐 나갔는지 꼼꼼하게 들여다보는 일은 그 자체로 의미가 있다.

더구나 5년 동안 '부도─채권단 관리─경영 정상화─매각─회사 통합─노조 통합'의 단계마다 상황을 충분히 장악한 점, 나침반이라 할 전략 전술을 탄탄하게 준비한 점, 노조원들의 요구를 정확히 반영한 것은 물론 '대주주─채권단─경영진' 사이의 이해관계의 틈까지 활용하는 정교한 활동, 여론전에 민감한 대응력 등 타산지석이 될 만한 성과를 많이 남겼다.

회사가 부도 위기에 몰릴 때 가장 먼저 무슨 일이 벌어질까? 우리사주가 깡통이 됐는데 어떻게 해야 하나? 채권단 관리 체제에서 노조는 경영진을 어떻게 대해야 할까? 10여 단계를 거치는 매각의 구체적인 절차는 어떻게 되며, 단계마다 일자리와 생존권은 어떻게 관련이 되고, 노조의 대응 전략은 무엇이어야 하는가? 회사를 처음 '접수'할 당시의 채권단과 회사를 팔아먹을 때의 채권단의 모습은 무엇이 다를까? 회사를 인수한 새 경영진을 상대로 노조가 가장 먼저 해야 할 일은 무엇일까? …… 셀 수 없이 밀려오는 '난생 처음 겪는' 일들을 마주하여, 그때마다 직장인이 살기 위해 뭘 해야 하는지에 대해 이 책은 친절하게 알려줄 것이다.

이런 점에서 이 이야기는 엘지카드라는 직장 한 곳을 무대로 하고 있지만, 직장인이라면 언제 어디서 마주할지 모르는 보편적인 주제를 담고 있다. 특히 인수 합병, 구조 조정 등으로 비슷한 처지에 있는 직장인들에게 좋은 경험담이 자 참고서가 될 것이다.

2

5년에 걸친 엘지카드 노조의 활동은 대주주나 채권단에 대한 대응 면에서뿐 만 아니라 노조 활동 면에서도 주목할 만한 특별한 맛을 느낄 수 있다. 이 특별 함은 단순하고 소박한 상식에 입각해 노조를 운영한 평범함에서 나온다.

'계약직 노동자가 노조에 가입하는 것은 당연하다. 되도록 많이 가입시켜 힘 을 키워서 비정규직 문제를 해결하기 위해 최선을 다해야 한다.' 이것이 노조의 첫 번째 선택이었다. '노동자의 힘은 다수가 참여하는 쪽수에서 나온다' '가장 어 려운 약자들의 고생을 덜어 주는 것이 노조가 할 일이다'라는 단순하고 소박한 상식에 따른 것이었다. 옳지만 감수해야 할 게 있기에 좀처럼 가려 하지 않는 길, 애쓴 만큼 성과가 나기 어려워 큰 박수는 쏟아지지 않겠지만, 해야 하는 일 이기에 피하지 않고 상처도 입으며 5년을 걸어왔다. 요즘 이런 선택, 특별하지 않은가.

'노조원들이 회사와 노조가 어떻게 돌아가는지를 잘 알아야 노조가 힘이 생긴다. 한 달에 두 번은 모든 직원이 모여 노조 집행부가 알고 있는 고급 정보를 다 알게 하자. 같은 직장에 다니면서도 서로를 잘 모르는데, 모여서 정기적으로 '수다'도 떨며 친해지고, 그날만은 칼퇴근할 수 있게 하자. 그 모임을 '조합원의 날'이라 하자.' 이렇게 시작된 조합원의 날이 5년간 계속되고 있다. 그 이름이 무엇인들 어떠랴. 단체협약에 보장된 교육 시간도 아닌데, 매달 두 번 근무시간 중 한 시간을 빼 열 명, 스무 명씩 모여 피자도 먹고 통닭도 먹고 쉴 새 없이 '수다를 떨다' 칼퇴근하는 일을 5년 동안 꾸준히 해왔다. 보장된 교육 시간도 잘 활용하지 못하는 요즘에 이런 선택, 특별하지 않은가.

'노조는 노조원들의 일상 속에 있어야 한다. 노조원들의 부모나 가족들에게 효도 관광을 시켜 드리자. 배보다 배꼽이 더 큰 여행사 관광 말고 말 그대로 진짜 여행을 체험하게 하자. 이런 일을 노조가 하면 안 되는 건가? 한번 해보자.' 이렇게 시작된 효도 관광이 인기 폭발이다. 여직원을 위한 금연 캠페인, 알뜰 장터, 문화 공연 할인, 인터넷 고충 상담방 운영, 사회봉사 활동 활성화를 위한 사회 공헌제 도입 추진, 생리휴가 사용 운동, 문예패 '이루리' 활동……. '노조가 하면 안 되는 활동이란 없다' '노조원 생활 구석구석에 인기 있는 일은 다 노조와 관련 있다'는 도전은 아직 미완이지만 신선하다.

'낯선 사람과 하루에 2백 통 넘게 전화 통화를 하면서 먹고사는' 신종 직업 콜센터 노동자들의 직장 생활을 들여다볼 수 있는 것도 엘지카드 노조 활동에서 만나게 되는 특별한 점이다. 세 시간 넘게 살아온 얘기를 하거나 심지어 욕설에 성희롱을 해도 '고객이니까' 전화를 끊을 수 없는 직업, 감정의 동물인 인간의 본성을 무시하고 항상 '좋은 기분'을 유지해야 하는 이른바 감정 노동자, 차라리 다리가 부러지면 몰라도 '좋은 목소리'에 병이 나면 끝인 사람들, 한 번도 제대로 알려진 적이 없는 37만 명에 달하는 콜센터 노동자들의 직장 생활을 당사자들의 육성으로 직접 들어 보았다. 이들의 이야기가 노조의 범위 안에서 이루어지고 있다는 것, 그것만으로도 특별하지 않은가.

이 책에서 초짜들이 '우리만의 방식'을 고집하며 만들어 낸 노동조합 일상 활동의 새로운 전형을 만나 볼 수 있을 것이다.

3

이 책은 크게 세 부분으로 구성되어 있다. 먼저 엘지카드 노동조합이 탄생한 배경을 살핀 뒤, 노조 활동을 중심 활동과 일상 활동으로 나누어 5년간의 활동을 다룬다.

1부에서는 잘나가는 일등 카드 회사에서 어떻게 노동조합이 탄생하게 되었는지를 살펴본다. 신용카드 산업의 성장과 엘지카드의 등장 과정, 카드 사태로 엘지카드가 부도 위기에 몰렸을 때 그 안에서 무슨 일이 벌어졌는지를 살핀다. 유난히 추웠던 그해 겨울, 죽고 싶을 만큼 답답한 심정으로 모였지만 '노조'라는 단어가 나오자 겁부터 덜컥 집어 먹은 사람들, 유령 노조를 만난 '엘지카드를사랑하는모임', 밸런타인데이를 디데이(D-day)로 잡고 노동조합을 탄생시키기까지를 이야기한다.

2부에서는 부도 위기와 채권단 관리 체제, 매각을 거쳐 새로운 대주주가 온 뒤까지 각 단계마다 노동조합이 어떻게 대응해 나갔는지를 살펴본다. 부도 위기에서 조기 경영 정상화와 고용 안정을 위한 활동, 직원 한 사람당 평균 5천만 원에 달했던 우리사주 문제 해결을 위한 교섭과 활동을 다룬다. 특히 회사 매각이라는, 노조로서는 만만치 않은 사안을 다루면서 '매각에 임하는 노조원의 마인드부터 바꿔야 한다'며 '대주주 변경 투쟁'이라는 이름으로 매 시기마다 어떤 전략, 어떤 전술을 구사하며 대응해 나갔는지를 상세하게 살펴본다.

또 잘나가는 카드 회사 정규직 직원들이 중심이 된 노동조합인데도, 출발부터 비정규직인 계약직 노동자들을 노조원으로 받아들인 과정, 계약직 문제를 해결하는 과정에서 부딪치게 되는 이상과 현실, 그 속에서 겪게 되는 시련을 있는 그대로 짚어 본다. 대주주가 변경된 뒤 모든 것을 다 바꿔야 하는 상황에서 '10년 농사'라 할 통합 인사 제도를 제정하는 활동과, 노조 통합을 거쳐 더 높은 돛을 달고 더 넓은 바다로 나아가는 새 출발의 여정도 살펴본다.

3부에서는 생활 속의 노동조합 활동이라는 주제로 노동조합의 일상 활동을 알아본다. 한 달 중 두 번째와 네 번째 수요일에 전국 1백여 곳에 흩어져 일하는 직원들이 15명씩 조를 나눠 모두 모이는 '조합원의 날' 활동이 5년 동안 어떻게 진행됐고 발전해 왔는지 살펴본다. '조합원의 날'에 직접 참석해 쓴 취재 기록도 덧붙였다.

여직원 여덟 명이 거침없이 쏟아 내는 콜센터 노동자의 직장 생활 이야기인 "좌담회 : 콜센터 노동자의 하루"에서는 '상담원'이니 '텔레마케터'로 불리는 콜센터 직장인의 생생한 현실이 드러난다. 2008년 현재 37만 명이 종사하는 콜센터 산업의 노동 현실에 관한 당사자들의 증언이 거의 없다는 점에서 귀 기울여 볼 만한 얘기다.

또 노조원 부모나 가족에게 효도 관광을 시켜 주는 노조, 금연 캠페인에 앞장서고 책과 DVD를 빌려주는 노조, 알뜰 장터를 열고 문화 공연비를 깎아 주는 노조, 신속·정확·보안이 생명인 노조 고충 상담방 등 직원들의 일상에 스며든 엘지카드 노조의 활동 사례를 묶어 소개한다.

이 책의 집필은 노조가 출판사에 지난 5년간의 활동을 기록으로 남기고 싶다는 제안을 했고 출판사가 필자에게 일을 맡기면서 시작되었다. 그게 2008년 가을이다.

책을 쓰기 위해 해마다 노조가 묶어 낸 활동 보고는 물론 소식지, 조합원의 날 자료, 사내 게시판 게시물 등 관련 기록을 모두 들춰 보면서 동시에 관련자 인터뷰, 현장 방문 등을 계속했다. 이 책을 쓴 나는 2004년 진보정당 국회의원 보좌관으로 일하기 전까지 19년 동안 꼬박 노동운동을 해왔기 때문에 노조 활동을 이해하는 데 큰 어려움은 없었다.

내 의견을 내세우기보다는 되도록 엘지카드 노조 활동을 있는 그대로 기록하려 했다. 이 책을 펴내는 취지에 비춰볼 때 그렇게 하는 게 옳다고 생각해서다. 그러나 솔직히 말해서 어떻게 주관을 완전히 배제하겠는가. 사실 1999년부터 5년간 민주노총 대변인을 맡긴 했지만, 그전까지 내 노동운동 경력은 모두 금속 제조업 분야였다. 그러다 보니 아무래도 금속 제조업 분야에서 몸에 밴 익숙한 시각과 경험으로 사무직 노조의 활동을 들여다보고 있는 것은 아닌가 하는 생각이 문득문득 들기도 했다.

조합원의 날과 지회장(단) 운영, 생활 속의 노동조합 활동 등 노조의 일상 활동에 대한 필자의 관심과 평가는 금속 제조업에서 경험해 보지 못했던 아쉬움을 바탕으로 '신선하다'는 느낌을 품게 된 결과다.

책을 쓰는 과정에서 충분하지는 않지만 노조 간부들과 대의원, 지회장, 계약직을 포함한 노조원들과 여러 차례 인터뷰나 좌담회를 가졌다. 처음 노조를 방문했을 때 한 간부가 "솔직히 저는 책 내는 거 반대했습니다. 어쨌거나 저희가 다른 분들에 비해 연봉이 높은 사무직 노조인데 ……"라고 말했다. 그리고 그때나 지금이나 내 마음 한구석에도 비슷한 생각이 자리 잡고 있음을 부정할 수 없다.

하지만 노동자는 공통점이 크면서도 차이가 있기 때문에 노조 활동도 당연히 다르다. 노조는 특별한 사람이 하는 게 아니라, 같은 학교 출신들이 '아이러브스쿨' 같은 모임을 갖거나 고향이 같은 사람들끼리 향우회를 하듯이, 직장인이라면 다들 부담 없이 할 수 있는 일이 돼야 노동운동도 제대로 발전하는 것이고, 나라도 진짜 선진국이 되는 것 아니겠는가. 이런 분위기가 사회적으로도 당연하게 여겨지고 정치도 이 입김에 확 바뀌는 게 사회 발전 아니겠는가.

더구나 노동이 분화되고 제조업 비중이 갈수록 줄어드는 상황에서 사무직이나 서비스 분야에 알맞은 풍부한 활동 양식을 만들어 나가야 한다. 다양함은 사실 대중조직인 노조의 힘이기도 하다. 따라서 다양함을 인정하고 조화를 꾀하되 큰 방향을 잘 잡아 가는 게 중요하다고 보면, 노조 운동의 구석구석 어느 것 하나 소중하지 않은 게 없다. 이런 점에서 사무직 노조의 특성을 잘 갖추고 있는 엘지카드 노조 활동을 이해하는 일은 현실에 존재하는 다양한 노조 운동에 대한 이해의 폭을 넓혀 주는 점이 있다.

아울러 상당한 조직력과 힘을 갖춘 노동조합 활동이 건강함을 잃지 않는 게 매우 중요하다고 본다면, 엘지카드 노조 활동에서는 비정규직 노동자들과 함께하려고 나름대로 노력한다든지, 매각과 같은 까다로운 문제에 대해서도 상당한 수준의 경쟁력을 갖춰 대응했다든지, 일상 활동을 열심히 했다든지 등 찬찬히 들여다볼 만한 내용이 꽤 있었다.

물론 조기 경영 정상화를 위한 무분규 선언이나 조기 출근 지침과 같이 노조 활동으로 일반화하기 어려운 대목도 있는 게 사실이다.

책을 쓰면서 가슴이 참 답답할 때가 있었다. 콜센터에서 일하는 여성 노동자들과 좌담회를 마치고 같이 소주잔을 기울였는데, 얘기를 나눌수록 자꾸만 마음이 착잡해졌다. 노동문제 이전에 인권의 사각지대에 놓인 사람들. 전국적으로 37만 명이나 되는 이들은 대부분 비정규직이고 여성들인데, 나 자신을 포함해 노동운동과 사회운동, 법과 제도 그 어느 누구도 이들에게 무심한, 그리고 실태조차 알려지지 않은 현실이 참 부끄러웠다. 이런 문제를 어떻게 해결해야 하는가. 책을 쓰는 동안 아무리 마음을 비우려 해도 상념에 젖는 일까지 피할 수는 없었다.

다른 한편으로 콜센터 노동자들이 맞닥뜨린 현실을 해결하기 위해서라도 산별노조 운동이 더 속도를 내야 한다는 생각이 들었다. 그래도 엘지카드 노조는 계약직과 함께하려 노력했기 때문에 비정규직 노동자 일부라도 보호할 수 있었다. 그러나 기업주가 직접 고용하지 않은 파견직이나 성격이 더 복잡한 위임 계약직은 포괄할 수 없는 상황이다. 왜냐하면 출발이 기업별노조였고, 활동을 열심히 해서 노조를 강화한 결과는 기업별노조 체제의 완성도를 높여 가는 과정이기 때문이다. 이 점을 어떻게 풀어낼지는 사실 전체 노동계의 숙제다.

엘지카드 노조는 2003년 겨울 카드 업계의 심각한 위기를 배경으로 탄생해 위기에 처한 직장인을 보호하며 오늘까지 올 수 있었다. 노조 탄생 이후 다섯 번째 맞는 2008년 겨울 '엘지카드 노조' 이름으로 펼쳐 온 활동을 마무리했다. 그리고 '신한카드 노조'라는 더 큰 돛을 달고 더 넓은 바다로 새 출발을 선언하게 되었다. 그런데 역설적이게도 카드 업계는 다시 위기 조짐이 일고 있다. 이 책을 처음 기획하던 가을까지만 해도 이렇게 빨리 미국발 금융 위기가 실물경제까지 움츠러들게 할 줄은 미처 예측하지 못했다.

위기 상황에서 기꺼이 총대를 멨던 황원섭 노조 위원장은 어느 날 이렇게 뒤

늦은 회한을 털어놓은 적이 있다. "2003년 그 춥던 겨울을 생각하면 지금처럼 강력한 노동조합이 진작에 있었더라면 경영진과 대등하게 마주앉아 경영을 감시하고 견제함으로써 대주주가 한순간에 회사를 말아먹고 거액을 챙겨 튀는 상황, 그래서 직장인들이 졸지에 생존의 벼랑 끝에 몰리는 상황을 막을 수 있었을 텐데……."

직장이 위기에 처하고 대주주마저 먹고 튄 상황에서 직장인들은 정말 많은 것을 희생해 가며 일자리를 지켜 왔고 그 덕에 직장은 안정을 찾을 수 있었는데, 또 위기 조짐이 일고 있는 것이다. 어쩌면 주기적인 직장의 위기는 자본주의 체제가 지속되는 한 직장인에게 피할 수 없는 숙명인지도 모를 일이다.

그러나 설사 또다시 위기가 몰아친다 해도 적어도 자신을 대변해 줄 노조도 없이 죽고 싶을 만큼 답답했던 다섯 해 전 겨울과 같지는 않을 것이다. 그래도 이 책에 등장하는 직장인들은 노동조합이라는 든든한 바람막이를 만들어 놓았으니까. 다시 다가오는 위기에서 엘지카드 노조, 아니 새로운 신한카드 노동조합이 '더 순박하고 더 단순하게 상식을 철저히 지키는' 멋진 활동을 펼치길 기대해 본다.

이 책이 나오기까지 많은 분들의 도움을 받았다. 5년간의 기억을 더듬어 가며 여러 차례 인터뷰를 마다 않고 자료나 사진을 챙기고 내용을 거듭 검토한 노조 간부들, 좌담회를 함께한 서울콜센터 여성 노조원들, 조합원의 날 행사를 함께한 서울 고객서비스팀과 광주 중부신용센터 노조원들의 수고에 감사드린다.

이 책의 집필을 선뜻 필자에게 맡기고, 빠듯한 발간 일정에도 불구하고 원고를 여러 번 돌려 읽어 가며 꼼꼼히 편집해 직장인들에게 도움이 되는 책으로 만들어 준 후마니타스 식구들에게도 고마운 마음을 전한다.

그해 겨울 '엘사모'

카드 사태가 터진 2003년 겨울
1등 카드 회사 엘지카드에는 무슨 일이 벌어졌을까
엘지카드라는 회사가 성장하고 위기를 맞는 과정,
유난히 추웠던 그해 2003년 겨울의 상황
그리고 '엘사모'가 뜨고 노동조합을 결성하기까지를 살펴본다.

죽고 싶을 만큼 답답합니다. 그 답답함의 정체는 무엇일까요?
당장 죽어가고 있는 나를 위해서 아무것도 하지 못하고 있기 때문입니다.
답답함의 정체는…… 용기 없음이고 비겁함입니다.
일어서야 합니다. 행동으로 보여야 합니다. 당장의 우리 이익을 위해서가 아니라,
우리의 삶터를 살려 내고 우리의 미래를 우리 손으로 일구기 위해서입니다.
그리고 우리의 자존심을 지키기 위해서입니다.

엘지카드의 성장과 위기

생활 깊숙이 들어온 신용카드

카드가 어느새 한국인의 생활 속으로 깊숙이 들어왔다. 카드로 하루를 시작해 카드로 하루가 끝나는 시대다.

지갑에 빳빳한 만 원짜리가 두툼하게 들어 있어야 안심이 되던 시대는 지나고, 카드 몇 장만 있으면 아무 걱정이 없는 시대가 되었다. 물건 살 때나 밥 먹을 때, 심지어 버스 요금과 같은 잔돈을 낼 때도 카드가 사용되고, 해외에 나가서도 달러나 유로가 없어도 신용카드만 있으면 아무 문제가 없다.

내 지갑 속에는 카드가 몇 장이나 들어 있을까?

2007년 말 현재 우리나라에서 발급된 카드는 모두 1억9천만 장으로, 국민 1인당 평균 네 장씩 갖고 있는 셈이다. 1인당 평균 다섯 장씩 갖고 있는 미국에 이어 세계에서 두 번째로 많다. 1년 동안 카드 사용 건수는 40억 건에 달하고 사용 금액은 423조 원에 이른다. 하루 평균 1천만 번 넘게 카드를 긁고 있으며, 하루 사용 금액도 1조2천억 원에 육박한다. 카드를 사용할 수 있는 가맹점도 1,470만 개에 달한다.

카드는 대금을 언제 지불하느냐에 따라 물건을 사고 나중에 지불하는 신용카드, 물건을 사는 동시에 지불되는 직불카드, 미리 돈을 지불하고 카드를 구입한 뒤 잔액 범위 안에서 사용하는 선불카드로 나뉜다. 이 가운데 가장 많이 사용되는 게 신용카드다.

신용카드는 2008년 6월 현재 9,240만 장이 발급됐는데, 20세 미만에게는 발급되지 않는다는 점을 감안하면 경제활동인구를 기준으로 1인당 3.7장씩 갖고 있는 셈이다. 하루 평균 신용카드 사용 건수는 무려 1,084만 건, 사용 액수도 1조2,280억 원에 달한다. 신용카드를 사용할 수 있는 가맹점 수도 1,516만 개에 달한다.

민간 소비지출에서 신용카드 매출이 차지하는 비중이 현금 서비스를 제외하고도 50퍼센트에 달한다니, 국민들이 소비할 때 쓰는 지출액의 절반을 신용카드로 결재하는 셈이다. 금속이나 종이로 된 돈도 아니고 단지 플라스틱일 뿐인데, 이제는 현금보다 더 자주 쓰이고 있는 것이다.

신용카드의 등장과 보급

신용카드가 등장한 것은 언제부터였을까?

신용카드는 현금과 수표의 뒤를 잇는 '제3의 화폐' 또는 '플라스틱 머니'라 불린다. 신용카드가 출현한 것은 미국의 경우 1950년대, 한국의 경우 1960년대 말까지 거슬러 올라간다. 세계 최초의 신용카드는 다이너스 카드

(Diners Card)라는 이름에서 알 수 있듯이 저녁 식사(Dinner)와 회원권(Card)을 결합한 '식당 회원권'으로 시작되었는데, 미국 자본주의의 금융화 추세에 따라 신용이 증가하면서 빠르게 성장해 왔다.

한국에 신용카드가 등장한 것도 1967년 미국인들이 한국을 방문했을 때 호텔 등에서 미국의 다이너스클럽 카드를 사용할 수 있도록 하기 위해 한국 내 총판 대리점 계약을 맺으면서부터였지만, 한국인이 처음 신용카드를 발행한 것은 1969년 신세계백화점에서 시작되었다. 뒤이어 1970년 조선호텔, 1974년 미도파백화점, 1979년 롯데쇼핑센터와 코스모스백화점 등 카드 발행 초창기에는 주로 유통업계에서 고정 고객을 확보하고 판매를 촉진하려는 목적으로 발행됐다.

1978년 등장한 코리안익스프레스의 KE카드와 한국신용카드의 KOCA 카드는 다양한 가맹점을 갖추고 기능도 이전에 비해 확대된 본격적인 신용카드의 시발점이 됐다. 1978년 한국외환은행의 외환카드, 1980년 국민은행의 국민카드에 이어 1982년 다섯 개 시중은행이 공동으로 은행신용카드(BC카드)를 발행하고 1985년에는 BC카드 회원 은행이 13개로 확대되었다. 외국 카드사의 한국시장 진출도 활발해져 1984년부터 다이너스클럽과 아메리칸익스프레스가 내국인에게도 카드를 발급하기 시작했다.

역대 정부는 일찍부터 신용카드 사용을 장려했다. 왜 그랬을까? 현금 대신 신용카드 사용이 늘면 거래가 투명해져 지하경제나 부정부패가 줄어들 뿐만 아니라 세금을 그만큼 많이 거둘 수 있기 때문이다. 신용카드 구매액이 1퍼센트 늘어나면 부가가치세 납부세액이 최대 1.6퍼센트 늘어나게 되는데, 실제로 신용카드를 통한 세금의 순증가 총액은 2000년 2조5천억 원, 2001년 10조5천억 원에 육박했다. 아울러 신용카드 산업의 성장은 관련 산업의 성장과 함께 국내외의 금융 자유화 추세와도 맞아떨어졌다. 정부의 강력한 카드 사용 장려와, 유통업계의 뒤를 이어 은행권이 가세하면서 대중화되던 신용카드는 컴퓨터가 보급돼 대량으로 신속한 정보 처리가 가능해진 가운데 86아시안게임과 88서울올림픽 등 국제 행사를 거치면서 더 확산됐다.

1970년대 말 신용카드 회원 수는 5만 명 수준이었으나 1986년 말에는 유통업계를 포함해 240만 명으로 늘었으며, 가맹점도 11만8천 개로 불어났다.

엘지카드의 창립과 성장

이처럼 신용카드가 급속히 보급되자 정부는 그간 발생한 문제점을 해결하고 신용카드 산업을 본격적으로 육성하기 위해 1987년 〈신용카드업법〉을 제정했다. 이때부터 신용카드가 하나의 독립된 산업으로 자리 잡게 되었으며, 현재의 신용카드가 제도화된다.

당시 법은 신용카드 사업자의 부실을 막기 위해 신용카드사의 자격 요건을 제한하고 기존 카드사들도 새로 등록하도록 했으며, 신규 카드업 진출을 엄격히 제한했다. 은행의 경우에도 은행 겸영 업무가 아닌 별도의 법인을 만들도록 했다. 이에 따라 카드 사업에 진출하려는 국내 재벌들은 기존 카드사 인수에 나섰고, 은행들은 별도의 카드 회사 설립에 나섰다. 1987

1998년 국가 부도 상황에서 정부는 경기 부양을 위해 신용카드 사용 활성화를 대대적으로 추진한다. 카드만 있으면 옷을 사고, 운동을 하고, 문화생활도 즐길 수 있을 것이라 생각했다. 고객들의 카드빚이 눈덩이처럼 커지는 바로 그 시기 엘지카드가 업계 1위로 도약했다.

년 국민신용카드, 장은신용카드, 환은신용카드 등 은행권이 카드업 전문 회사를 설립했고, 엘지와 삼성 등 재벌 역시 각각 코리안익스프레스와 구한국신용카드를 인수해 신용카드 사업에 뛰어들었다.

당시 80퍼센트 이상이 제조업에 집중돼 있던 엘지그룹은 시대 변화에 따라 금융 및 서비스업 진출을 모색하던 중 1987년 코리안익스프레스를 인수하고, 1988년 3월 9일 상호를 주식회사 엘지신용카드로 변경해 본격적인 신용카드 사업을 시작했다. 엘지카드의 시장점유율은 1993년 8.5퍼센트를 기록한 데 이어 1995년 9.5퍼센트, 1997년 11.4퍼센트 등으로 꾸준히 성장했다. 그러나 외환 위기 이전까지만 하더라도 카드 시장은 선발 주자이면서 전국적 영업망과 현금 서비스 시설의 우위를 바탕으로 한 은행계 카드사가 절대 우위를 지켰다. 또 경쟁 업체인 삼성카드가 1993년 12.6퍼센트, 1995년 11.5퍼센트, 1997년 14.0퍼센트의 시장점유율을 기록하는 등 엘지카드를 언제나 1~2퍼센트 정도 앞선 상황이었다.

1997년 외환 위기가 터지자 엘지카드는 영업 규모와 차입금 규모를 줄이는 한편, 카드 발급 심사 기준을 강화하고 연체 채권 회수 인력을 늘려 연체율을 낮추는 방식을 동원해 위기를 넘긴다. 그리고 외환 위기 뒤 새로운 시장 상황에서 공격적인 경영으로 급속히 성장하게 된다.

1998년 국가 부도 상태에서 집권한 김대중 정부는 경기 부양을 위해 신용카드 사용 활성화를 대대적으로 추진한다. 당시 신자유주의 금융 세계화와 외환 위기를 거치면서 외국자본이 은행 대부분을 사들여 정부의 통제 범위를 넘어선 상태에서, 정부는 제2 금융권 특히 신용카드를 이용해 소비자에게 돈을 풀어 내수 시장을 살리고 경기를 부양하려 했다.

이를 위해 카드사에 일반 대출과 어음 할인 등 광범위한 부대 업무를 허용하고, 총 차입 한도와 카드 발급 기준을 폐지했으며, 월 70만 원까지만 이용할 수 있었던 현금 서비스 한도를 폐지했다. 신용카드 사용액에 대해 연말 소득공제 혜택을 주고, 가맹점에 세액공제를 해주는 한편 신용카드 복권제도 도입했다. 또 규제 완화를 명분으로 카드사에 대한 정부의 규제와 감독도 대부분 사라졌다. 정부 정책에 힘입어 카드 시장은 폭발적으로 팽창했고, 카드 산업은 '황금 알을 낳는 거위'가 되어 갔다.

엘지카드는 설계사 조직을 동원한 신규 회원 모집, 소비 욕구가 왕성하나 현재 소득은 부족한 20~30대를 겨냥한 2030카드 및 젊은 여성층을 공략하는 레이디카드의 개발, 현금 대출과 카드론 등 소비자 금융 영업의 대폭 강화, 현금 서비스 한도 증액, 3만여 개의 CD기 망 보유, 유통업체들과의 제휴 강화 등 공격 경영에 박차를 가한다.

그 결과 엘지카드는 1998년에는 시장점유율 14.6퍼센트로 삼성카드(12.6퍼센트)를 따라잡았고, 2000년에는 19.6퍼센트로 실질적인 1위였던 은행계의 국민카드(17.7퍼센트)까지 제치고 국내 최대의 카드사가 되었다. 회원 수도 2000년 1천만 명을 초과해 2001년 한 해 동안에만 4백만 명을 늘렸으며, 카드 이용 실적은 1999년 18조에서 2002년 160조 원으로 급증했다. 이에 따라 1998년 엘지카드의 당기순이익은 3백억 원 수준이었으나 1999년 카드 업계 최초로 1천억 원을 돌파했으며, 2000년 4천억 원, 2001년 6,500억 원 등으로 급격히 치솟았다.

'카드 대란'과 엘지카드의 위기

몇 년 전 캐나다에서는 집으로 배달된 신용카드 신청서에 기르고 있는 개의 이름과 생일, 연봉을 적어 보냈는데도 신용카드가 발급되는 일이 일어나 카드 회사의 무분별한 카드 발급이 논란이 된 적이 있다.

이와 비슷한 일이 우리나라에서도 벌어졌다. 외환 위기 뒤 정부의 신용카드 활성화 대책으로 카드업에 대한 규제가 풀리자 신용카드사 간에 회원을 유치하기 위한 경쟁이 과열돼 신분증도 확인하지 않는 '길거리 모집'이 성행하고, 소득 없는 대학생은 물론, 저소득층, 미성년자, 심지어 노숙자에게도 신용카드가 발급됐다.

그 결과 1999년 3,900만 장이던 신용카드 발급 장수는 2002년 1억 장을 넘겼고, 신용카드 이용액도 1999년 91조 원에서 2002년 623조 원으로 급증했다. 그런데 카드 이용액 중 가장 큰 비중을 차지하는 것이 60퍼센트를 웃도는 현금 서비스 사용액이었고, 카드론(대출)까지 포함할 경우 비중은 70퍼센트를 넘어섰다. 현금 서비스 비중이 높은 이유는 카드 회사들의 수익 구조를 보면 알 수 있다.

카드 회사는 어떻게 돈을 벌까? 카드 회원이 내는 연체료와 할부 이자, 가맹점 수수료, 현금 서비스와 카드론 등이 수입원이다. 이 가운데 외환 위기 이후 카드사들은 주로 현금 서비스와 카드론으로 돈을 벌었다. 왜냐하면 카드사 간 과당경쟁으로 연회비가 사실상 없어지고 무이자 할부 등이 활발해졌기 때문이기도 하지만, 무엇보다도 연 30퍼센트대의 고금리인 현금 서비스를 통해 손쉽게 돈을 벌 수 있기 때문이다. 더구나 1999년에 월

카드채 신규발행 '실종'

지난달 1400억 그쳐…3년만에 최저

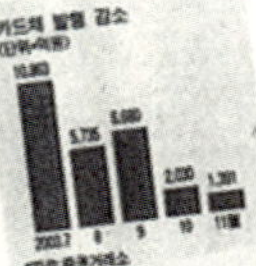

카드사태 아직도 살얼음판

LG카드 타결불구 카드債시장 '꽁꽁'

LG카드 오늘 중대 고비

국민·신한銀등 공동관리 반대…청산 가능성도

LG카드 우리사주 "나 어떡해"

임원 수억·직원 수천만원 손실

구조조정에 내몰리고… 우리사주는 빚더미

카드사직원 '혹독한 겨울'

연체금 회수에 카드社 안간힘

채권추심 조직·인력 보강에 주5일근무 반납등 비상경영

'카드 大亂' 오나

1월 연체 8조원… 한달새 23% 급증

2003년 카드 사태 당시 신문 보도

70만 원으로 제한되던 현금 서비스 한도가 폐지되자 카드사들은 한도를 1천만 원까지 올리며 현금 서비스 사용을 장려했다.

그런데 고소득층은 비싼 수수료가 붙는 현금 서비스를 이용하지 않기 때문에 카드사들은 주로 은행에서 돈을 빌려 주지 않는 저소득층을 대상으로 자금을 운용하게 된다. 그러나 만약 이들이 빌린 돈을 갚지 못하면 큰 위험이 따르게 된다. 높은 수익이라는 달콤함에는 큰 위험이 도사리고 있는 게 현금 서비스 영업인 것이다.

결국 카드 발급 남발과 현금 서비스 중심의 공격적 영업 활동은 소득이 적은 사람들이 능력 이상의 많은 카드빚을 떠안게 해 신용 불량자를 양산하게 되었다. 1997년 말 143만 명 수준이던 신용 불량자 수는 기업 도산과 대량 실업으로 1998년 193만 명으로 늘어난 뒤 2000년 말까지 2백만 명 수준을 유지했다. 그러나 2001년부터 가파르게 증가하기 시작했고 2003년 한 해 1백만 명 이상이 급증해 4백만에 육박함으로써 경제활동인구의 16퍼센트가 신용 불량자가 되었다. 이렇게 된 데는 2000년 말 44만 명 수준이던 신용카드 관련 신용 불량자가 2004년 말 243만 명으로 늘어난 게 결정적이었다.

2002년 하반기 이후 국내 경기가 급속히 악화됨에 따라 소비자의 상환 능력이 빠른 속도로 떨어졌으며 이는 카드사 연체율 상승의 직접적 원인이 됐다. 카드 회사가 고리대금업으로, 신용카드가 '신용'을 잃고 '대출' 카드로 전락하는 가운데 신용카드 산업은 '황금 알을 낳는 거위'에서 '미운 오리 새끼'로 국민경제의 골칫덩이가 되어 버렸다.

그 한가운데에 엘지카드가 있었다. 엘지카드는 길거리 모집 등으로 소득이 없는 사람에게까지 마구잡이로 카드를 발급하여 회원의 질이 급속도로 악화되었다. 그 결과 엘지카드의 신규 발급 인원 중 무자격자 등 비우량 회원의 비중은 1999년 47퍼센트에서 2002년 64퍼센트로 증가했다.

또 무분별하게 한도를 확대하는 현금 서비스 중심의 성장 전략은 돌려막기 고객을 양산했으며, 고액 다중 연체자들로 말미암아 부실 규모가 기하급수적으로 증가했다. 2002년 엘지카드의 신용판매와 현금 서비스 비율은 27 대 73으로 매출액의 73퍼센트를 현금 서비스 영업으로 올렸다. 2004년 3월 말 기준으로 엘지카드의 신용 불량자 수는 110만 명에 달했다.

엘지카드 총자산은 1999년 6.4조 원에서 2002년 32조 원으로 연평균 70퍼센트 이상 증가했는데, 과도한 차입 경영으로 2002년 차입금 배율이 무려 18배에 달해 빚으로 잔치를 벌인 꼴이었다. 엘지카드는 3,500억이던 순이익이 2003년 7조 원을 넘는 대손상각의 증가로 5조5천억 원이 넘는 순손실을 입게 되어 3조2천억 원의 자본 잠식을 겪는다.

엘지카드는 2003년 6월부터 11월까지 불과 6개월 만에 신규 연체액이 7조3천억 원 발생하는 거대한 유동성 위기에 직면했다. 자산 부실이 심화되고 재무 상황이 악화되자 시장에서 자력으로 자금 조달이 불가능해졌고, 은행계 카드사나 삼성카드사와는 달리 수신 기능이 있는 모은행이나 자매사의 배경이 없는 엘지카드는 유동성 위기를 그대로 맞을 수밖에 없었다. 결국 엘지카드는 신규 여신 및 기존 여신의 연장을 중단해야만 했고, 1만7천 개의 가맹점으로부터도 사용을 거부당했다. 사실상의 부도 상태로 치닫게 된 것이다.

유난히 추웠던 2003년 겨울

2003년 11월 엘지카드는 결국 부도 위기를 맞았다. 우리나라 최대의 신용카드 회사인 엘지카드는 연체율 증가 등으로 이미 3월에 유동성 위기를 맞았다. 그러나 정부가 3월과 4월 두 차례 대책을 내놓음으로써 금융회사의 회사채 만기 연장, 추가 자금 지원, 대주주의 유상증자 참여로 위기를 넘겼다. 당시 정부는 '카드사 문제는 충분히 해결될 것으로 기대한다'고 낙관했지만, 연체율은 오히려 늘었고 위기는 해소되지 않았다.

엘지카드는 이미 최소한 2003년 10월부터 위기가 예견되었고, 신규 자금의 유입 없이는 11월에 만기가 돌아오는 채권을 갚을 수도 없었으며 현금 서비스를 중단해야 하는 상황이었다. 결국 11월 16일 엘지카드는 채권 은행에 2조 원의 자금 지원을 요청했고, 21일에는 현금이 부족해 세 시간 반 동안 현금 서비스가 중단되면서 1차 부도 위기에 몰렸다. 다음 날과 그 다음 날에도 현금 서비스는 중단됐고 위기는 움직일 수 없는 실제 상황이 되고 말았다.

부도 위기에 몰린 엘지카드에서는 어떤 일이 벌어졌을까?

맨 먼저 도망간 엘지카드 대주주

임진왜란(1592~98)과 병자호란(1636~37)은 왜와 청이라는 각기 다른 외적의 침입을 받은 전쟁이지만 공통점이 있다. 나라가 위기에 처하자 맨 먼저 임금이 백성을 버리고 자기만 살려고 도주했다는 점이다. 임진왜란 때 선조는 신립 장군이 왜군에 밀려 탄금대에서 자결하자 도주하기로 결심한다. 그러나 그 전날까지도 "나는 떠나지 않고 함께 목숨을 바칠 것이다"라고 거짓말을 하고는 이튿날 새벽 빗속을 뚫고 말을 타고 서울을 빠져나간다. 병자호란 당시 인조 역시 한겨울 매서운 추위 속에서 백성을 청나라 군대의 말발굽에 내맡긴 채 남한산성으로 도주했다.

옛날이나 지금이나 평소에는 '우린 한 가족' 운운하며 호의호식하다가, 위기가 닥치면 언제 그랬냐는 듯 자기만 살자고 몰래 피난을 떠나는 지배층의 행태는 변한 게 없다.

회사의 위기가 현실로 다가온 2003년 겨울 엘지카드에서도 똑같은 일이 벌어졌다. 경영진은 겉으로는 이사회를 열어 운영자금 조달을 위해 3천억 원 규모의 유상증자를 결의하고, 금융감독위원회와 은행권에 지원을 유치하는 등 마치 회사를 위기에서 구하기 위해 끝까지 함께할 것처럼 행동했다. 그러나 실제로는 엘지카드의 대주주인 구본무 엘지그룹 회장과 친인척 등 특수 관계인들이 유동성 위기를 사전에 알고 주가가 떨어지기 전에 보유 주식을 대량으로 팔아 치웠다는 지적이 끊이지 않았다.

2004년 국정감사에서는 엘지카드 부실에 책임이 있는 대주주들이 카드대란이 불거지기 시작한 2003년 3~4월과 유동성 위기가 본격화한 10월 등 고비 때마다 주식을 매각하고 빠져 나간 것은 내부 정보를 이용해 자신들 잇속만 챙긴 것이라는 지적이 터져 나왔다. 시민단체인 참여연대도 엘지카드 대주주의 친인척인 구자열 씨 등 25명이 유동성 위기로 주가가 하락하기 직전인 11월 7일부터 17일까지에 엘지카드 주식 3백만 주를 처분한 것은 미공개 정보를 이용해 주가가 떨어질 것을 미리 알고 내부자 거래를 한 것이라며 검찰에 고발했다.

엘지투자증권 노조에 따르면 구본무 회장 등 94명의 대주주들이 미리 주식을 팔아서 거둔 시세 차익이 8,400억에 달한다. 실제로 구씨 일가의 엘지카드 보유 주식은 2000년 45퍼센트, 2002년 3월 말 38퍼센트였으나, 유동성 위기가 온 2003년 말에는 16퍼센트로 줄었다. 불과 1년 반 만에 절반을 판 것이다. 엘지카드 주식은 2002년 상장 당시만 해도 5만8천 원에 이르렀고 한때 10만8천 원까지 치솟았으나 2004년 1월 중순에는 825원으로 사실상 휴지 조각이 됐다.

한편 대주주들은 회사가 잘 나가던 1998~2002년의 5년간 고액의 배당금을 챙겼다. 당시 언론이 금융감독원의 전자 공시 시스템을 조사해 보도한 내용에 따르면 대주주들은 5년 동안 엘지카드 당기순이익의 30퍼센트에 육박하는 3,212억 원을 배당받음으로써, 기업 이익의 상당 부분이 대주주들의 호주머니로 들어갔다.

결국 주식 값이 떨어질 것을 미리 알고 팔아 치워 번 8,400억 원과 배당금 3,212억 원을 합하면 구씨 일가는 이미 1조2천억 원을 거둬 간 것인데, 당시 증권업계에서도 이들이 거둬들인 돈이 족히 1조 원은 될 것으로 보고 있었다. 이들이 엘지카드에 납입한 자본금이 2002년 12월 기준으로 3,700억 원이었던 점을 감안하면 구씨 일가는 투자한 돈보다 훨씬 많이 가져간 것이다.

구씨 일가만이 아니라 당시 이헌출 엘지카드 사장, 서경석 엘지투자증권 사장, 조명재 엘지생활건강 사장 등 계열사 사장들도 유동성 위기가 발생하기 전인 2003년 4~10월 사이에 자신들이 보유하고 있던 엘지카드 주식을 대량으로 팔아 막대한 시세 차익을 올렸다는 의혹도 제기됐다. 특히 서경석 당시 엘지투자증권 사장은 자신이 보유한 엘지카드 주식을 모두 처분하면서 다른 한편으로 직원들을 독려해 엘지카드의 카드채 3천억 원어치를 엘지투자증권 고객들에게 파는 캠페인을 벌였다는 지적도 뒤따랐다(『한겨레』 2004년 7월 3일 "엘지그룹 핵심 전문 경영인들도 카드 위기 전 보유주 팔아").

엘지와 삼성을 비롯한 카드 회사 전체에 닥친 카드 대란이었지만 1등 회사였던 엘지카드가 먼저 유동성 위기에 빠져든 것은 대주주들이 주식을 대량으로 팔아 치움으로써 시장에 '엘지그룹이 엘지카드를 살릴 생각이 없다' '매각 시나리오에 들어갔다'는 불신이 확산돼 자금줄이 막혔기 때문이다.

이처럼 부도 위기를 사전에 알 수 있었던 핵심들이 차례차례 '손 털기'를 끝내고 충분히 돈을 빼낸 가운데 엘지그룹은 2003년 12월 17일 마침내 카드 사업에서 손을 떼겠다며 엘지카드를 과감히 내던졌다. 거액을 먹고 튄다는 비난에도 불구하고 이미 충분한 돈을 챙긴 마당에 돈을 들여 회사를 살려 얻을 이익이 없다고 판단한 것이다.

유난히 추웠던 그해 겨울

대주주가 일찌감치 거액을 먹고 튄 뒤, 부도 위기에 몰린 회사에 남은 사람들에게는 어떤 일이 벌어졌을까. 엘지카드 노동자들에게 2003년 11월 시작된 겨울은 인생에서 가장 추웠던 겨울로 기억되고 있다.

우선 그룹 계열사 사장과 고위 경영진을 제외하고는 회사가 유동성 위기로 빠져드는 상황 자체를 정확히 알 수 없는 상태였다. 모든 고급 정보는 윗선에서 독점하고 있었기 때문에 대부분의 하위직 직원들에게는 부도 위기가 뒤늦게 갑작스레 휘몰아쳐 왔다. 그리고 위기에 따른 희생은 가장 빠르게 다가왔다.

이미 카드채 사태가 터진 3월부터 모든 부서와 지점에 빈자리가 늘어났다. 한꺼번에 30~40명씩 자리가 비어 갔고 그 자리는 좀처럼 채워지지 않았다. 희생은 가장 약한 맨 밑바닥 사람, 즉 비정규직 노동자들부터 시작되었다. 유동성 위기가 오기 전 엘지카드에서 일하고 있던 노동자 가운데 계약직과 파견직 등 비정규직의 비중을 보면 2002년 말 기준으로 73퍼센트 정도로 매우 높았는데, 구조 조정의 첫 대상은 이들이었다.

비정규직 노동자의 계약 기간은 1년이었고 보통 2년까지 한 차례 계약을 연장해서 일해 왔으나, 계약을 연장하는 일이 더는 일어나지 않았다. 계약 기간이 남아 있더라도 일자리를 내놓는 일이 비일비재했다.

부서와 지점에는 하루에도 2~3명씩 인원을 정리하라는 지침이 내려왔다. 졸지에 직장을 잃어버린 사람의 고통은 말할 것도 없고, 매일같이 가족보다 더 오래 시간을 보내는 동료의 자리가 비기 시작하면서 남은 사람들도 거의 자포자기하는 공황 상태에 빠져들었다.

특수 고용직이라고 할 수 있는 모집인이나 위임 계약직 등을 제외하고도 2003년 5월 현재 엘지카드에는 54개 부서, 126개 지점에서 약 1만2천 명이 일하고 있었다. 그러나 1차 유동성 위기가 터진 그해 11월에는 52개 부서, 109개 지점으로 축소됐고 노동자 수도 8천여 명으로 6개월 만에 무려 4천여 명이 일자리를 잃었다. 12월에는 다시 44개 부서 50개 지점으로 지점 수가 반 토막이 났고, 인원수도 7천여 명으로 줄었다. 2004년 10월에 가면 부서는 57개로 지점은 55개로 회복되지만, 노동자 수는 5천7백 명으로 다시 축소돼 1년 반 만에 6천여 명이 회사를 떠나야 했던 것이다.

일자리를 잃은 사람의 대다수는 비정규직 노동자들이었지만 2003년 말 회사는 정규직 노동자를 대상으로 3백 명 규모의 명예퇴직을 실시했으며 이 과정에서 수백 명이 직장을 떠나야 했다. 이들 중에는 당시 부당하게 일자리를 잃었다며 소송을 낸 사람도 있는데, 지금도 소송이 진행되고 있다.

말 그대로 풍전등화가 된 회사에서 복지와 관련된 것은 다 축소됐고 임금이나 복리 후생은 2년 동안 모두 동결됐다. 그러나 누구 하나 반론 한마디 제기할 수 없는 무겁고 불안한 겨울, 언제까지 계속될지 모르는 불확실한 겨울 추위가 2003년 연말을 꽁꽁 얼어붙게 하고 있었다.

'만주클럽'을 아시나요

그런데 문제는 여기서 그치지 않았다. 남은 직원들을 가장 고통스럽게 하는 문제는 정작 따로 있었다. 바로 깡통주가 돼 빚더미에 안게 된 우리사주 문제였다.

당시 엘지카드에는 '만주클럽'이라는 말이 유행했다. 회원 수는 60여 명에 달했는데, 회사가 부도 위기에 몰리면서 졸지에 1억 원 안팎의 빚을 지게 된 사람들이었다. 이들은 대부분 오래 근무한 선임자들로, 빚더미에 올라 안게 된 이유는 우리사주를 1만 주 이상 떠안고 있었기 때문이다.

'만주클럽' 회원이 아니라도 직원 대다수는 1인당 평균 5천만 원 안팎의 빚을 지게 되었다. 사연은 회사가 한창 잘나가던 2002년 4월 엘지카드 상장 때로 거슬러 올라간다. 회사는 상장을 앞두고 총 8백만 주의 유상증자를 실시하면서 이 가운데 20퍼센트인 160만 주를 우리사주로 직원들에게 배정해 사도록 했다. 근무 연차와 직급별로 배정 물량이 달랐지만 1인당 평균 5백 주를 주당 5만8천 원에 받았다.

회사는 2003년 6월에 다시 4천5백만 주 유상증자 과정에서 9백만 주를 배정했고 한 주당 가격은 8천8백 원이었다. 2003년 11월 유상증자 때 우리사주 청약 금액은 가장 낮은 5천4백 원이었다. 그런데 2004년 1월 중순 주가가 825원까지 떨어졌으니 휴지가 된 것이나 마찬가지였다.

우리사주 청약 비용은 직원 개인 돈으로 조달하기도 했지만 상당액은 회사가 대출해 준 돈이었다. 2002년 상장 당시 직원들이 배당받은 주식을 사는 데 든 비용 928억 원은 전액 회사가 대출해 주는 형식이었고, 2003년 5월 8천8백만 원에 살 때도 50퍼센트까지 대출해 줬다. 극소수를 빼고는 모든 직원이 주식을 샀다. 결국 1인당 평균 5천만 원씩 총 9백억이 넘는 빚을 떠안게 된 것이다. 여기에는 소수지만 계약직 노동자들도 포함돼 있었다.

개인이 조달한 비용은 제외하더라도 회사가 대출해 준 돈은 원금은 원금대로 빚으로 남았고 이자는 이자대로 꼬박꼬박 들어가야 했으니, 가족에게 말도 못 하고 끙끙 앓아야 하는 직원들의 말없는 신음 소리가 회사 전체를 휘감고 있었다. 또 회사 대출금은 퇴직금과 연계돼 있었기 때문에 중간에 회사를 떠나는 직원들은 퇴직금을 한 푼도 건지지 못했을 뿐만 아니라, 어떤 사람은 퇴직금으로 다 갚지 못한 빚을 집을 팔아 갚는 일까지 생겼다.

노동자들을 가장 분노하게 한 것은 우리사주 때문에 직원들이 빚더미에 올라 말할 수 없는 고통을 당하고 있는데, 정작 엘지 대주주들은 휴지조각이 될 게 뻔한 주식을 직원들에게 배당하면서 자신들의 주식은 미리 팔아 치우고 회사를 포기한 채 거액을 챙겨 튀었다는 사실이었다.

그렇게 잔인하기만 한 2003년이 저물고 2004년 새해가 밝았지만 엘지카드 노동자들의 가슴속에는 경제적 고통과 심리적 불안을 넘어 분노가 넘실거렸다.

'엘사모'에서 노동조합으로

2004년 새해가 밝았으나 '추위'는 풀릴 줄 몰랐다. 허탈함, 배신감, 어수선함, 우왕좌왕, 걱정스러움, 두려움, 답답함, 막막함, 무력감 등이 엘지카드 노동자들의 마음을 표현하는 단어들이었다.

엘지 대주주는 튀고 사회적으로 지탄의 대상이 되어 버린 회사의 운명이 채권단의 손에서 하루는 죽었다 하루는 살았다 했다. 노동자들의 운명도 천당과 지옥을 오갔다.

사람들은 떠나고 정상적인 영업이 불가능한 상태에서 남은 사람들 사이에는 회사의 앞날에 대한 '카더라' 식의 온갖 악성 루머들이 떠돌았다. 직장이 삶의 터전이 아니라 인생의 큰 짐이 되어 버렸지만, 그렇다고 떠날 수도 없었다. 무엇보다도 이 같은 상황이 언제까지 계속될지 모르는데 스스로 앞날을 내다보거나 계획하거나 실천하지 못하고 누군가의 처분만 기다려야 하는 상황이 더욱 힘겨웠다.

당시 노동자들의 심정을 표현할 수 있는 유일한 공간은 사내 통신망의 안건 제안방이었다. 누군가 이곳에 글을 올리면 전국에 흩어져 일하는 노동자들이 읽고 삼삼오오 의견을 나누고 댓글을 다는 식으로 소통했다.

2004년 1월 7일 아침 9시 전략지원팀에서 일하던 윤경수 과장이 안건 제안방에 올린 "가칭 '우리 회사 정상화를 위한 사원 대표 협의회' 구성 제안"이라는 글을 보면 노동자들의 답답한 심정이 잘 나타나 있다.

죽고 싶을 만큼 답답합니다. 그 답답함의 정체는 무엇일까요? 회사가 부도날까 봐 두려워서일까요? 아닙니다. 채권단끼리 저렇게 치고받고 싸우는 거 보면 부도나지 않는다는 거 삼척동자도 압니다.

회사의 주인이 빨리 정해지지 않아서일까요? 아닙니다. 회사의 주인은 대주주가 아니라 우리의 삶터로서 오늘도 내일도 지켜 나가야 할 나라는 거 알고 있습니다.

앞으로 닥쳐올 구조 조정 여파로 잘릴까 두려워서일까요? 아닙니다. 처자식을 생각하면 두렵기도 하지만, 인생사 새옹지마, 위험은 항상 기회와 함께 있다는 자조로 견딜 수 있기 때문에 죽을 만큼 답답함의 이유가 되지 않습니다.

44분의 1 감자, 퇴직금보다 많은 주식 대출금 때문일까요? 아닙니다. 어차피 자본의 논리로 움직이는 돈주들한테 위기 대처 능력, 도덕성 그런 거 크게 기대도 하지 않았고, 오히려 어찌할지 몰라 당황해 하는 모습을 보면 연민의 정을 느끼기도 합니다.

과거의 영화가 그리워서일까요? 아닙니다. 어찌됐든 사회의 큰 짐이 되어 버린 나의 회사, 그건 영화가 아니라 어두운 그림자이고 반성의 대상일 뿐입니다.

답답함의 정체는 죽어 가고 있는 나의 시체를 보고서 아무것도 하지 못하고 있는 나를 보고 있기 때문입니다. 살아야 하는데 ……, 살아야 하는데 ……, 생각만 하면서 물 한 모금 주지 못하고 있습니다. 의사가 오면 될 거야 ……. 무사안일입니다. 의사가 안 오면 누군가 의사가 되어 줄 거야 ……. 무책임이고 비굴함입니다. 내가 어떻게 의사가 될 수 있겠어 ……. 무능력입니다. 그 무엇인가(인수단? 현 경영진?)로부터 피해를 입을 수도 있잖아 ……. 용기 없음이고 비겁함입니다.

죽어 가고 있는 건 바로 나입니다. 죽이고 있는 것도 바로 나입니다. 일어서야 합니다. 행동으로 보여야 합니다. 당장의 우리의 이익을 위해서가 아니라, 우리의 삶터를 살려 내고 우리의 미래를 우리 손으로 일구기 위해서입니다.

그리고 우리의 자존심(회사에 대한 거 말고 내 생에 대한 거 ……)을 지키기 위해서입니다. 그래서 필요합니다. 가칭 '우리 회사 정상화를 위한 사원 대표 협의회' 구성을 제안합니다.

의자를 뒤로 빼는 사람들

윤 과장이 '죽을 만큼 답답한 심정'을 토로하던 1월 초 즈음에 사내 오피니언 리더들이라고 할 수 있는 중견 과장 20여 명이 이심전심으로 당시 본사가 자리 잡고 있던 서울시 강남구 역삼동 엘지강남타워(현 GS타워) 8층 한 회의실에 둘러앉았다. 일부를 제외하면 주로 본사에 근무하는 사람들이었다.

모임에서는 자연스레 회사의 현실과 앞날, 그리고 앞으로 어떻게 하면 좋을지에 대해 자유 발언 식으로 이야기가 오갔다. 그러나 당장 뾰족한 수가 나오지는 않았다.

어떤 사람은 노사 협의체인 미래위원회를 잘 추슬러서 직원들을 대변하게 하자는 의견을 내놓기도 했지만, 대다수는 한숨만 내쉬는 분위기였다. 노사 협의체로 미래위원회라는 게 있기는 했지만 회사의 영향력 아래서 아무런 구실을 하지 못해 온 터였다.

그러던 중 참석자 한 사람이 "합법적 결사체인 노동조합을 결성해서 노동자들의 목소리를 내야 한다. 노동조합을 만들자"고 말했다. 순간 회의실이 조용해지더니 상당수가 '의자를 뒤로 빼는' 분위기가 되었다. 답답한 심정과 이름뿐인 노사 협의체가 대안이 되기 어렵다는 점에서는 같은 의견이었지만 '노조'라는 단어가 나오자 설명할 수 없는 '거부감' '두려움' '거리감' 등이 '의자를 뒤로 빼는' 반응으로 나타난 것이다.

비록 부도 위기에 몰렸지만 상대적으로 고임금을 받아 온 한국 최고의 카드 회사 화이트칼라 노동자들인 데다, 대체로 입사 10년 안팎인 과장들로서는 당연한 반응이었는지도 모른다.

어쨌든 이날 '노조를 만들자'고 얘기를 꺼낸 이는 상품개발팀에서 일하고 있던 황원섭 과장이었다. 황 과장은 이날 모임이 업무 회의인 줄 알고 참석했을 정도로, 스스로 확신을 갖고 있거나 뭔가 준비된 계획이 있어서 노조 얘기를 꺼낸 건 아니었다.

그렇다면 황 과장은 무슨 생각으로 노조를 만들자고 한 걸까. 당시 엘지카드 입사 10년차였던 황 과장은 고등학교 때는 학도호국단 간부 활동을 했고 1985년에 연세대학교에 입학해서는 '국제정치연구회'라는 이념 동아리에서 활동한 적이 있었다. 그러던 중 1986년 5월 3일 인천에서 벌어진 대규모 시위(당시 전두환 정권이 '5·3 인천사태'라 불렀던 '5·3 인천항쟁'이다)에 참가했다가 경찰에 붙잡혔다. 당시 전두환 정권은 '문제 학생'들을 구속하거나 휴학 후 군대에 입대하게 해서 격리시킴으로써 학생운동을 약화시키려 했다. 팔남매 중 막내인 자신을 돌봐 온 큰형의 설득을 받아들여 결국 학교를 휴학하고 입대를 해야 했지만, 함께 활동하던 학우들이 국가보안법으로 고초를 당하는 상황에서 갈등을 많이 겪었다. 군대를 마치고 복학해 졸업하고 엘지카드에 입사했다.

입사 첫 3년 동안은 지점에서 근무했고 본사로 발령이 난 뒤에는 상품 개발팀 중견 과장으로서, 불혹에 접어들어 아이 둘을 키우는 한 집안의 가장으로서 현실론자가 되어 평범한 직장인으로 살아왔다. "그렇게 열심히 일해 온 엘지카드 직원의 한 사람으로서 대주주는 떠나 버리고 일방적으로 당해야만 했던 억울함에 대해 청년 시절로 돌아가 '꿈틀'해서 '툭' 튀어나온 말이 '노동조합을 결성하자'였다"고 한다.

엘사모가 떴다

'꿈틀'해서 '툭' 튀어나온 말이었지만 이날 이후 황 과장은 '자의 반 타의 반'으로 엘지카드 직원들의 '깃발'이 되었다.

노조라는 단어가 나오자 의자를 뒤로 뺐던 본사와는 다르게 각 지방에 있는 지점은 이미 노동조합을 만들어야 한다는 분위기가 대세였다. 영등포 할부 지점 신성민 과장은 이런 점에서 황 과장과 달리 '준비된 마음'으로 이날 모임에 참석했다. 1997년에 입사한 신 과장은 광주·부산·대구 등 각 지방에 있는 엘지카드 지점 근무자들과 이미 '노조로 가야 한다'는 공감대를 이뤘고 그 연장선에서 이 모임에 참석했던 것이다.

엘지카드에 입사해서 줄곧 대구 지점에서 근무하던 신 과장은, 대구경북 지점 할부 지점장을 하던 2003년 11월 서울로 발령이 났다. 신 과장은 '서울에 가면 누군가 노조를 추진하지 않을까' 하는 막연한 기대감으로 상경했다. 그때는 이미 회사가 유동성 위기에 몰려 대구 지점이나 새로 발령난 서울 영등포 할부 지점이나, 회사를 떠난 계약직 노동자들과 동료들의 빈자리가 늘어나 뒤숭숭한 상황이었다.

관리직 과장으로서, 매일 아침마다 2~3명씩 자르라는 본사의 지침을 실행해야 하는 심정이 괴로웠다. 입사 7년차로 선배 그룹에 속하는데 후배들에게 앞날에 대해 어떤 방향이나 길을 제시하지 못하는 것이 너무 미안했다.

당시 영등포 할부 지점은 서울 영등포구 여의도공원에서 영등포역 방향으로 서울교를 건너자마자 오른쪽에 있는 10층 건물인 대영빌딩 1층에 자리잡고 있었는데, 이 건물 5층이 바로 민주노총 사무실이었다. 신 과장은 민주노총에 찾아가 노조 결성 상담을 하기도 했고, 안건 제안방에 현 상황을 해결할 방안을 논의할 직원 모임을 제안하기도 하면서 광주와 대구, 부산 등 지방의 지점 직원들과 연락 체계를 갖추며 노조를 준비해 왔다.

이처럼 이미 지점의 정서는 노조 결성을 위한 준비가 갖춰진 상태였기 때문에, 문제는 본사였고 결정적으로 '총대를 멜 사람'이 필요했다. 회사 안에서 영향력이 큰 본사가 노조를 만드는 데 큰 구실을 해야만 힘을 쓸 수 있고, 총대를 멜 사람도 본사에서 나오는 것이 가장 바람직하다는 분위기였다.

과장급 아래 하위 직원들을 중심으로 한 본사 분위기도 크게 다르지 않았다. 당시 본사 IR파트에서 일하고 있었던 김준영 대리에 따르면 "본사도 노조로 가야 한다는 분위기가 강했고, 특히 2004년 1월에 위기의식이 널리 퍼져 채권단에서 선임할 새 경영진이 오기 전에 노조를 띄워야 한다는 얘기가 많았다"며, 문제는 "과연 누가 깃발을 들 거냐"였다고 한다.

결국 문제는 '총대를 멜 사람'으로 좁혀졌고, 신 과장을 중심으로 한 지점들의 노조 결성 준비 상황을 전혀 모르는 상황에서 소신 발언을 한 황 과장이 이날을 계기로 총대를 멜 적임자로 떠올랐다.

한편 윤경수 과장이 사원 대표협의회 구성을 제안하는 글을 올린 그날 오후 3시에 사내 통신망 안건 제안방에는 채권지원팀 특수채권파트 김회삼 대리 명의로 포털 사이트 다음(daum)에 카페를 개설했다는 글이 올라왔다. "우리사주 문제가 제 어깨를 너무 무겁게 하길래 어떻게 하면 이걸 해결해 볼 수 있을까 해서 여러분과 심도 깊게 논의해 보고 싶어서 카페를 개설"했으며, 함께 좋은 방안을 토론해 보자는 내용이었다. 이를 계기로 노조 결성에 마음을 두고 있는 사람들이 카페에 가입하기 시작했다.

의지가 모이고 사람이 모여 힘이 됐고, 황원섭 과장에게 '총대를 메라'는 '간절한 압력'이 집중됐다. 마음을 써주는 동료들이 '다친다'며 말릴 때는 '누가 나를 때리느냐'며 화를 내기도 했던 황 과장이었지만, 가족들이 말릴 때는 갈등하지 않을 수 없었다.

"이 결단을 두고 얼마나 오랜 시간을 망설이고 괴로워했던가? 지금 이 시각 완전에 가까운 결단을 내렸다." 1970년 산화한 노동자 전태일의 일기 중 한 구절이다. 전태일이 가고 34년이 지났건만 이 나라 노동자에게 노조는 여전히 '오랜 시간 망설이고 괴로워한 끝에 내려야 하는 결단'의 산물이었다.

1987년 노동자 대투쟁이 폭발한 지 17년이 지나고, 민주노총이 합법성을 확보한 지 5년이 넘었고, 금융업계에도 대부분 노조가 활발하게 활동하고 있는 2004년, 대기업에서 '때늦은' 노조 결성에도 결단이 필요한 게 대한민국의 현실이었다.

머칠의 고뇌와 망설임 끝에 마음의 결단을 내린 황 과장, 노조 결성을 준비해 왔던 신 과장 등 중견 과장들을 주축으로 본사와 지점을 망라한 노조 결성 준비 모임이 본격적으로 움직이기 시작했다. 모임의 이름은 노사모(노무현을사랑하는모임) 이후 유행하던 '○○를 사랑하는 모임'을 본떠 '엘지카드를사랑하는모임'(약칭 '엘사모')이었다. 엘사모 집행부는 황원섭, 신성민, 김회삼, 이양우, 김윤호, 안병이, 심승보, 이찬구 등 이른바 '8인회의'였다.

엘사모, '유령'을 만나다

당시 회사 경영진은 수년간 공격 경영을 주도하다 카드채 대란을 자초한 이헌출 사장이 2003년 3월에 물러나고 이종석 부사장이 사장을 대신 맡아 오고 있었다. 하지만 그는 이미 회사 포기를 선언한 구엘지그룹의 대리인 구실 이상 할 수 있는 게 아무것도 없었다.

대한민국 재벌들이 다 그렇듯이 엘지그룹 역시 노조 탄압으로는 악명이 높았고, 당시 엘지카드 노무팀장 역시 계열사인 엘지전자에서 대노조 업무로 잔뼈가 굵은 사람이었다.

그러나 회사의 '정권'이 바뀌는 마당에 앞날이 어떻게 될지 모르는 상황에서 함부로 예전처럼 노조 활동에 개입하거나 탄압할 수 있는 시국이 아니었다. 한마디로 경영진은 걱정 어린 눈으로 관망할 뿐이었다.

가장 큰 난제였던 '총대 멜 사람'이 생긴 이상 노조 결성으로 곧바로 직행하기만 하면 되는 듯했다. 물론 정식으로 노조를 준비하는 조직으로 가려면 허물을 벗는 과정이 필요했지만 대세는 이미 노조 결성으로 결정된 마당이었다.

그런데 정작 문제는 엉뚱한 곳에서 터졌다. 노조를 결성하려고 각종 실무 작업을 준비하던 중 엘지카드에 이미 노조가 존재한다는 사실을 확인한 것이다. 그것도 4년 전인 2000년 1월 14일에 결성되었다고 했다. 4년 동안 노조가 있는 줄 까맣게 몰랐던 것이다. 그만큼 노조 활동이 없었다는 얘기였다. 노동계에서는 이런 노조를 '유령 노조'라 한다.

노동자들에게 임금을 적게 주고 많은 이윤을 남기려고 하는 기업주들은 노조 결성을 싫어한다. 어떤 기업주는 거의 감정적 차원에서 노조를 극도로 혐오하기도 한다. 심지어 삼성그룹은 '내 눈에 흙이 들어가더라도 노조는 안 된다'는 창업주 이병철 회장의 뜻에 따라 노동자들을 납치하고 회유하고 매수하는 극한 형태의 방법을 동원해 무노조 정책을 고수하고 있다.

이 과정에서 기업주들은 한국의 노동법 내용 중, 세계에서도 유래가 없는, 한 사업장에 한 개밖에는 노조를 허용하지 않는 '복수 노조 금지' 조항을 악용해서 미리 이름뿐인 노조를 행정관청에 신고해 놓는 방법을 찾아냈다. 그 결과 삼성 계열사에서는 노동자들이 천신만고 끝에 행정관청에 노조 설립 신고서를 제출하러 가면 한발 먼저 회사 쪽 노조 설립 신고서가 제출돼 노조 결성에 실패하는 경우가 많았다. 이때 신고된 노조는 서류에만 존재할 뿐 실제 활동이 없기 때문에 유령 노조라는 별명이 붙었다. 노동법상 노동자 두 명 이상이 적법한 절차를 거친 뒤 서류를 갖춰 신고하면 노조로서 인정받을 수 있기 때문에, 수만 명이 근무하고 있는 직장에서 단 두 명으로 유령 노조를 만들더라도 복수 노조 금지 조항에 따라 실질적인 노조 결성을 막을 수 있는 것이다.

물론 기업주의 주도로 설립한 노조가 아니라 하더라도 노조가 사실상 와해돼 활동이 정지된 경우에도 결과는 마찬가지이다. 2000년에 설립된 엘지카드 노동조합도 마찬가지였다.

노동부가 해마다 발간하는 『전국노동조합 조직 현황』을 보면 한국에 존재하는 모든 노동조합을 찾아볼 수 있다. 2000년 현황을 보면 엘지카드 '유령 노조'는 2000년 1월 14일 '엘지캐피탈노조'라는 이름으로 결성됐고 서울 강남구 역삼 2동 679번지에 사무소를 두고 있으며, 상급 단체는 한국노총 금융노련이다. 대표자는 박순석 위원장이다. 그런데 조합원 수가 열 명이다. 2001년에는 이름이 '엘지카드 노동조합'으로 바뀌는데 여전히 조합원 수가 열 명이고, 2002년에는 조금 늘어 37명이다.

2000년 당시 노조 가입 대상이 2,748명인 점을 감안하면 노조원 비중은 0.4퍼센트에 불과하고, 2002년에도 3,418명 중 1퍼센트만이 노조원이었던 셈이다.

2000년 당시 결성된 노조는 애초에 할부 금융 사업을 하는 과정에서 충원되었다가 대기 발령 등으로 고용 불안을 느낀 대전 지역 일부 직원들이 자구책 차원에서 결성한 것으로 알려졌다. 최초의 위원장은 오남균이란 사람이었으나 '불분명한 사유'로 퇴직해 2000년 말 박순석 위원장이 그 뒤를 이었는데, 활동이 거의 드러나지 않아 직원들은 노조가 있다는 사실 자체를 알 수 없었다. 노조가 결성됐으나 통제가 가능하다고 판단한 회사가 복수 노조 금지 조항을 악용해 실제 노동자를 대변하는 노조 결성을 막는 유령 노조로 활용해 온 것이다.

직원들은 그 존재를 알 수도 없었고 볼 수도 없었던 노조 규약과 단체협약이 노무 담당자의 서랍에서 나왔을 정도였다. 더 가관인 것은 규약과 단체협약의 내용이었다.

가장 큰 문제는 직원 다수를 노조에 가입할 수 없게 했고, 지점장이나 팀장·영업점장·센터장·파트장 등 영향력이 큰 직원과 핵심 부서들을 노조에서 배제함으로써 노조가 힘을 쓸 수 없게 한 것이었다. 기존 노조가 회사와 체결한 단체협약을 보면 ① 관리 감독직 종사자(지점장·팀장·부지점장·영업점(소)장·센터장·파트장·S팀장·Desk장 등), ② 총무·인사·교육·노무 담당자, ③ 경리·회계·출납·재정 담당자, ④ 감사·비서·임원 차량 운전자, ⑤ 전략 기획 업무(전략 기획·경영관리·법무·홍보 등), ⑥ 통신·기밀 사무 종사자(IT 관련 종사자 포함), ⑦ 수습 중인 자, ⑧ 근로자 파견업체로부터 파견된 사원, ⑨ 당해 사업장에서 해고된 자에 대해서는 조합원이 될 수 없도록 못 박아 놓았다.

회사의 허가 없이 유인물을 배포하거나 집회 시위를 할 경우 해고하고, 법에 보장된 단체 행동을 불가능하게 하는 일방 중재 조항을 두었고, 쟁의 중에는 대체 근로를 허용했을 뿐만 아니라 노조원의 회사 출입을 금지했다. 심지어 2000년 1월 제정된 규약에는 노조원들의 총회도 두지 않았다. 말만 단체협약이지 회사 뜻을 오롯이 담은 상식 이하의 내용이었다.

이런 까닭에 직원들 사이에 엘사모의 존재가 널리 알려지던 1월 13일 박순석 위원장이 기존 노조를 믿고 인내하자는 내용의 "노조의 입장을 밝힙니다"라는 글을 사내 통신망에 올렸을 때 직원들의 분위기는 냉랭했다.

'불도저'로 밀어 버리고 가다

'유령'을 만나 처음에는 당황했다가 차츰 정신을 차려 종합 분석을 끝낸 엘사모가 내린 결론은 '불도저로 밀어 버리고 가자'였다. 무엇 하나 살려 재활용할 게 없다는 결론이었다.

불도저란 다름 아닌 노동자들의 참여와 힘이었다. 엘사모는 노동관계 법률을 꼼꼼하게 검토한 뒤 기존 노조에서 소외된 99퍼센트 직원들의 노조 가입을 추진하고 그 힘으로 임시총회를 소집할 것을 요구해 그 자리에서 새로운 노조를 탄생시킨다는 전략을 세웠다. 복수 노조를 금지하고 있는 법 규정을 돌파하기 위해 법이 정한 별도의 절차를 밟아 나가겠다는 것이다.

이에 따라 직원들에게 노조 가입 원서와 임시총회 요청서를 동시에 작성해 대전의 기존 노조 위원장에게 우편으로 보내도록 하는 지침을 알렸다. 엘사모는 기존 노조에서 임시총회 소집 요구에 응하지 않을 경우에 대비한 대책도 세워 놓았다.

1월 15일 사내 통신망에는 황원섭 과장 명의로 다음과 같은 글이 올라왔다.

<노조 관련 본사 관리자(과·차장)의 의견>

최근 사원 대표 기구와 관련하여 일련의 움직임을 보이고 있으며 현재 지점을 필두로 하여 전사 차원에서 움직임이 구체화되고 있습니다. 이에 대해 본사 관리자들의 합의된 의견을 게시합니다.

1. 현존하는 노조를 인정하고 노조가 실질적인 사원 대표 기구로 역할을 할 수 있도록 한다.
2. 이를 위해 지점을 필두로 확산되고 있는 노조 가입과 관련한 행동에 적극 찬성한다.
3. 노조 가입과 관련해서 방해 활동이 있을 경우 적극 대처한다.

'본 의견에 동참하는 본사 관리자 명단'으로 본사 20개 팀 44명의 과장과 차장 연명으로 된 이 글은 엘사모가 세운 전략을 그대로 담고 있었다.

직원들의 반응은 뜨거웠고 호응은 대단했다. 본사와 지점 할 것 없이 기다렸다는 듯이 지지와 동참 댓글이 쇄도했다. 발표 당일에만 감사실 전체 관리자와 사원들, 소비자보호센터 회계팀회계1파트, 상품개발팀, 채권지원팀 관리자들이 개별 또는 무리를 지어 동참을 선언했다. 이날 동참을 선언한 관리직들은 주로 대리들이었다. 다음 날부터는 이 흐름이 조직화되고 확산되었는데, 특히 노조 결성을 주도한 과장급보다 더 상위 직책에 있는 선배들이 가세했다.

전국 각지에 있는 채권 1본부와 2본부 소속 26개 지점장과 팀장들은 "진작 저희들이 했어야 함에도 그러하지 못했음을 부끄럽고 미안하게 생각하며, 후배들의 듬직한 모습에 찬사를 보낸다"며 적극 동참해 전폭 지원을 아끼지 않을 것이라는 입장을 사내 통신망에 발표했다.

이어 역시 전국의 영업1, 2본부 소속 전 부서장 일동 26명 명의로 "새로운 노조가 희망의 횃불로서 활활 타오르기를 기대하며 희망을 향해 거대한 파도가 되어 힘차게 나아가길 진심으로 염원한다"는 동참 결의서가 발표됐다. 서울 지역 3개 할부 지점 및 수원·인천·부산·대구·대전·광주 등 9개 할부 지점장들이 동참을 선언했다.

이날 황원섭 과장을 회장으로 한 엘사모 지휘부 여덟 명과 감사 열 명의 명단도 카페와 사내 통신망에 공식 발표되었다.

모두가 이심전심으로 기다리는 상황에서 지휘부가 앞장서자 기름에 불이 붙는 격이었다. 대세는 결판이 났고 노조 가입 원서와 임시총회 소집 요구서가 대전으로 쇄도했다. 불과 며칠 사이에 2,170명이 노조에 가입하겠다고 나섰다. 가히 폭발적이었다. 부서장들은 640만 원을 모금해 엘사모 활동비로 쓰라고 전달해 왔다.

여세를 몰아 엘사모는 1월 19일 대전으로 내려갔다. 황원섭 회장, 신성민·안병이 엘사모 위원 등 세 사람이 대전에 있는 기존 노조 사무실 옆 회의실에서 박순석 위원장과 만났다. 말이 면담이지 노조를 접수하기 위해서였다. 박순석 위원장은 처음엔 자신을 중심으로 이후를 도모하려는 완강한 태도를 보였으나, 이미 대세가 뒤집혀 '혁명군' 자격으로 온 엘사모의 '설득' 앞에 최대한 협조하겠다는 예정된 답변을 내놓을 수밖에 없었다.

오후 2시부터 3시간 넘게 계속된 만남에서 합의된 핵심 내용은 다음과 같이 여섯 가지였다.

〈총회 개최 및 새로운 노조 발전을 위한 합의 사항〉

1. 현재 접수된 노조 가입 신청서는 현 노조 위원장 앞으로 접수된 시각을 기준으로 정식적인 조합원의 지위를 획득한다.
2. 엘사모 회장 및 위원과 현 노조 위원장이 같이 총회 소집을 공고하고 조속히 총회가 개최되도록 업무를 진행한다.
3. 아직 미가입한 직원의 노조 가입을 위해 상호 노력하여 힘 있고 강한 노조가 되도록 최선을 다한다.
4. 현 노조 위원장에 대한 평가 및 불신임 부분은 향후 개최될 총회에서 전 조합원의 의견을 수렴하여 진행하도록 한다.
5. 전 직원의 의견을 대변하는 새로운 노조를 만들기 위한 업무 진행 사항은 그때마다 상호 게시한다.
6. 상기 내용을 노조 위원장이 1월 20일자 노조 속보 91을 통하여 현 노조 집행부 의사를 발표한다.

불도저로 유령 노조를 밀어 버린 순간이었다.

디데이는 밸런타인데이

이제 남은 것은 조합원들이 최대한 참여한 가운데 새로운 노조를 탄생시키는 일이었다. 유령을 불도저로 밀어 버린 엘사모는 다시 '무식한' 작전 계획을 수립했다. 전국 각지에 있는 엘지카드 노동자들이 역사상 처음으로 한날한시 한곳에 모여 새 노조를 탄생시키자는 것이었다. 이 길만이 강력한 노동조합을 만들 수 있고, 앞에 놓인 험난한 난국을 돌파할 유일한 길이었기 때문이다.

디데이는 2월 14일로 잡았다. 기존 노조를 평화적으로 넘겨받음에 따라 총회 형식은 임시총회가 아니라 정기총회였다. 왜 총회 날짜를 2월 14일로 잡았을까.

채권단이 선임한 신임 사장이 오기 전에 새 노조 출범을 마무리해야 한다는 판단이었다. 1월 9일 채권단 관리 체제로 결정되면서 곧 신임 사장이 선임돼 3월 초에는 새 경영진이 취임할 예정이었다. 노동자들 사이에는 곧 새 경영진이 오면 분명히 구조 조정을 하려 할 것이고, 작년 12월에 이어 또 한 번 인력 감축의 바람이 불 것이라는 위기의식이 팽배했다. 조합원들은 구조 조정이라는 이름 아래 인력 감축이 감행될 것을 가장 우려하고 있었다.

따라서 새 경영진이 오기 전에 새 노조를 힘 있게 출범시켜 위기 상황에 대처해야만 했다. 또 새 경영진이 취임한 이후보다는 사실상의 경영 공백 상태인 현 시점이 노조에 대한 회사의 개입을 차단하기에도 훨씬 유리했다. 빨리빨리 서둘러야 한다는 분위기가 강했던 것이다.

그러나 사실상 노조를 결성하는 것과 마찬가지인데 사상 처음 전국의 조합원들이 한자리에 모이는 총회를 성사시키고 이에 필요한 준비를 갖추자면 최소한의 준비 기간도 필요했다. 이런 점을 종합적으로 고려해 잡은 날이 바로 2월 14일이었다.

새 노조 출범의 가닥은 잡았지만 아직 변한 건 아무것도 없었다. 난생 처음 해보는 행사일 뿐만 아니라, 기존 노조가 만들어 놓은 규약이나 단체 협약 때문에 조합원의 범위 문제를 비롯해 까다롭고 복잡한 법적 절차가 한두 가지가 아니었다. 일단 기존 규약에 의거해 총회를 치러야 하기 때문에, 노조 가입 신청서를 냈다 하더라도 기존 규약과 단협에 따라 조합원 자격을 주지 않는 경우 의결권자에 포함될 수 없었다. 이 점을 정확하게 조합원들에게 알리고, 총회 당일 규약 개정과 함께 단체협약 갱신을 통해 조합원의 범위를 대폭 확대함으로써 깔끔하게 해결할 것임을 분명히 했다.

노동조합을 이끌어 갈 집행부를 꾸리고 총회에서 선출하는 문제도, 엘사모 회장이 노동조합 위원장을 맡는 것은 적절치 않다는 황 과장의 의지 때문에 우여곡절을 겪었지만, 결국 모두의 강력한 권고에 밀려 황원섭 과장이 위원장 후보로 단독 입후보하게 되었다.

황원섭 과장은 2월 6일 위원장 후보로 나서는 입장을 내고 ① 회사 조기 정상화, ② 고용 안정 확보, ③ 우리사주 문제 해결 등 노동조합의 당면 3대 목표를 제시했다. 또한 노동조합 운영과 관련해 모든 조합원이 함께하는 노동조합을 만들겠다고 약속하고 이를 위해 ① 모든 정보를 조합원들과 공유, ② 민주적이고 자주적인 활동, 유연성과 탄력성 확보, ③ 조합원들과 대화의 장 수시로 마련, ④ 노조 게시판 활성화 등 소통 경로 확보 등의 방안을 내놓았다. 이 3대 목표는 이후 몇 년 동안 노조 활동의 나침반 구실을 하게 된다.

주사위는 던져졌으나 하루하루가 살얼음판이었다. 총회를 준비하는 간부들은 입이 바짝바짝 말랐고, 토요일에다 공교롭게도 이날이 밸런타인데이라 총회 참석률이 낮아 의결 정족수를 못 채워 무산될 것이란 근거 없는 말에 갑자기 초콜릿이 싫어지기까지 했다. 그래도 가야만 하는 길이었다.

2월 14일 운명의 날이 왔다. 늦겨울 쌀쌀한 날씨 속에서도 행사장인 용산 구민회관에는 전국에서 모여든 엘지카드 조합원들로 가득 찼다. 지방에

밸런타인데이를 디데이로 정한 2월 14일, 위기 상황에서 노조의 필요성을 공감했던 전국 1,257명(69.6%)의 조합원이 용산구민회관에 모여 들었다. 새로운 출발에 대한 기대감과 두려움 속에서 엘지카드 노동조합이 출범한다.

(위) 엘지카드 노동조합의 새 출범을 위한 정기 총회가 열린 용산구민회관 내부. 임원을 선출하기 위해 참석한 조합원들이 기표소 앞에서 투표를 기다리고 있다.

(왼쪽 아래) 엘지 강남타워(현 GS타워) 8층에 둥지를 튼 엘지카드 노동조합의 현판식 장면. 오른쪽이 황원섭 위원장.

서는 서로 올라오겠다는 직원들을 대의원 후보들과 지역 위원들이 뽑아서 참석시킬 만큼 '서울 가는 길'에 너도나도 나섰다. 2천 명에 육박하는 조합 원들이 운집했는데, 기존 규약에 따른 의결권이 있는 조합원 1,805명 중에서는 3분의 2가 넘는 1,257명이 참석했다.

카드 사태의 한가운데서 경영 위기 상태에 놓인 엘지카드에 대한 안팎의 집중된 관심을 감안해, 사전 행사로 경영 정상화 결의 대회를 하고 이어 총회가 열렸다. 총회는 질서 정연하고 차분하면서도 박수와 환호가 쉴 새 없이 터지는 가운데 축제 반 결의 반으로 일사천리로 진행되었다. 엘지카드 노동자들에게는 1987년이나 마찬가지인 날이었다.

'이날 총회에서는 새 노조를 이끌어 갈 임원 다섯 명과 대의원 37명이 조합원의 직접·비밀·무기명 투표로 선출되었는데, 찬성률은 임원 92.8퍼센트, 대의원 99.5퍼센트였다.

선출된 임원은 위원장 황원섭 과장(상품개발팀), 수석부위원장 김윤호 과장(제휴영업팀), 부위원장 홍주미 대리(대전 CRM센터), 회계 감사 이시호 과장(준법감시팀), 사무국장 신성민 과장(영등포 할부 지점) 등 다섯 명이었다.

총회가 성공적으로 끝난 뒤 행사장 주변 식당과 술집은 노조원들의 건배와 파이팅 소리가 넘쳐 났다.

새 노조가 출범한 이틀 후인 2월 16일 채권단을 대표한 산업은행은 박해춘 서울보증보험 사장을 엘지카드 신임 사장으로 내정했다. 그는 당시 경제부총리를 맡고 있던 이헌재 사단으로 분류되는 인물로 삼성화재보험 상무 출신이었다.

노사 양쪽이 새로운 진용을 갖춘 가운데 엘지카드에 새로운 노사 관계의 역사가 시작된 것이다.

엘지카드 노동조합의 특징

2004년 2월 14일 사실상 처음 결성된 엘지카드 노동조합은 사업장 조건과 노동조합의 조직 구성, 조직 활동 방식에서 다른 노동조합과는 구별되는 몇 가지 특징을 띠고 출발했다.

먼저 사무직 업종에서 일하는 직장인들이라는 점이다. 따라서 같은 직장인이라도 분위기나 정서가 제조업과는 다를 수밖에 없다. 물론 뒤에서 자세히 보겠지만 카드 회사에서 일하는 사람들은 정규직뿐만 아니라 계약직, 파견직, 특수 고용직인 위임 계약직 등 고용 형태가 다양하다. 그러나 노조를 주도한 정규직 사원들의 임금은 우리 사회에서 상대적으로 고임금이기 때문에 이 같은 조건이 노조 활동에도 영향을 미치기 마련이다.

그러나 회사가 부도 위기를 맞아 매각될 처지에 놓인 특수한 조건에서 노조를 결성하고 활동을 시작했다는 점에서 상황이 좀 달랐다. 엘지 대주주가 떠나고 회사의 미래가 극히 불안하다는 조건, 결국 다른 대주주에게 매각될 회사라는 조건, 채권단 관리 체제라는 조건은 직급의 고하를 막론하고 구성원 대다수에게 위기의식을 느끼게 하고 결속력을 강화했다. 아울러 대주주의 배경이 없는 경영진의 노무관리가 상대적으로 느슨했으므로 회사의 미래에 대한 노조의 영향력을 확대할 수 있었다.

10년 정도 근무한 중견 사원인 과장들이 노조 결성의 주도 세력이 됐다는 점 또한 엘지카드 노조의 특징으로 꼽을 만하다. 물론 여기에는 부도 위기라는 조건도 작용한 것인데, 어쨌든 과장들이 노조 활동을 주도함으로써 위로는 노조에 대한 선배들의 태도를 친노조 성향으로 만들거나 또는 중립화하는 분위기가 만들어졌고, 그 결과 아래로는 하위 직급 노동자들이 노조에 참여하는 부담을 덜어 주었다. 아울러 과장들은 경영에 관한 정보를 잘 알고 있고 접근성도 높기 때문에 경영진에 대한 노조의 대응력도 한 단계 끌어 올리는 구실을 했다.

산업별 노조가 아닌 기업별 노조로 출발한 점은 아직 산별노조 활동이 일반화되지 않은 우리나라 노조 운동의 현실에서 특별히 선택한 것이 아니지만, 이 역시 엘지카드 노조 활동을 규정하는 또 하나의 조건이 되었다. 일단 직접 고용되지 않은 파견직이나 특수 고용직은 가입 대상에서 당연히 제외되었다.

다른 한편, 기업별 노조로 출발했으면서도 노조 출범 당시부터 직접 고용된 계약직 노동자들에게 노조원 자격을 주고 정규직과 계약직이 함께 단결하여 난국을 뚫고 나가려 한 점은 주목할 만하다. 이 또한 부도 위기에서 크게 단결해야 한다는 상황과 사무직 업종의 계약직이 사실상 직접 고용돼 정규 업무를 수행하는 현실도 작용한 것이기는 하다. 그러나 한국의 노동운동이 정규직 중심인 현실에서 사무직이라 하더라도 계약직 노동자들을 노조의 동등한 동반자로 받아들이고, 한계는 있지만 비정규직 문제 해결을 위해 노력하는 노조는 많지 않다.

물론 비정규직 노동자를 노조에 받아들인 것은 노조원 수를 늘리고 노조의 힘을 키우는 효과가 있지만, 노조원의 구성이 복잡해짐으로써 노조 활동도 복잡 다양해진다는 양면이 있다. 따라서 뒤에서 보겠지만 비정규직 문제 해결이 늦어지면서 노조가 한차례 시련을 겪기도 했다. 또 길어야 2년 근무 후 모두 퇴사하는 계약직 노동자들이 노조에 참여하는 데는 한계가 있는 것이어서, 2007년 말까지도 계약직의 노조 가입률은 41.2퍼센트에 머물렀고 노조원 중 계약직의 비율도 23.8퍼센트에 그쳤다. 이 같은 한계에도 불구하고 계약직의 노조 참여는 엘지카드 노조를 건강하게 만드는 조건이 되었다고 할 수 있다.

노조를 결성한 첫해 지회장(단)과 '조합원의 날' 제도를 도입해 꾸준히 일상 활동을 펼쳐 온 것은 엘지카드 노동조합만의 조직 활동 방식으로 크게 주목된다. 2004년 4월에 도입한 지회장(단) 제도는 일반적으로 노조에 제도화된 대의원 말고 노조원 15명당 한 명꼴로 지회장이라는 현장 간부를 두는 제도로 전국 1백여 곳에 흩어져 일하는 노조원들을 엮어 주는 큰 다리가 된다. 또 2004년 6월부터 시작된 '조합원의 날' 활동은 매월 두 차례씩 한날한시에 모든 노조원이 작업을 중단하고 지회별로 모임을 열어 노조의 지침에 따라 일상 활동을 벌이는 제도로, 집행부와 현장의 소통은 물론 노조의 단결력을 높이는 데 결정적인 구실을 하게 된다. 더 크게 주목할 점은 이 활동이 현재까지 5년 동안 꾸준하게 이어짐으로써 말 그대로 '가랑비에 옷 젖듯이' 노동조합 일상 활동의 전형을 만들어 냈다는 점이다.

노조의 비정규직 문제 해결을 위한 활동, 조합원의 날과 지회장(단) 제도 등은 별도의 장에서 자세히 다루기로 하고, 지금부터 5년에 걸친 엘지카드 노동조합 활동을 시간이 흘러온 순서대로 큰 이슈 중심으로 살펴본다.

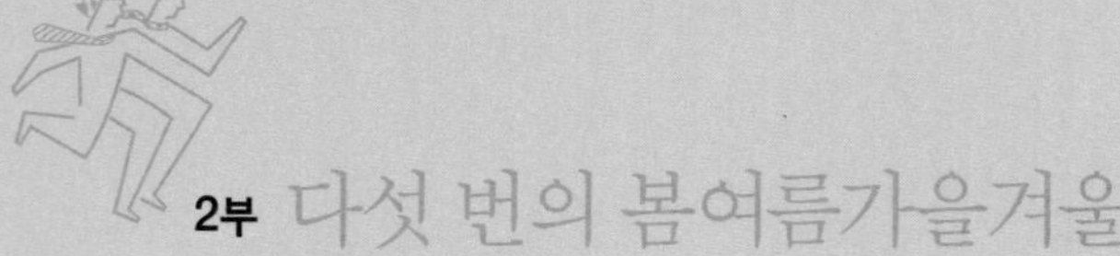

2부 다섯 번의 봄여름가을겨울

축제와 환호 속에 출범한 새 노동조합의 어깨는 천근만근이었다.
첫 집행부 출범 때 제시한 회사 조기 정상화, 고용 안정 확보,
우리사주 해결이라는 3대 목표는 그 어느 것 하나 절실하지 않은 것이 없었으나,
어느 것 하나도 쉬운 문제가 아니었다.
이 장에서는 조기 경영 정상화에서 노동조합 통합까지
5년간의 엘지카드 노동조합의 중심 활동을 시간이 흐르는 순서대로 살펴본다.

목표와 실적만 보며, 거리를 걸어 다니는 사람조차 사람이 아닌 신청서로 보이는,
그야말로 업계 1등에 목매던 시절……. 내게 노동조합이란 참으로 낯설고
어울리지 않는 단어였지 싶다. 하지만 소위 카드 대란이란 이름으로,
나의 청춘을 바친 회사가 초라해져 가는 모습은 참을 수 없는 일이었다.
9시 뉴스 화면 밑둥치에 두꺼운 글씨로 '엘지카드 퇴출될 듯'이란 속보를 보는 순간은
그야말로 큰 충격이었다. 하지만 우리에겐 '우리'가 있었고 그 '우리'에겐 일터를 지키려는
엄청난 마음과 누구도 두렵지 않은 열정이 있었다.
행사 때마다 그리고 그 당시 투쟁의 모습에서 그 '우리'가 있었던 것에 감사하며,
부여잡았던 서로의 손끝으로 전해지는 고압의 전류를 아직도 잊을 수 없다.

첫 출항 …… 경영 정상화와 고용 안정을 위하여

엘지카드 노동조합은, 강남에서 서울역 근처 YTN 건물로 옮겨 온 엘지카드 본사에 둥지를 틀었으며 창립 첫해부터 눈코 뜰 새 없이 바쁜 나날을 시작한다. 한편으로는 막 탄생한 노동조합을 제대로 키우랴, 한편으로는 부도 위기에 몰린 회사의 운명을 노동자 관점에서 바로 세우기 위한 활동에 나서랴 손이 열 개라도 모자랄 판이었다.

노조가 맨 처음 나선 것은 조기 경영 정상화 활동이었다. 이 과정에서 직원들의 고용 불안을 해소하고 안정된 일자리를 확보하는 일이 무엇보다도 시급했기 때문이다. 경영 정상화와 고용 안정을 위한 엘지카드 노동조합의 첫 출항을 함께 해보자.

새 경영진 취임과 노조의 조기 경영 정상화 활동

2004년 3월 15일 주총에서 신임 사장으로 선임된 박해춘 사장은 취임 일성으로 '엘지카드 조기 경영 정상화 방안'을 발표하고 비상 경영 체제에 돌입한다고 밝혔다. 비상 경영 체제는 영업 시스템의 전면 개편, 강력한 채권 회수 전개, 안정적이고 지속적인 수익 모델 개발 등을 뼈대로 한 것이었다.

신임 박해춘 사장은 채권단이 선임한 '구원투수'였고, 엘지카드를 빨리 정상화시켜 좀 더 비싼 값에 되파는 게 채권단이 가장 바라는 일이었기 때문에 조기 경영 정상화를 꾀하는 것은 당연했다.

유동성 위기로 노조원들이 고용 불안과 생계 곤란을 겪어야 했으므로 노조로서도 조기 경영 정상화는 절실한 문제였다. 또 엘지카드를 둘러싼 안팎의 조건을 감안할 때 조기 경영 정상화라는 화두는 경영진뿐만 아니라 노조로서도 중요한 과제이자 명분으로 삼아야 한다는 게 노조의 판단이었다.

이 점에서 새 경영진과 새 노동조합은 일단 조기 경영 정상화라는 화두를 함께 붙들고 노사 관계를 시작하는 모양새를 띠게 된다. 문제는 이 과정에서 불거질 수 있는 고용 문제였다. 노조원들은 새 경영진이 오면 인력을 감축하려 들 것이라는 불안감이 심했고, 새 노조 출범에 대한 폭발적인 지지의 배경에도 이 같은 불안감이 자리 잡고 있었다. 박해춘 사장도 이 같은 분위기를 의식해 15일 노조 위원장과 회동한 자리에서 '과장급 이하 인력 구조 조정은 없다'는 입장을 밝혔지만, 노조로서는 마음을 놓을 수 없는 상황이었다.

이런 조건에서 노조는 경영 정상화를 위해 양보할 건 양보하면서 고용 안정, 우리사주 문제 해결을 위한 실질적인 교두보를 마련하는 활동을 펴게 되며 노조 체제 정비도 서둘렀다.

노조는 4월 1일부터 주 5일 근무제 시행일까지 자율적으로 한 시간 조기 출근, 관리자 토요일 근무하기 캠페인을 시작한다. 캠페인 취지에 대해 노조는 소식지를 통해 '주체적으로 경영 정상화 프로그램을 추진함으로써 경영 정상화의 주체가 바로 조합원임을 대내외적으로 알리는 한편, 조합원의 단결력을 보여 줌으로써 노조의 결속력을 강화하고 향후 더 큰 투쟁을 위한 명분을 확보하기 위해서'라고 밝혔다.

물론 명분을 확보하는 데는 희생이 따르기 마련이어서 조기 출근으로 노동 강도가 강화되자 노조원들의 원망이 쌓이는 것을 피할 수는 없었다.

그런 가운데 노조의 실질적인 활동은 고용 안정 확보와 우리사주 문제에 집중하게 된다. 무엇보다 다급한 건 우리사주 문제였다. 2004년 4월 23일까지 회사로부터 대출받은 원금을 상환해야 했기 때문이다. 4월 7일부터는 매주 1회씩 우리사주 태스크포스 팀(TFT : Task Force Team) 회의를 열어 상황을 종합 점검하고 대책을 세워 나갔다. 노조는 회사 쪽에 우선 원금 상환을 1년간 연장하고 연장 기간 중의 거치 이자는 무이자로 적용하는 응급조치 성격의 대책을 세울 것을 요구하고, 이에 대해 4월 14일까지 경영진의 입장을 밝히라고 했다. 이에 대해 경영진은 1차로 원금 상환을 2개월 연장하고 그때까지 이자는 2퍼센트로 하자는 답변을 내놓았다. 이렇게 해서 다급한 우리사주 문제는 일단 두 달 동안 시간을 번 가운데 다시 노사 협상의 주요 과제로 남겨졌다.

노사 간 첫 충돌 발생

새 경영진과 노조의 첫 충돌은, 채권단 경영 지원단이 노조원의 신상에 큰 영향을 미치는 내용으로 경영 정상화 이행 각서(MOU) 체결을 엘지카드에 강요함으로써 촉발됐다. 4월 8일 노동조합은 채권단과 회사가 진행하고 있는 경영 정상화 이행 각서(이하 '이행 각서')를 18일까지 공개할 것을 요구했다. 회사가 이를 거절하자 21일부터 신성민 노조 사무국장이 부사장실 앞에서 1인 시위에 돌입했고 노조는 철야를 하며 항의했다. 결국 회사는 사장과 노조 위원장의 면담 자리에서 내용을 열람하게 해주겠다고 물러섰다. 4월 29일 노조가 확인한 이행 각서 내용 중 노조에 영향을 미치는 내용은 다음과 같았다.

1. 회사는 경영 정상화 추진 과정을 엘지카드 노조에 설명하고 노조로 하여금 기제출한 노동조합의 동의서에 반하는 행위를 하지 않도록 해야 한다(물론 당시 노조에서는 어떠한 동의서를 제출한 적이 없는 상태였다).
2. [경영 계획의 수립과 승인] 연간 경영 계획에 포함한 사항 중 '조직 및 인사(인원, 임금 포함) 계획 등
3. [약정 내용 불이행 시 조치] 자구 대상 자산 일체의 임의 처분 가능 등
4. [조사권] 경영 지원단은 경영진 및 직원에 대한 조사를 직접 할 수 있다.
5. [조사 후 조치] 경영 지원단은 경영진 및 직원에 대한 징계(해고 포함)를 직접 할 수 있다
6. [비용 사용] 경영 정상화에 대한 성공 여부는 경영 지원단이 판단하며 경영 정상화까지는 추가적인 비용이 수반되는 복리 후생 추가 비용 지원은 불가하다.
7. [면책] 경영 지원단은 경영 정상화 과정에 수반되는 행위에 대해 책임이 없다.
8. [비용 지출의 승인] 비용 지출은 경영 지원단의 기준하에 사전 승인을 득하고 진행한다.

노조는 이 같은 이행 각서가 일방적으로 체결될 경우 노조 활동과 노조원의 고용 및 생계에 엄청난 악영향이 발생할 것을 우려하고, 체결 전에 노조와 충분히 협의를 거쳐 동의를 얻은 후 체결할 것을 요구했다. 또한 노조 활동 보장과 관련된 단체협약을 즉시 개정할 것을 요구했다.

5월 3일과 4일 이틀 동안 노조는 전 조합원에게 투쟁복을 입고 근무하도록 하는 한편, 채권단과의 면담에서 이행 각서 전문을 공개하고 노조의 참여를 보장하라는 요구가 거절당하자 5월 4일 아침 7시부터 노조 간부와 본사 조합원들이 중심이 되어 경영 지원단 출근을 저지하는 행동에 돌입했다.

노조의 강경 대응에 주춤한 채권단은 이행 각서 전문을 노조에 제출했고, 노조는 좀 더 종합적인 분석을 거쳐 각종 독소 조항의 삭제와 개정을 요구하게 된다. 그 결과 11일 채권단과 회사가 최종 합의한 이행 각서 내용은 노조의 요구 사항이 대부분 반영돼 독소 조항을 삭제하는 성과를 거두었다.

고용 안정의 상징 '노사 합의' 확보

다음으로 노동조합은 단체협약 체결에 나서는데, 단체협약은 우선 기존 노사 간에 체결된 내용 가운데 조합원 범위를 제한하는 등의 독소 조항을 개정하는 것이 급했다. 노조의 이런 움직임에 대해 회사 측은 난색을 표하면서 현재 경영 상황이 어려우니 단협 개정은 추후로 미루자는 입장이었다. 동시에 현장 직원들에게 어려운 경영 상황을 설명하는 소위 '경영 현황 설명회'를 전국 주요 거점에서 실시하겠다고 했다.

이에 대해 노조는 단협 개정 없이 회사 측이 일방적으로 경영 현황 설명회를 실시하는 것은 수용할 수 없다는 입장을 정리하고, 대의원 및 지회장 등 현장 간부들에게 특별 지침을 내려 보내 회사 측이 실시하는 경영 현황 설명회에 참석하지 말 것을 지시했다. 회사 측은 예정대로 대구와 광주에서 첫 번째 경영 현황 설명회를 실시했는데, 실제 설명회 자리에는 몇몇 비조합원들만 참석했을 뿐 조합원의 참여는 일체 없었다. 이런 노조원들의 일치단결된 행동에 회사 측은 위축될 수밖에 없었고, 결국 노조의 요구대로 단협 개정을 위한 협상에 임할 수밖에 없었다. 노조의 경영 현황 설명회 불참 지침이 노조원들의 전폭적인 지지 속에 성공하면서 노조는 회사나 채권단과 동등하게 맞설 수 있는 세력으로 자리매김하게 되었다.

이에 힘입어 노조는 5월 3일 노조 활동 관련 단협 개정 교섭을 공식 요구해 노사 교섭을 거쳐 5월 27일 1차 단협(노조 활동 관련)을 체결한다. 그 결과 조합원 범위를 1급(부장) 이상의 직위에 있는 자, 부서장·지점장·영업소장의 직책을 가진 자, 인사팀·노사협력팀에서 근무하는 자를 제외한 모든 정규직/계약직 노동자로 확대했다. 노조 전임자는 여섯 명으로 늘렸고, 기존 단협에 있던 일방 중재 등 노동3권을 무력화하는 독소 조항을 모두 걸어 냈다.

앞서 두 달 연기되었던 우리사주 원금 상환 날짜가 6월 25일로 다가오자 노조는 다시 원금 상환 1년 연장을 촉구하고 나섰다. 또 우리사주 조합 인수대책위원회를 출범시켜 그간 부실하게 운영되어 온 우리사주 조합을 노조가 인수하는 한편, 고문 변호사를 선임해 법률적 대응을 준비하기 시작했다. 회사 또한 우리사주 문제의 심각성을 인식하고 있었으나 당장 근본적인 해결책을 마련하기 어려운 여건이었기 때문에, 일단 원금 상환을 1년간 더 연장하고 노사 간에 논의를 계속하기로 한다. 이렇게 해서 우리사주 문제는 다시 2005년으로 넘어가게 된다.

상반기 동안 노조는 새 경영진을 맞아 당장 직원들의 발등에 떨어진 급한 불을 끄는 한편, 뒤에서 살펴보듯이 지회장(단)·조합원의 날 도입 등 체제 정비에 힘쓴다. 그리고 하반기에 들어서면서부터 가장 중요한 핵심 과제인 고용 안정 확보를 위한 2차 단협(근로조건 관련) 개정에 나섰다. 임금과 복리 후생은 이미 2003년부터 2년 동안 동결된 상태여서 근로조건과 관련해서는 단체협약 교섭만 남은 셈이었다.

7월 26일 노조는 소식지를 통해 2차 단협 개정에서 고용 안정 보장, 주5일 근무에 따른 근로조건과 복리 후생 증진, 퇴직금 중간 정산제 도입, 징계위원회에 노조 참여 등을 꼭 관철시켜야 할 주제로 꼽았다. 물론 핵심은 고용 보장의 명문화였다.

한편 이날 황원섭 위원장은 "우리를 둘러싸고 있는 갖가지 시장 상황이 우리에게 결코 유리하지 않게 진행되고 있는 시기에 경영 정상화를 위한 강한 의지를 표명할 필요가 있기 때문"이라며, 향후 1년간의 무분규 선언을 발표하고, 조합원의 날 분임 토의에서 이에 대해 조합원들이 토론을 진행해 줄 것을 요청했다. 황 위원장은 아울러 '엘지카드는 엘지카드만의 문제와 해결 방식이 있다'고 생각해 온 결과라고 밝혔다.

어쨌든 이 같은 과정을 거쳐 노사 간 집중 교섭의 결과로 9월 17일 2차 단체협약을 체결했다. 이때 노사는 고용 안정의 명문화에 합의하는데, 그 핵심 내용은 다음과 같다.

〈회사의 분할·합병·양도 시 고용 등의 승계〉

① 회사는 분할·합병·양도 시 해당 조합원의 고용·단체협약·노동조합의 승계를 보장한다.
② 회사는 분할·합병·양도를 계획할 경우 60일 전에 그 계획을 조합에 설명하고 조합원의 신분 변동이나 근로조건에 관하여는 조합과 합의하여야 한다.

〈경영상 이유로 인한 해고〉

① 회사에 의한 경영상의 이유로 인한 해고는 긴박한 경영상의 필요가 있어야 한다. 이 경우 경영 악화 방지를 위한 사업의 양도·인수·합병은 긴박한 경영상의 필요가 있는 것으로 본다.
② 회사는 경영상의 이유로 인한 해고를 의도하는 경우에는 해고의 규모와 대상자 선발 기준에 대하여 해고를 하고자 하는 날의 60일 전까지 조합에 서면으로 통보하고 사전에 합의하여야 한다.
③ 회사는 경영상의 이유로 인한 해고에 앞서 경영 방침이나 업무 방식의 합리화, 회사 자산의 매각 등 자구 노력, 신규 채용의 중단, 휴직제, 전직 배치 전환, 희망(명예) 퇴직자 모집 등 해고를 회피하기 위한 모든 조치를 취하여야 한다.
④ 회사는 경영 사정이 회복되어 신규 인력을 채용할 경우에는 본 조에 의하여 해고된 자를 우선 채용하여야 한다.

이로써 앞으로 회사의 운명이 달라지더라도 조합원의 신분 변동이나 근로조건에 대해서는 노조와 합의하지 않고 변동할 수 없게 됐고, 해고 또한 노조와 합의하지 않으면 할 수 없는 고용 안정 장치를 명실상부하게 마련한 것이다.

외환 위기 이후 정리 해고 등 고용 불안이 확산되는 가운데 '해고 등 신분 변동은 반드시 노사 합의를 거친다'는 조항은 흔히 '노사 합의'라 불리며 노사 관계의 뜨거운 감자가 되어 온 것이 사실이다. 기업주가 노조 의견을 무시하고 마음대로 해고하지 못하게 하려면 해고에 대해 노조와 '합의'해야 한다는 노동계와, 단순히 '협의'를 거치면 된다는 기업주와 경총 등 사용자 단체가 팽팽히 맞서 왔다.

따라서 이 같은 합의 내용은 노조로서는 매우 만족스러웠지만, 경영진으로서는 외부의 시선이나 채권단의 눈치를 보지 않을 수 없었기 때문에 민감한 문제로 받아들여 난항을 겪어야 했다.

그런 이유로 휴가와 휴일, 근로시간 등과 관련된 합의 사항은 바로 체결하고, 고용 안정과 인사 및 복리 후생 관련 합의 사항은 2004년 말로 예상되는 1조5천억 원의 자본 확충이 완료되는 시점에 공개하기로 합의한다. 아직 유동성 위기가 완전히 해결되지 않은 특수한 상황에서 사측은 합의서에 서명까지 끝냈지만 즉각 외부에 공개하기가 부담스러웠던 것이다.

정상화냐, 청산이냐 "엘지그룹은 출자 전환하라"

2004년 9월에는 유동성 위기 이후 처음으로 176억 원의 흑자로 전환하게 됨에 따라 한 고비를 넘는 듯했다. 노조는 10월 27일 조합원의 날에 깜짝 이벤트로 통닭 파티를 열어 그동안 노조원들이 고생한 것을 위로하기도 했다. 그러나 2004년 말로 접어들면서 불안이 가시기는커녕 다시 위기가 찾아오는 듯했다. 바로 출자 전환을 둘러싼 채권단과 엘지그룹 간의 줄다리기 때문이었다.

2004년 1월, 4대 은행(산업은행·우리은행·기업은행·농협)이 운영위원회를 구성해 발표한 엘지카드 공동 관리 방안에 따라, 향후 3조5천억 원의 출자 전환 및 44 대 1 감자 계획이 세워져 있었고, 2월에 9,539억 원 규모의 1차 출자 전환이, 7월에 2조5천억 원 규모의 2차 출자 전환이 완료된 상태였다.

하지만 2004년 3분기 말 자본 총계가 마이너스 8,910억 원인 엘지카드의 자본 잠식을 해소하고, 2005년 3월 말까지 유예된 적기 시정 조치를 피하기 위해서는 1조2천억 원의 증자가 필요한 상황이었다.

12월 8일 채권단을 대표한 산업은행 유지창 총재는 엘지그룹에 8,750억 원의 출자 전환을 요구하고 이를 거부할 경우 엘지카드를 청산할 수밖에 없다는 요지의 입장을 밝혔다. 회사 청산 문제가 거론되자 노조원들은 다시 위기감에 휩싸일 수밖에 없었다.

13일, 산업은행은 또다시 청산 운운하면서 으름장을 놓았으나 15일 엘지전자와 엘지화학 임시 이사회는 출자 전환 불가 결정을 내렸고, 20일 박해춘 사장이 기자 간담회를 열어 재차 출자 전환을 촉구했으나 엘지그룹은 불가를 통보했다.

노조는 엘지그룹이 당연히 출자 전환에 나서야 한다는 판단이었고, 노조원들의 불안감이 커지는 가운데 다시 행동에 나섰다. 때마침 10월 국회 국정감사에서 엘지그룹의 부도덕성이 폭로되면서 노조원들의 분노도 커진 상태였다. 노조는 간부들을 중심으로 12월 16일 서울 여의도에 있는 엘지그룹 본사를 항의 방문해 몸싸움을 벌인 데 이어, 12월 23일을 전 조합원 총궐기의 날로 잡고 오후 2시부터 여의도에서 대규모 집회와 시위를 벌이기로 했다.

(오른쪽) 2004년 12월 21일부터 엘지그룹의 심
장, 여의도 트윈빌딩 앞에서 엘지카드 노조 조
합원들의 1인 시위가 계속되었다.

(왼쪽) 2004년 12월 23일, 여의도 금감원 앞에서
진행된 집회 막바지에 트윈빌딩을 향한 가두 행
진이 시작되었다. 집회 선두 차량과 이를 가로
막고 있는 전경 버스의 모습.

2004년 12월 23일 엘지그룹의 출자 전환을 촉구하고, 회사의 청산을 막아 내기 위해 전국 각지에서 2천 명이 넘는 조합원들이 여의도로 몰려들었다. 살을 에는 듯한 추위에도 불구하고, 집회에 참석한 조합원들의 모습은 비장하기까지 하다. 거액을 먹고 튄 엘지 대주주(부모)는 배가 부르지만, 모든 짐을 떠안은 직원(자식)들은 길거리로 내몰려야 했다.

　뒤에서 자세히 살펴볼 조합원의 날 사업은 투쟁 시기에 빛을 발했다. 총궐기의 날을 하루 앞둔 22일 조합원의 날에는 전국의 모든 지회에서 조합원들이 구호 연습과 피켓 등 투쟁 물품 준비, 투쟁가 연습 등 총궐기 예행연습에 들어갔다. 21일부터 엘지 본사 앞에서는 노조의 1인 시위가 시작됐다.

　23일 여의도에는 월차휴가 등을 내고 2천 명이 넘는 노조원들이 집결했다. 한겨울 날씨는 추웠지만 1년 전과 같은 슬픈 겨울을 다시 맞을 수는 없다는 절박감에서였다. 그 사이에도 엘지그룹은 출자 전환을 완강하게 거부하고 채권단은 액수를 깎아 주겠다며 엘지카드를 놓고 줄다리기를 계속했다. 노조는 28일 다시 150여 명의 수도권 조합원과 간부를 중심으로 엘지그룹 본사를 항의 방문해 로비와 주차장을 기습 점거하며 울분을 터뜨렸다. 채권단은 엘지그룹이 29일까지 입장 변화가 없으면 자동 청산에 들어가겠다며 정부의 중재를 요구하고 나섰다.

　결국 29일부터 채권단과 엘지그룹 사이에 시작된 협상은 정회를 거듭한 끝에 12월 31일 채권단과 엘지그룹이 5천억 원씩 분담해 출자 전환하기로 합의하기에 이른다. 유동성 위기 이후 길기만 했던 추위가 누그러드는 순간이었다.

'만주클럽'이 감자탕을 싫어한 사연
— 우리사주 문제를 해결하기까지

2005년이 밝았다. 1년 동안 노동자들의 뼈를 깎는 노력 끝에 회사 경영은 한 고비를 넘겼다. 무엇보다도 9월부터 흑자로 전환된 이래 2004년 4분기에만 경상이익이 3,258억 원에 달했다. 연말 출자 전환 줄다리기도 마무리돼 회사 청산의 우려도 불식됐다. 이렇게 되자 2005년으로 들어서자마자 채권단은 회사 매각 문제를 거론하기 시작했다.

사실 채권단의 2004년 1, 2차 출자 전환은 모두 정부로부터 손실 보전을 약속 받은 산업은행이 시중은행을 길들이려는 것이었으며, 엘지그룹이 마지못해 5천억 유상증자에 참여한 것 역시 경영 부실의 원죄에 대한 범국민적 비난을 피하려는 면피용 성격이 강했다. 산업은행은 채권단을 대표해 23퍼센트 지분으로 사실상 엘지카드를 '식민통치'해 온 것이나 다름없었다. 그런데 출자 전환이라는 막다른 골목에서 '엘지카드를 청산해 버리겠다'며 노조원들과 가족들의 속을 시커멓게 태우던 채권단은 벌써부터 회사를 팔아넘길 궁리를 하는 분위기였다.

그러나 회사 가치가 올라가 채권단이 매각을 기정사실화하는 분위기와는 달리 노조원들의 마음은 여전히 답답했고 천근만근의 무게가 짓누르는 듯했다. 인원이 가장 많았던 2003년 5월을 기준으로 2005년까지 6,552명이 회사를 떠나야 했다. 조기 출근, 급여 동결, 휴일 반납, 복리 후생 중단 등 고통은 끝날 줄 몰랐다.

노조에 따르면 2004년 1년 동안 노동자들이 조기 정상화를 위해 감내한 노력을 돈으로 계산하면 인원 감축 1,072억, 급여 동결 81억, 조기 출근 70억, 복리 후생 중단 35억, 경비 절감 12억, 승진급 연장 6억 등 1,276억 원에 달했다.

회사를 공중 분해시켰던 엘지 재벌과 경영진은 단물만 빼먹고 일찌감치 도망갔고, 책임과 고통은 남겨진 노동자들의 몫이었다. 카드 회원들과 국민들로부터 엄청난 항의 전화를 받아야 했던 상담 조합원 곁에는 눈물 젖은 휴지가 마를 날이 없었으며, 영업 현장과 심지어 개인적 모임에서까지 고객들과 가족, 친구들의 걱정과 비난의 대상이 되었고 노동자들의 자존심은 만신창이가 되었다.

그중에서도 노동자들의 어깨를 짓누르던 가장 큰 짐은 역시 우리사주 문제였다.

"나는 감자탕이 싫어요"

2004년 노사 협상으로 원금 상환이 1년 연기됐을 뿐 해결된 건 아무것도 없었다. 오히려 우리사주 문제는 더 악화되었다. 왜냐하면 2004년 5월에 대규모 감자(減資)가 이뤄졌기 때문이다.

2004년 5월 엘지카드 주식에 대한 감자는 규모가 매우 커서 43.4 대 1에 달했다. 당시 감자로 엘지카드의 보통주 주식 수는 종전의 3억5천만 주에서 802만 주로, 자본금은 1조7,399억 원에서 401억 원으로 각각 줄었다.

434주를 보유하고 있던 노동자의 주식이 43.4 대 1 감자 후에는 열 주만 남게 되는 것이니, 노동자들이 갖고 있던 주식은 사실상 증발해 버렸다. 더구나 2005년 3월에 다시 5.5 대 1 감자가 이뤄졌으니, 결국 434주가 1.8주가 된 것이다. 결국 1주 미만의 단수 주를 모아 한 사람당 몇 천 원씩 나눠주고 나서 우리사주는 끝이 났다. 주식은 간 데 없고 1인당 평균 5천만 원 가까운 빚만 남은 것이다.

오죽했으면 당시 엘지카드 노동자들이 음식점에 가면 절대로 안 먹는게 감자탕이고, 가장 싫어하는 안주도 감자탕이란 말이 돌았을까. 특히 우리사주를 많이 사서 1억 넘는 빚을 지고 있던 '만주클럽' 회원들은 감자탕이라면 자다가도 벌떡 일어날 지경이었다.

유동성 위기 이후 2년여 동안 엘지카드 노동자들을 가장 괴롭힌 건 뭐니 뭐니 해도 우리사주 문제였다.

결혼하는 사람도 드물어서 2년여 동안 회사에는 청첩장이 돌지 않았다. 심지어 결혼 약속이 깨지는 일까지 벌어졌다. 어느 날 신임 사장이 지점을 방문해 직원들과 간담회를 연 자리에서 여직원 한 사람이 일어나서 '우리사주 때문에 너무 엄청난 빚을 지게 돼 파혼을 당했다'며 울음을 터뜨리는 일까지 있었다. 결혼을 했더라도 출산 계획을 미루게 돼, 결혼과 출산 사이에

사례 1

지난 2003년 12월 퇴사한 엘지카드 전 임원 A 씨는 최근 보유 중인 주택을 처분, 엘지카드 우리사주 청약 대출금 3억 원과 연체이자 8천만 원을 상환했다. 지난 2002년 엘지카드 상장 당시 주당 5만8천원에 우리사주를 인수한 A 씨는 2003년 5월과 11월에 실시된 1, 2차 유상증자에도 참여, 개인당 배정 물량을 모두 인수했다. 그러나 엘지카드 유동성 사태가 터진 직후 A 씨는 우리사주 대출금을 갚지 못한 채 회사를 떠나야만 했다. 연 24퍼센트의 높은 연체이자를 적용받으면서도 대출금 상환을 미뤄 오던 A 씨는 결국 보유 중인 주택을 팔아 대출금 3억 원과 연체이자 8천만 원을 갚을 수밖에 없었다.

사례 2

지난 2002년 엘지그룹 내 타 계열사에서 엘지카드로 자리를 옮긴 B 과장. 당시 엘지그룹 내에서 '가장 잘나가던' 엘지카드에 입사한 그는 장밋빛 꿈에 부풀어 있었다. 주당 5만8천원에 우리사주를 배정받은 B 과장은 상장 초기 주가가 10만 원을 넘어서자 전 직장 동료들의 부러움을 한 몸에 받았다. 그러나 2003년 말 엘지카드 사태가 발생하고 43.4 대 1의 감자를 당해 큰 손실을 입은 데 이어 B 과장은 설상가상으로 구조 조정 과정에서 명예퇴직을 당하고 말았다. B 과장이 입은 손실액은 약 5천만 원. 당시 엘지카드 과장 연봉 수준을 고려하면 B 과장은 결국 1년 동안 엘지카드를 위해 무보수로 일한 셈이 됐다.

사례 3 '만주클럽을 아시나요'

한때 엘지카드 내에는 근속 연수 10년이 넘은 고참 부장 및 지점장 급 20여 명으로[노조에 따르면 실제 인원수는 60여 명에 달했다고 한다 : 저자 주] 구성된 '만주클럽'이란 말이 유행했다. 이들이 '만주클럽'으로 불리게 된 것은 멤버 대부분이 우리사주 청약 및 1, 2차 유상증자에 배당된 물량을 백 퍼센트 청약, 보유한 엘지카드 주식 수가 1만 주를 넘었기 때문이다. 그러나 2003년 말 43.4 대 1의 감자에 이어 오는 2월 예정된 5 대 1 감자가 실시되면 이들의 보유 주식 수는 1인당 50주 미만으로 떨어지고 손해액은 최소 1억 원이 넘을 것으로 전망된다.

지난 연말 채권단과 엘지그룹 간 극적 타협으로 인해 회사 청산의 위기를 넘긴 엘지카드 임직원들은 안도의 한숨을 내쉬기도 전에 새로운 고민에 휩싸였다. 회사는 살아났지만 개인당 적게는 수천만 원, 많게는 억 단위의 우리사주 청약 대출금을 갚아야 하기 때문이다. 특히 올 6월까지는 원금 상환이 유예됐지만 그 후로는 3~4년에 걸쳐 수천만 원에 이르는 대출금을 꼬박꼬박 갚아 나가야만 해 시름은 깊어만 가고 있다.

이처럼 엘지카드 임직원들이 우리사주를 통해 입은 피해액이 무려 1천억 원에 육박하는 것으로 나타나 충격을 주고 있다. 특히 최근 한 달 사이에 무려 160억 원의 손실이 추가 발생, 엘지카드 임직원들은 우리사주 피해를 복구하기가 불가능해졌다.

지난 2003년 말 43.4 대 1 감자라는 '폭탄'을 맞은 데 이어 오는 2월 다시 5 대 1 감자를 겪게 되면 엘지카드 주가가 주당 545만 원이 넘어야 우리사주 배정 당시 가격을 맞출 수 있다. 이런 가운데 감자 소식이 전해지면서 엘지카드 주가가 연일 폭락, 직원들을 우울케 하고 있다.

엘지카드 관계자는 "일단 회사가 자본 확충에 성공, 정상화의 기틀을 마련했다는 점에서 안심이 되지만 앞으로는 매달 월급의 30퍼센트 가량을 대출금 상환을 위해 떼어낼 것을 생각하니 가슴이 답답하다"고 토로했다.

특히 엘지카드 임직원들은 우리사주 배정 후 의무 예탁 기간(1년)을 지키는 한편, 회사 자본 확충을 위해 유상증자에도 꼬박꼬박 참여한 반면, 엘지그룹 친인척 및 특수 관계인들은 그 와중에 이미 엘지카드 지분을 시장에 내다 팔고 손을 뗀 것으로 밝혀지자 분노를 감추지 못하고 있다.

엘지카드 노조 관계자는 "1, 2차 유상증자 당시 경영진이 게시판에 공개적으로 증자 참여를 종용하는 등 회사가 유상증자 참여를 충성도 확인의 계기로 삼아 직원들의 피해가 커졌다"고 말했다. 이 관계자는 "반면 구본무 회장을 비롯한 엘지그룹 친인척 및 특수 관계인들은 오히려 그 와중에 엘지카드 지분을 매각한 것으로 드러난 만큼 이에 대한 도덕적 책임을 져야 할 것"이라고 강조했다.

『파이낸셜뉴스』 2005년 1월 4일

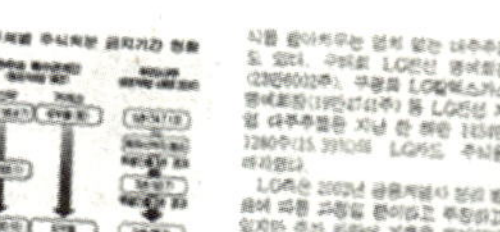

우리사주 문제를 보도한 신문 기사

상당 기간이 걸린 사람이 많았다. 대부분 가정에 돌아가서 회사 일로 빚을 졌다는 얘기를 차마 할 수가 없어, 혼자서 끙끙 앓다가 나중에 알게 돼 가정 불화가 일어나기도 했다.

감자탕을 싫어하고 청첩장이 사라지고 아이도 낳지 않는 직장. 회사는 흑자 전환이 이뤄졌지만 노동자들의 마음은 여전히 한겨울이었던 것이다.

"엘지 대주주를 구속하라"

노조는 2005년 상반기 활동의 최대 목표를 우리사주 문제 해결로 잡았다. 노조는 1월 11일에 '원금 상환 5개월을 앞두고 우리사주 문제는 노조원들에게 시한폭탄의 뇌관으로 인식되고 있다'며, '우리사주 문제는 매각과는 별개로 매각 전에 반드시 해결되어야 한다'고 지적했다. 또 해결책을 내놓지 않을 경우 무분규 선언을 철회하겠다고 밝혔다.

노조는 노조원들에게도 엘지카드의 가치를 올려 생존권 사수를 위한 싸움에서 운신의 폭을 넓힐 수 있지만, 회사 가치가 올라간다고 해서 우리들의 생존권이 무작정 담보되는 것은 아니라며, 강한 힘을 갖고 투쟁해 나가자고 당부했다.

우리사주 문제로 고통이 큰 만큼 엘지 대주주에 대한 분노도 컸다. 거액을 챙겨 튄 엘지 대주주야말로 노동자들을 고통의 구렁텅이로 내팽개친 주범이라는 게 노동자들의 공통된 인식이었다.

노조는 2월 28일 엘지그룹에 구본무 회장 면담을 요구하는 공문을 보냈

(위) 2005년 3월, 엘지 대주주의 처벌 및 부당 이익 환수 등을 주장하는 엘지카드 노
조원들의 1인 시위가 서울 한남동 구본무 엘지그룹 회장 자택 앞에서 진행되었다.
(아래) 엘지그룹의 캐치프레이즈인 정도 경영은 죽었다! 엘지 대주주들의 부도덕한
행태를 비판하는 엘지카드 노조의 피켓 시위 장면.

다. 우리사주 문제에 대한 그룹의 공식 입장을 내놓으라는 것이었다. 시간이 지나도 엘지 쪽에서 아무런 반응이 없자 분노는 더욱 커졌다.

3월 3일 노조 소식지는 당시 노조원들의 격앙된 감정을 이렇게 대변하고 있다.

> 너희들이 우리의 순수한 충성심을 악용해 털어 간 돈 맛의 달콤함만큼 그대로 돌려 줄 것이다. 임직원의 순수한 애사심을 악용하여 자기들의 배만 불리고, 출자 전환 이후에도 자신들의 지분을 높은 가격에 매도하여 또 다른 투자 수익으로 활용한 알량한 출자 참여의 모습에서 보여 주듯이 우리는 부도덕한 엘지그룹을 결코 이대로 놓아줄 수 없다. 엘지그룹 대주주들에 대한 우리의 맺힌 한과 응어리를 철저히 풀 것이다.

3월 24일 오후 5시부터 노조 간부들이 구본무 회장 자택 앞에서 시위에 들어갔고, 토요일인 26일엔 조합원들이 자발적으로 동참했다.

구 회장 자택 앞 1인 시위가 계속되는 가운데 30일에는 150여 명이 서울 서초구 중앙지검과 여의도 엘지 본사, 금융감독원 앞에서 '부당 내부 거래 엘지 대주주 구속 및 전면 수사를 촉구하는 결의 대회'를 개최했다. 4월 20일에는 노조 위원장이 서울지검 금융조사부를 방문해 엘지 대주주를 구속 수사할 것을 촉구했다.

당시는 2월에 엘지 대주주들의 내부자 거래 의혹에 대한 금감원 조사가 마무리되고 검찰 수사가 시작된 상황이었다. 이 과정에서 사건 조사를 맡았던 금감원 팀장이 과로로 쓰러져 숨지는 일까지 겹쳐 엘지 대주주들의 먹튀 사건에 대한 사회적 관심이 고조되고 있었다.

　노조는 노조원들의 정서와 사회적 분위기를 종합해 우리사주 문제 해결을 요구하기보다는 엘지그룹의 부도덕성을 최대한 부각하고 대주주를 구속 수사할 것을 촉구하는 전략을 구사했다. 우리사주 문제 해결을 전면에 내세울 경우 엘지그룹 쪽에서 개인 투자임을 내세워 역공을 할 가능성이 높고, 법적 검토 결과 엘지 대주주로부터 우리사주에 대한 금전적 보상금을 받아 내기가 쉽지 않다는 판단에서였다.

　노조는 3월 25일 조합원의 날 자료를 통해 노조원들에게도 '그래! 너희 말대로 우리사주 우리가 갚는다. 하지만, 엘지 대주주의 불법·부당 행위는 꼭 처벌받게 하겠다'는 각오로 싸우자고 설득했다. 오히려 엘지 대주주의 부도덕성을 끈질기게 공략함으로써, '현 경영진은 우리사주에 근본적 책임이 없고, 채권단은 우리사주는 엄격히 본인 책임이라며 난색을 표하고 있으며, 결국 문제 해결의 실마리는 엘지 대주주뿐'이라는 엘지가 가장 우려하는 분위기를 만들어 가야 한다는 노조의 판단도 제시했다.

　이런 목표는 우리사주로 인한 고통 때문에 갈피를 못 잡고 있는 노조원들의 분노를 표출시키고 결속을 다져 투쟁의 동력을 만들어 가기 위한 선도 투쟁의 성격을 띠고 있었다. 또한 부당 내부 거래 의혹에 대한 금감원과 검찰 조사가 진행되는 사회적 분위기를 감안한 현안 대응 투쟁의 일환이기도 했다. 나아가 엘지 대주주의 부도덕성을 집중 공략하고, 노조원들의 고통을 대내외에 적극 알림으로써 우리사주 문제를 해결하지 않고는 엘지카드 정상화가 불가능하다고 절규하는 투쟁이기도 했다.

2005년 임금 교섭 : 우리사주 해결의 주춧돌을 놓다

한편 현실적으로 우리사주 문제에 대한 해결책을 내놓을 당사자는 현 경영진이었기 때문에, 노조는 엘지 대주주에 대한 투쟁을 벌여 가는 속에서 노사 협상을 통해 실질적인 대책을 마련하는 데 더 힘을 쏟는다.

2005년 1월 26일 개최된 제1차 정기 노사협의회에서 노조는 경영진에게 우리사주 문제에 대한 근본적인 해결을 최우선 과제로 삼을 것을 정식으로 요구했고, 5월까지 회사가 우리사주 해결 대책을 제시하겠다는 합의를 이끌어 냈다.

6월이 원금을 상환해야 하는 달이기도 하고, 5월이면 임금 협상 막바지 시기라는 점에서 결국 우리사주 해결이 2005년 임금 교섭의 최대 현안으로 떠오른 것이다.

2003년과 2004년 연속해서 2년 동안 임금은 물론 모든 복리 후생이 동결돼 임금 교섭 자체가 없었다. 더구나 이전에는 노사 간에 임금 교섭 자체가 있었는지조차 알 수 없을 정도였기 때문에 사상 처음 임금 교섭을 하는 것이나 마찬가지였다.

직장 다니는 노동자들에게 임금 교섭은 한 해 농사를 수확하는 일에 비유된다. 아무리 열심히 농사를 지어도 가을철 수확을 잘해야 하듯이, 직장생활을 열심히 해도 월급이 오르지 않고 복지도 그대로이고 승진도 안 된다면 헛방이기 때문이다. 그동안 열심히 농사만 지었지 제 손으로 땀의 대가를 수확해 본 적이 없었던 엘지카드 노동자들이 난생 처음 우리사주 문제 해결이라는 큰 수확을 거둘 기회가 온 것이다.

2005년 임금 교섭 당시, 엘지카드 경영진과 채권단의 불성실한 교섭 태도 때문에 협상에 진전이 없자 엘지카드 노조 집행부와 전국의 대의원들이 본사 사장실 앞에서 연좌 농성에 돌입했다.

2월 18~19일 정기 대의원대회에서 우리사주 문제 해결을, 임금 교섭을 비롯한 2005년 상반기 활동의 최대 목표로 잡은 노조는 외부적으로는 엘지 대주주에 대한 투쟁을 벌여 나가는 한편, 내부적으로는 조합원들의 힘을 모으고 무기를 벼르는 사업에 착수한다.

노조는 3월 8일부터 조합원 총투표에 들어갔다. 우리사주 문제 등을 해결하기 위한 비상대책위원회를 구성하는 한편, 투쟁에 필요한 기금 10억 원을 모금하기 위한 것이었다. 투쟁 기금 모금 대상에서 임금이 적은 비정규직 조합원은 제외하되, 정규직은 직급별로 차등을 둔 액수를 4월과 6월에 나눠 내는 방식이었다. 결과는 총 조합원 2,445명 중 1,669명(68.3퍼센트)이 참가해 1,410명(84.5퍼센트)의 높은 찬성률로 가결되었다. 이에 따라 4월 한 달간 모금에 노조원 98퍼센트가 참여했고 모금한 돈만 4억9천만 원에 달했다.

3월 8일 임금 협상 1차 상견례를 시작으로 2005년 임금 교섭의 막이 올라 한 달 내내 교섭을 벌였지만 별다른 진척이 없자, 노조는 4월 1일 정시 출퇴근과 투쟁 조끼 입고 근무하기 등 준법투쟁 1호 지침을 내린다. 4월 중순부터 보름간 대구·부산·강남·광주·대전·인천·부천 등 지구별로 노조원 체육대회와 위원장 간담회를 개최해 현장 조직력을 가동하기 시작한다.

사측의 불성실한 협상 태도에 항의해 5월 2일부터 나흘 동안 다시 정시 출퇴근과 출근 전 집단 집회, 투쟁 조끼 입고 근무하기를 내용으로 하는 준법 투쟁 2호 지침에 들어간다. 임금 교섭이 두 달이 다 지나도록 별 진척이 없자 5월 6일과 10일 연속으로 준법투쟁 3호와 4호가 발령됐고, 10일에는 집행부와 대의원들이 사장실과 경영 지원단으로 몰려가 기습 시위를 벌였다.

2주간의 집중적인 준법투쟁과 동시에 노사 교섭도 막바지로 접어들어 3월 8일부터 5월 16일까지 총 13차례의 실무 및 본교섭을 이어간 끝에 5월 17일 최종 본교섭에서 잠정 합의에 이르렀다. 노조는 즉각 대의원대회를 열어 논의한 끝에 92퍼센트의 찬성으로 이를 받아들이기로 했다. 사상 첫 임금 협상이 타결되는 순간이었다.

타결 내용을 보면 우선 임금은 정규직은 총액 기준 7퍼센트, 계약직은 연봉 기준 7.7퍼센트 인상하기로 했다. 사내의 선택적 복지 제도라 할 카페테리아도 부활돼 계약직 노동자까지 확대되었고, 명절 선물, 유류대, 의료비, 경조비와 같은 소소한 복리 후생 분야도 부족하지만 진전이 있었다.

노조원들에게 가장 반가운 내용은 우리사주 문제 해결의 가닥을 잡았다는 점이었다. 노사가 합의한 해결 방식은 특별 성과급을 지급하는 방식이었다. 이행 각서의 경상 이익 목표를 기준으로 목표를 초과한 경우 초과 이익의 일정 비율 범위 내에서 3년에 걸쳐 특별 성과급을 지급하되, 지급되는 성과급은 노조원들의 우리사주 대출금을 갚는 데 쓰도록 한다는 것이다. 아울러 3년 동안 대출금의 이자는 무이자로 하기로 했다.

물론 이것으로 우리사주 대출금을 1백 퍼센트 다 해결할 수는 없었지만, 회사가 흑자 추세를 이어갈 경우 3년 뒤에는 약 80퍼센트까지 해결할 수 있었다. 당시 우리사주 총 청약금 가운데 이미 퇴직한 사람들 몫을 제외한 돈은 847억 원이었으며, 3년간 특별 성과급은 최대 652억 원으로 총액의 80퍼센트 수준이었다. 나머지 20퍼센트는 노조원 개인들이 부담해 갚아 나간다는 것이다.

실제로 3년이 지난 2008년 2월이 되면 우리사주 청약액은 154억 원으로 줄어들었다. 노조원 1인당 5천만 원에 달하던 빚이 1천만 원 수준으로 낮아진 것이다. 이 돈은 당사자들이 매월 얼마씩 나눠 갚고 있다. 노조원들을 괴롭히던 가장 큰 문제가 해결되는 순간이었다.

전략·전술이 빛난 '대주주 변경 투쟁'

회사 경영이 회복세를 타자 채권단은 매각 시나리오에 들어갔다. 4월에 6,570억 원으로 잡았던 2005년 경상이익 목표를 6월 1일 7,225억 원으로 높여 잡았다. 그런데 반년 만인 2005년 6월 말 이미 7,716억 원을 초과 달성했고, 2005년 말 기준 한 해 당기순이익은 무려 1조3,631억 원으로 치솟았다.

그동안 최대 흑자가 2001년 6,333억 원이었던 점을 감안하면 엘지카드 창사 이래 최대의 흑자였다. 2003년 33.3퍼센트에 달했던 연체율도 2005년 말에는 7.9퍼센트로 낮아졌다. 정상 자산도 2005년 2월 7조5,562억 원에서 연말에는 1조6,274억이 불어 9조1,836억 원이 되었다. 카드 회원도 2005년 말 984만 명으로 늘어 다시 1천만을 눈앞에 두게 되었다.

2003년 한 해에만 5조5천억 원의 적자를 내며 생사의 기로를 오가던 엘지카드는 다시 화려하게 1등 카드 회사로 부활했다. 경영 정상화는 누구의 예상보다도 빠르게 이뤄졌다.

회사 가치가 치솟을 때 팔아 치워 돈을 빼 가는 게 목표인 채권단은

2005년 10월 27일 운영위원회를 열어 매각 추진을 공식 결의한다.

　우리사주 문제 해결로 한숨 돌리고 있던 노동조합은 쉴 틈도 없이 다시 신발 끈을 고쳐 맸다.

매각에 임하는 노동자의 마인드부터 바꾸자

　매각, 즉 회사가 팔린다는 것은 그 회사에서 일하는 노동자들에게 어떤 의미일까? 돌아보면 노조는 매각 이야기가 처음 거론되던 2005년 초부터 이에 대비하기 시작했는데, 노조는 이 질문에 이렇게 답하고 있다.

〈매각 대비 고용 안정에 대해〉

○ 매각을 어떻게 볼 것인가?

• 매각은 대주주가 가지고 있는 지분을 다른 이에게 파는 행위로 법적으로 보면 사측(자본)의 고유 권리임. 그러나 회사는 자본으로만 구성된 것이 아니고 그 크기만큼은 노(노동력)의 몫임. 회사가 수익을 내기 위해서는 자본만으로 되는 것이 아니라, 우리 노동자들이 열심히 일해야 실질적으로 가능한 것임.

• 따라서 매각이 발생하는 것에 대해서는 그 사실을 인정하고 '어떻게 매각을 우리에게 유리한 국면으로 이끌 것인가' 하는 발전적인 계기로 삼는 능동적인 자세가 필요함.

○ 그럼 매각은 우리에게 어떤 의미인가?

• 흔히 '매각 → 구조 조정 → 나도 잘릴 수 있다는 불안감 → 명퇴금 많이 받고 나가든가 아니면 끝까지 살아남든가'의 순으로 연상함

• 그러나 매각은 분명 커다란 변화이므로 '위기'임에 분명하지만, 또한 보다 좋은 근로 여건을 만들고 보다 나은 보상(급여)을 취할 수 있는 '기회'임.

따라서 우리가 수세적으로 생각하는 것을 버리고, 능동적으로 생각하고 치밀하게 준비한다면 매각 또한 한걸음 더 도약할 수 있는 좋은 기회로 삼을 수 있음. 이는 전적으로 우리 몫임.

엘지카드 노조 2005년 3월 22일 조합원의 날 자료 중에서

매각은 우리(노동)의 동업자인 대주주가 바뀌는 것이어서 큰 변화이므로 '위기'지만, 우리가 잘 대응하면 한 단계 도약할 수 있는 '기회'이기도 하다는 것이다. 그러니 위기의식과 함께, 매각을 우리 힘으로 좀 더 도약할 수 있는 좋은 기회로 만들 수 있다는 자신감을 갖자는 것이다. 따라서 매각은 곧 구조 조정이고 고용 불안과 열악한 근무 조건을 감내하게 될 것이라는 수세적인 마인드에서 탈피하고, 능동적으로 전략적으로 치밀하게 준비해서 도약의 기회로 만들겠다는 적극적인 자세로 '매각에 임하는 마인드의 전환'이 가장 중요한 출발점이라는 것이다.

노조는 이런 취지에서 "매각이란 단어가 우리에게 '팔린다'는 수세적인 어감을 주므로 오늘부터 '대주주 변경'이라는 용어로 바꾸겠다"(2006년 11월 8일 조합원의 날 자료)며 대주주 변경 투쟁이라는 용어를 사용할 정도로 노조원들의 '매각에 임하는 마인드 전환'을 중요시했다.

물론 매각은 대주주가 가지고 있는 지분을 파는 행위이기 때문에 매각 추진 과정을 노동조합이 주도할 수는 없다. 그러나 회사를 사려는 사람의 인수 자금은 주식 인수 대금(주식 값＋프리미엄)과 함께 종업원에게 사전과

사후 투입될 비용을 포함시킨 액수를 산정해 이사회의 결의를 얻어 결정된다는 것이다. 여기서 종업원에게 투입될 비용은 다른 게 아니라 바로 노동조합의 힘을 보고 산정한다는 것이다. 따라서 노동조합의 힘을 바탕으로 전체 매각 과정에서 견제와 감시를 하는 한편, 진행 상황에 따라 유연한 전략을 구사하며 도약의 기회를 굳히겠다는 것이다.

결국 힘이다. 과거 기업 인수 합병(M&A) 시장은 한마디로 '힘 있으면 대우받고 힘없으면 짓밟힌다'는 냉엄한 원리가 지배해 왔다. 어떻게 힘을 확보할 것인가. 노동조합의 힘은 세 가지로 구성된다는 게 노조의 생각이다. 첫째, 강건한 노동조합, 둘째, 국민 정서(여론)의 확보, 셋째, 종업원으로서의 업무 능력(Man Power)이 그것이다.

따라서 회사의 주인으로서 업무 능력을 키우기 위해 열심히 일하는 것도 매우 중요하다는 것이다. 또 우리만 잘살아 보겠다는 인식에서 벗어나, 매각에 대한 이슈를 선점할 수 있도록 우호적인 국민 여론을 만들기 위한 노력도 게을리 하지 말아야 한다.

그러나 노조의 힘에서 가장 중요한 것은 역시 강건한 노동조합이다. 강건한 노동조합을 위해서는 매각에 대한 노조원들의 마인드 전환과 함께, '엘지카드 노동자 2천5백 명이 뭉치면 대한민국은 못 바꿔도 엘지카드는 발전적인 모습으로 만들어 낼 수 있다'는 자신감, 그리고 적극적인 참여가 필요하다. 또한 본격적으로 대주주 변경 투쟁을 하기 전부터 일상 활동에서 생동감 있고 단결된 힘을 유지하고 과시할 필요가 있다. 노조는 투명하게 공개되어 있고 민주적인 조직이기 때문에 회사를 사려는 사람이나 채권단, 정부 등 이해관계자들이 항상 주시하고 있으며, 인수하려는 자본은 노조가 얼마나 강한지를 보고 회사의 가치를 사전에 평가한다는 것이다. 나아가 집행부와 조합원 사이의 의사소통이 잘되기 위해 대의원과 지회장을 중심으로 상시적으로 의견을 전달하고 수렴하는 체제를 잘 짜야 한다는 것이다.

대주주 변경 투쟁의 단계별 전략을 세우다

대주주 변경(매각) 과정에서는 첫째, 정리 해고와 명예퇴직과 같은 인적 구조 조정, 둘째, 비정규직 확산과 임금 유연화 등의 고용과 임금의 유연화, 셋째, 아웃소싱과 회사 분할 등 기업 변동이 발생할 가능성이 크다. 따라서 대주주 변경 과정에서 고용·노조·단협 승계, 노조·인수자·피인수자 간 3자 협약을 반드시 체결해야 한다. 노동자들의 일자리를 박탈하는 자산 인수나 분할 매각은 반드시 막아야 한다.

이 같은 일반론과 엘지카드가 놓인 특수한 상황을 종합해 노조는 대주주 변경 투쟁의 목표를 ① 독립 경영(독립 법인사) 체제의 유지, ② 근로조건의 저하 없는 고용 안정, ③ 1등 카드사 지위 유지, ④ 우리사주 조합 지분 확보 등 네 가지로 잡았다. 근로조건의 저하 없는 고용 안정이 핵심 목표라면 나머지 세 가지는 이를 엄호하는 조건이며 명분을 강화하는 것이었다.

노조가 독립 경영 체제 유지를 목표의 하나로 삼은 이유는, 만약 어느 회사에 흡수 합병되는 경우 노동자의 절반 이상이 잘려 나갈 게 불을 보듯 뻔하다고 판단했기 때문이다. 또한 단순한 고용 안정을 넘어, 정리 해고나 명예퇴직 또는 비정규직 확산이나 새로운 직군제 도입과 같은 근로조건의 저하가 없는 고용 안정을 확보하는 것을 목표로 삼았다.

또한 산업은행을 비롯한 채권단은 엘지카드를 팔고 가 버리면 끝이고, 남는 사람은 역시 노동자들이기 때문에 인수자가 엘지카드의 성장과 더불어 돈을 벌고자 하는 의지가 있어야 한다는 것이다. 현재 엘지카드가 확보하고 있는 1등 카드사의 지위를 계속 유지하려는 인수자여야 한다는 것이다. 극단적으로, 외환카드를 인수한 론스타의 경우처럼 단기간에 단물만 빨고 도망가려는 투기 자본이 인수해 버리면 노동자의 미래는 어려워지기 때문이었다.

나아가 노조가 대응을 잘한다면 위 세 가지 목표 외에도 우리사주 조합을 통해 일정 지분을 확보할 수 있을 것인데, 이는 노조원들의 경제적 이익에도 도움이 되겠지만 어느 정도 경영 활동을 감시하고 견제할 수 있는 지렛대로 삼을 수 있을 것이었다.

대주주 변경은 어떤 절차를 밟아 이뤄질까? 노조는 모두 11단계를 밟게 되는 대주주 변경 과정을 〈표 1〉과 같이 4단계로 나누고 단계별 투쟁 전략을 짰다.

우선 1단계에서는 대주주 변경 투쟁의 명분을 확보하고 우호적 여론을 형성하는 데 주력하기로 했다. 이를 위해 밀실 매각의 부당성과 폐해를 이슈화하고 노조가 생각하는 바람직한 대안을 제시하는 데 힘썼다.

2단계 매각 주간사가 선정되어 실사를 하는 단계에서는 대화 채널을 구축해 내고 매각 과정에 노조가 직접·간접으로 참여하는 데 주력한다.

3단계 인수 의향서를 접수하고 우선 협상 대상자를 선정하는 기간에는, 인수에 나서는 여러 자본을 상대로 대주주 변경 투쟁의 네 가지 목표를 실

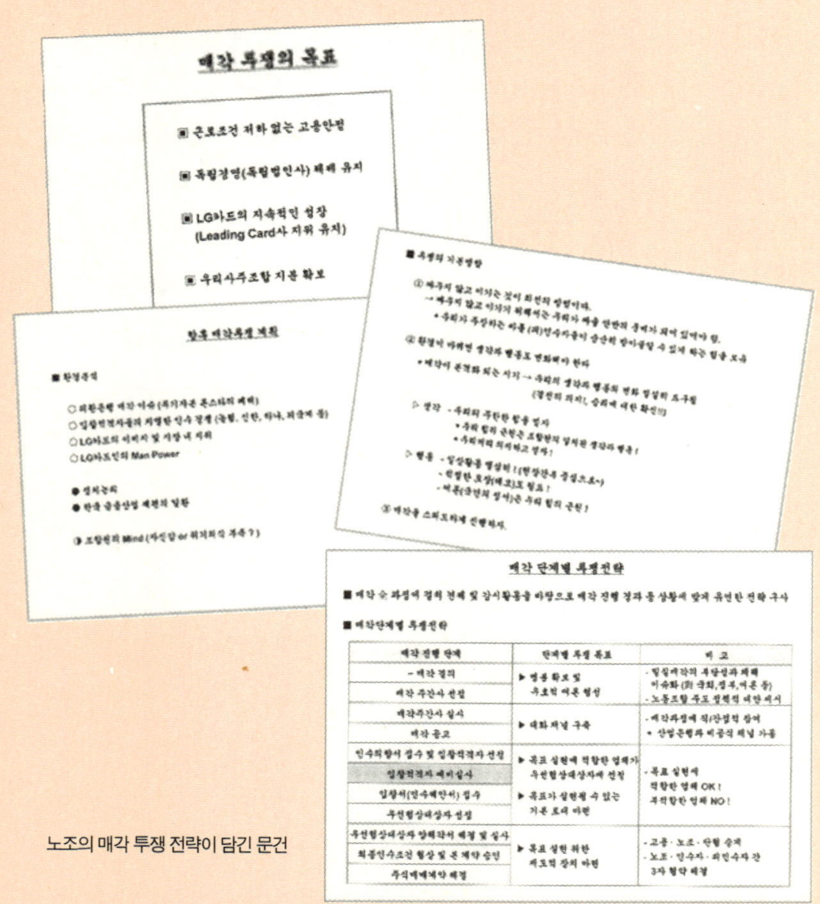

노조의 매각 투쟁 전략이 담긴 문건

대주주 변경 절차	단계별 투쟁 전략	비고
매각 결의	명분 확보 및 우호적 여론 형성	• 밀실 매각 부당성 폐해 이슈화
매각 주간사 선정		• 노조 주도 대안 제시
매각 주간사 실사	대화 채널 구축	매각 과정에 직·간접 참여
매각 공고		* 비공식 채널
인수 의향서 접수 및 입찰 적격자 선정	목표(Output Image) 실현에 적절한 인수자 선정	목표 실현에 적절한 인수자 OK 부적절한 인수자 NO
입찰 적격자 예비 실사		
입찰서(인수 제안서) 접수		
우선 협상 대상자 선정		
우선 협상 대상자 양해 각서 체결 및 실사	목표 실현을 위한 제도적 장치 마련	• 고용, 노조, 단협 승계
최종 인수 조건 협상 및 본계약 승인		• 노조, 인수자, 피인수자 3자 협약 체결
주식 매매 계약 체결		

현하는 데 부적절한 인수자를 배제하고 적절한 인수자가 인수하도록 하는 조건을 만들어 내는 데 힘쓴다.

　마지막으로 우선 협상 대상자와 양해 각서를 체결하고 주식 매매계약이 체결되어 대주주가 변경되는 단계에서는, 노조가 목표로 삼고 있는 고용·노조·단협 승계 등을 실현하기 위한 제도적 장치를 마련하며, 이를 위해 노조·인수자·피인수자 간 3자 협약 체결을 위해 힘을 집중한다.

　이 같은 대주주 변경 투쟁에 대한, 엘지카드 노조의 전략 전술은 회사 매각을 앞둔 노동조합 활동에 요긴하게 참고가 될 만하다. 물론 엘지카드 는 조기에 흑자로 전환되어 서로 사려고 욕심을 내는 회사였다는 점에서 특수한 경우이므로, 일반화할 때는 이 같은 점을 감안해야 하겠지만, 노동조합이 자체 전략과 전술을 세워 대주주 변경 과정에 주체적으로 임했다는 점에서 주목된다.

노조가 매각에 대한 대안을 내놓다

노조의 이와 같은 대주주 변경 투쟁의 전략은 2005년 하반기에 큰 틀이 짜였고, 2006년 초까지 단계별 실천을 거듭하는 과정에서 살이 붙으면서 전체 투쟁의 나침반이 되어 갔다.

지금부터는 노조가 구체적으로 어떻게 대주주 변경 투쟁을 벌였는지 살펴보자.

2005년 10월, 채권단이 본격적으로 매각 시나리오를 가동할 움직임을 보이자 노조는 즉각 대응에 나섰다. 10월 6일 매각에 대한 노조의 입장을 전달하기 위해 요청한 산업은행 총재와의 면담이 거부되자, 17일부터 노조 간부 30여 명이 YTN 본사 10층 경영 지원단 사무실에서 출근 저지 시위를 벌였고, 계속되는 노조의 출근 저지 시위에 밀린 채권단은 진입을 시도했으나 모두 저지당했다. 대주주와 함께 회사의 중요한 구성원인 노조를 완전히 배제한 채 밀실에서 대주주를 변경하려는 일은 있을 수 없다는 게 노조의 주장이었다.

노조를 배제한 채 매각 시나리오 가동에 들어갈 것이라는 예상은 적중했다. 국정감사가 끝난 10월 말을 매각 시나리오 가동의 출발 시기로 맞춘 것으로 보였다. 출근 저지에 밀린 채권단 운영위원회는 한자리에 모일 수 없게 되자 서면 결의를 통해 10월 27일자로 매각을 결의했다. 매각 결의 내용은 경영권 프리미엄을 받을 수 있도록 발행주식 수의 51퍼센트 이상을 매각하며, 매각 절차를 원활하게 진행시키기 위해 매각 주간사 선정과 입찰 적격자 및 우선/예비 대상자 선정 그리고 매각 예정가 산정과 양해 각서 체결 등에 대해 산업은행에 권한을 위임한다는 것이었다.

매각 공고를 서면으로 대신한 채권단은 28일 YTN 본사 빌딩에서 철수했다. 노조는 경영 정상화의 최대 공헌자인 엘지카드 임직원들을 배제한 채 밀실에서 일괄 매각하려는 의도라며 즉각 반발했다. 11월 1일 기자회견을 가진 후 산업은행 본점을 항의 방문했으나 '노조와 만날 이유가 없다' '매각은 노조가 간여할 사항이 아니다'라는 대답만 돌아왔다. 노조는 분노했다.

이즈음 노조는 대주주 변경과 관련한 대안을 만드는 데 골몰했다. 노조가 공적 자금이 투입된 대우건설, 대우조선해양, 브릿지증권 노조 등과 함께 '우리사주 조합의 기업 인수 참여를 위한 공동대책위원회' 구성에 참여한 것도 그 때문이었다.

노조는 11월 1일 기자회견에서 그동안 모색해 온 대안을 밝혔다. 우선 노조는 2년 전 카드 사태가 대주주의 일방적인 경영권 행사와 이를 견제할 수 있는 제도적 장치가 없었던 데서 비롯됐다고 규정했다. 따라서 대주주 변경 후 엘지카드는 대주주의 일방적 경영권 행사를 극복해야 한다는 것이다. 따라서 현행 채권단으로 참여한 다른 은행들의 지분은 그대로 두고 산업은행 지분 22.93퍼센트를 건실한 국내 장기 투자자에게 분산 매각하는 것이, 기업의 지배 구조 개선은 물론 노사 관계를 개선할 수 있으며, 기업의

2005년 들어 엘지카드를 비롯해 대우조선해양, 대우건설 등 채권단 관리 체제 아래에 있던 기업들의 매각 문제가 수면 위로 떠오르자 엘지카드 노조는 여타 매각 대상 기업 노조와 관련 단체, 국회의원 등과의 연대를 통해 바람직한 매각과 지배 구조 개선을 위한 다양한 활동을 전개한다.

(위) 2005년 11월 1일, 기자회견에서 엘지카드 매각에 대한 엘지카드 노조 및 공대위의 입장을 설명하고 있는 황원섭 위원장(왼쪽에서 세 번째).

(가운데) 2005년 11월 16일, 금융 공공성 강화를 위한 정책 토론회.

(아래) 2005년 12월 8일, 공대위 주관으로 국회에서 열린 엘지카드, 대우조선해양 매각 관련 정책 토론회.

장기적 성장과 발전에도 큰 도움이 된다고 밝혔다. 또 정부도 차입형 우리사주 제도(ESOP)를 권장하는 마당이니 엘지카드 우리사주 조합이 전체 지분의 3퍼센트 정도를 확보하도록 추진할 용의가 있다고 밝혔다.

그런데도 정부가 '지분 50퍼센트＋1' 일괄 매각 방침을 고집하는 것은 경영권 프리미엄을 확실히 산정해 높은 가격을 받아 공적 자금을 최대한 회수하려는 목적 때문으로, 엘지카드의 미래를 위해서나 국민경제의 발전을 위해서나 결코 바람직하지 않다는 것이다.

아울러 노조는 엘지카드의 미래상을 공개적으로 논의하기 위해 정부, 국회, 채권단, 엘지카드 임직원, 학계, 시민단체 등이 참여하는 대토론회를 열 것을 제안하고, 노조는 그 자리에서 도출되는 결과를 적극 수용할 용의가 있다고 밝혔다.

우리사주 조합이 금융회사에서 돈을 빌려 우리사주를 살 수 있도록 한 차입형 우리사주 제도는 당시 우리나라에서도 노사정 합의를 통해 비(非)상장회사에서 상장회사로 확대 적용되는 과정에 있었다. 이 제도는 직원들에게 주인의식을 고취시켜 생산성을 높이고 노사 관계를 안정시킬 뿐만 아니라, 무엇보다도 기업 지배 구조를 개선해 대주주의 전횡을 견제할 수 있다는 장점을 안고 있었다.

물론 이 제도는 여러 가지 사정으로 우리나라에는 아직 뿌리내리지 못하고 있으나 선진국에서는 이미 발달한 제도로, 노조의 대안으로서 나름대로 충분히 사회적 주목을 받을 만한 것이었다. 또 설사 실현되지 못하더라도 정부와 산업은행이 주도하는 일방적인 일괄 매각 방침에 대해 문제를 제기할 수 있는 유력한 수단이었다.

노조가 주장하는 분산 매각 방안은 실현 가능성 여부는 논외로 하더라도 카드 대란과 대주주의 '먹튀' 논란을 겪은 엘지카드의 불행했던 과거 경험에 비춰, 지배 구조 개선과 투명한 기업 경영 등을 위해 검토해 볼 만한 가치가 있는 것으로 받아들여져 사회적 주목을 받게 되었다. 또한 정부와 산업은행의 일괄 매각 방침이, 다양한 문제를 검토하지 않고 경영권 프리미엄을 얹어 팔아 공적 자금을 최대한 회수하는 데만 골몰하는 것으로 보이게 하는 거울 구실을 하기도 했다.

산업은행과 대화 채널을 뚫다

노조는 11월 9일 간부수련회를 열어 대주주 변경 투쟁에 대한 목표와 방향, 전략을 짠 뒤 11월 10일 160여 명이 서울 여의도 산업은행 본점 앞에서 총력투쟁 결의 대회를 열었다. 또 11월 17일 민주당 송영길·이상경 의원이 주최한 토론회, 12월 8일 민주노동당 심상정 의원 주최 토론회에 잇따라 참석해 대주주 변경과 관련한 노조의 대안을 공론화하고, 노무현 대통령에게 편지를 보내기도 했다. 산업은행 총재에게도 노조의 대안을 전달하기 위해 면담을 요구했다.

이런 가운데 채권단을 대표하는 산업은행은 11월 14일 JP모건과 산업은행 M&A실을 매각 주간사로 선정하고 매각 절차에 속도를 내기 시작했다. 연말 흑자가 사상 최대인 1조 원을 훌쩍 넘긴 가운데, 노사 간 임단협 보충 협상이 회사 측의 협상 거부로 난항을 거듭하면서 노조는 12월 말 준법투쟁에 돌입한다. 12월 23일 서울지방노동청이 사측의 협상 거부가 법 위반이라는 판정을 내리고서야 29일 회사는 협상에 임하겠다는 의사를 밝혔다. 대주주 변경을 둘러싼 노사 격돌을 예고하며 2006년이 밝아 오고 있었다.

2006년 1월 9일 산업은행은 그동안 거래해 오던 법무법인 서정과 회계법인 안진 등을 매각 주간사 실사를 위한 매각 자문단 실무단으로 선정하고, 1월 23일부터 엘지카드 본사가 있던 YTN 건물 10층에 사무실을 차리고 본격적인 실사에 들어갔다. 대주주 변경의 2단계가 시작된 것이다. 이에 노조는 이후 한 달여의 기간을 매각 주간사 실사에 따른 투쟁 국면으로 전환하게 된다.

노조는 1월 24일 긴급 대의원대회를 열고 2단계 대응 전략을 논의하고 곧바로 전체 노조원에게 노조의 별도 지침이 있을 때까지 자료 제출 등 실사에 협조하지 말라는 지침을 내렸다. 또한 26일 간부들과 대의원들을 중심으로 실사단의 출근을 저지하는 한편, 새로 취임한 산업은행 김창록 총재에게 노조와의 대화에 응하라는 공문을 발송했다.

노조의 이 같은 전술은 대주주 변경 2단계 목표를 실현하기 위한 것이었다. 대주주 변경 과정에서 고용·노조·단협 승계 등 4대 목표를 효과적으로 이루기 위해서는 2단계에서 산업은행과 대화 채널을 만들어 노조의 목소리를 낼 수 있어야 했다. 따라서 노조를 완전히 배제하고 일방적으로 진행되는 매각 주간사의 실사에 대해 협조를 거부함으로써, 매각을 지연시키고 산업은행을 압박해 대화의 장에 나오게 하자는 것이었다. 아울러 이 과정에서 노조의 내부 조직력을 강화해 향후 투쟁의 동력을 만드는 한편, 시

2005년 11월부터 산업은행의 엘지카드 매각이 본격적으로 진행되기 시작했다. 이에 대한 대응으로 노조 대의원과 지회장들은 11월 10일, 여의도 산업은행 본점에 모여 기습 시위를 펼쳤다.

(왼쪽 위) 채권단의 밀실 매각을 저지하고 조합원의 뜻을 관철하기 위해 큰 함성 소리로 의지를 표출하는 장면.

(오른쪽 위) 조합원들의 분노와 울분을 내리쳐 하나의 단결된 반죽을 만들어 내는 떡매 퍼포먼스.

(오른쪽 아래) 여의도 칼바람도, 겹겹이 둘러싼 경찰의 질서 유지선도 조합원의 가열찬 투쟁 열기 앞에서는 아무런 장애가 되지 않았다.

장과 인수자에게 노조의 강건함을 보여 줌으로써 인수사와 맞붙을 때 노조가 운신할 수 있는 폭을 넓혀 놓자는 전술적 판단이었다.

노조의 압박에 매각 절차가 지연되는 상황이 예상되는 등 부담을 느끼게 된 산업은행은 설 명절이 지난 2월 10일 결국 대표자 면담에 응했다. 산업은행에서 엘지카드의 인수 합병을 총괄하고 있는 김종배 이사와 황원섭 노조 위원장이 산업은행 8층에서 마주 앉았고, 이 자리에서 산업은행은 그동안 노조와 대화를 꺼린 데 대해 사과하고 실사 협조를 요청했고, 경영 지원단장을 통해 지속적인 대화의 자리를 갖겠다고 약속했다.

이에 따라 노조는 2월 13일부터 노조원들에게 실사 거부 지침을 해제하고 자료 제출 등에 협조할 것을 공지했다. 이때부터 노조와 산업은행 간에 공식·비공식 대화 채널이 가동된다. 노조의 2단계 대응 목표가 성과를 거둔 것이다.

이 같은 우여곡절을 거치면서 매각 절차는 조금씩 늦춰지다가 3월 27일 매각 공고가 나고 2단계가 마무리되었다. 이제 인수 희망자들이 등장해 치열한 인수 경쟁이 본격적으로 시작되는 것이다. 이에 따라 노조의 대응도 3단계로 진입했다.

한편 2005년 우리사주 문제의 해결이 임금 협상과 투쟁이라는 제도화된 노사 교섭을 통해 이뤄졌듯이, 2006년 본격화되는 대주주 변경 투쟁도 임단협 투쟁 공간을 통해 이뤄지게 된다. 왜냐하면 현행 노동법이 임단협 외에는 단체 행동을 대부분 불법화하기 때문이다.

노조는 연초에 임단협 요구안을 마련하는 등 준비에 들어가 3월 말부터 교섭을 시작한다. 핵심 요구 사항은 성과급의 제도화, 사내 복지 기금의 확충, 임금 인상, 인사·노무·사규 등 불합리한 제도의 개선 등이었다. 그러나 경영진은 채권단과 체결한 이행 각서를 구실로 협상에 소극적으로 임하게 되는 등 교섭은 7월 말까지 넉 달 넘게 별 다른 진척이 없이 협상 횟수만 늘리게 된다.

'노동자 무시, 먹튀 자본, 한번 찔러보기, 흑심 품은 자' NO!

임단협 교섭이 지지부진한 가운데 4월 12일 인수 의향서 접수가 시작되었다. 3단계 첫 절차가 시작된 것이다. 이날 오후 3시 노조와 산업은행 간 2차 대표자 면담이 열렸다. 2단계 투쟁 당시 산업은행과 대화 채널을 구축한 성과였다. 이 자리를 통해 노조는 매각 진행 상황을 파악하고, 노조의 입장도 전달했다. 또 우리사주 문제를 해결하기 위한 특별 성과급 지급에 대해 2005년 이미 노사가 합의한 상황에서 매각이 급물살을 타고 있어 2차분 지급 시기를 앞당기는 데 대해 채권단에서 시시비비를 따지지 말 것을 요구했고, 경영진이 정식 협의해 오면 논의해 결정하겠다는 답변도 얻었다.

4월 말 입찰 적격자가 선정되었다. 엘지카드를 사겠다고 인수 의향서를 제출한 회사들을 대상으로 채권단이 1차 심사를 거쳐 발표한 것이다. 또 5월 3일부터 3주간 예비 실사를 할 계획이라며, 임직원들에게 적극 업무를 지원해 달라고 요청해 왔다. 예비 실사는 데이터 룸(DATA ROOM)을 통한 것으로 엘지카드에 상주하지 않고 인터넷을 이용해 자료를 열람하고 질의와 응답도 인터넷으로 이루어진다.

그런데 산업은행은 비밀 유지 계약을 이유로 입찰 적격자와 예비 실사 참여 업체가 몇 개이고 누구인지에 대해 함구했다. 노조는 언론 보도 등을 통해 신한금융지주, 하나금융지주, 농협중앙회, SC제일은행, 영국계 바클레이즈은행, MBK파트너스 사모투자전문회사 등 여섯 개 업체가 인수 의향서를 냈고 이들이 모두 입찰 적격자로 선정된 것으로 파악할 뿐이었다.

이에 5월 8일 소식지를 통해 노조는 1차 심사가 부실한 것 아니냐는 문제를 지적하고, 평가 방법과 기준을 공개하라고 요구했다. 특히 MBK 파트너스는 사모펀드로서 당초 산업은행이 선정 기준으로 삼은 자금 조달 능력, 인수 목적 및 경영 능력, 국내 금융 산업 발전 기여도 등 어느 것 하나 만족하는 것이 없는데 적격자에 포함된 것은 유감이라는 입장을 밝혔다.

노조는 또한 5월 9일 예비 실사에 참여하는 여섯 개 업체를 대상으로 노조의 4대 요구 사항에 대한 태도를 판단하기 위한 내용을 담아 질의서를 보냈다. 엘지카드의 독립 경영 체제를 유지하기에 적절한 조직 구성을 따지고, 향후 지배 구조와 조직 구성 계획을 물었다. 인수 자금 조달 계획과 중장기 비전 및 투자 계획, 인수 후 지분 및 자산의 재매각 계획을 가지고 있는지도 물었다. 또 차입형 우리사주 제도 도입 계획과 인수 과정에서 고용 승계와 인수 후 고용 안정 대책을 밝히라고 했다.

이미 노조가 예고한 대로 노조의 요구에 부정적이거나 노사관에 문제가 있는 대상자, 또는 '먹고 튀겠다는 먹튀 유력자' '능력도 없으면서 한번 찔러 보는 자' '인수에는 관심 없고 다른 흑심을 품은 흑심 보유자'들을 골라내 입찰 자격을 부여받지 못하도록 차단막을 치기 위한 절차였다.

대주주 변경 3단계 대응에서 노조가 가장 중요하게 보고 있었던 문제는 이 같은 형식적인 이벤트보다는 6개 입찰 적격자들에게 노동조합이 강건하다는 것을 효과적으로 보여 줌으로써 '엘지카드 노조는 한다면 하는 조직이다' '어설프게 건드렸다가 큰 코 다치겠다' '노조가 주장하는 것을 들어주는 것이 더 싸게 먹히겠다'는 생각이 들게 하려는 것이었다. 이를 위해 노조 활동을 강화하고 2005년에 10억을 결의했다가 절반만 거두고 유보해 두었던 투쟁 기금 모금도 8월에 재개하는 등 대응의 고삐를 다잡아 간다.

한편 노조 질의서에 대해 여섯 개 업체 모두 답변서를 보내왔으나 그 내용은 대부분 '답변하기 곤란하니 양지해 주시기' 식 또는 두루뭉수리한 '함량 미달'이었다. 인터넷을 통해 예비 실사를 진행해 온 채권단은 5월 22일부터 사흘간 경영진이 여섯 개 업체에게 회사 주요 현황을 브리핑하는 행사를 열겠다고 했다. 예비 실사의 마지막 절차였다. 노조는 이 행사를 저지했다. 엘지카드를 인수하겠다고 나선 여섯 개 업체가 직원을 대표하는 노조의 공식 질의를 무시하고 불성실하게 대한 데 대한 강력한 항의의 표시였다. 장소를 옮겨 진행하거나 일부 업체는 행사 참여를 포기하는 등 파행을 겪었다.

노조는 5월 23일 여섯 개 업체에 성실한 답변을 해달라며 질의서를 다시 보냈다. 6월 7일 예비 실사가 마무리되자 노조는 소식지에 실린 "엘지카드 인수 참여자에게 고함"을 통해 '남은 매각 절차에 합리적으로 대응할 것이나 노조를 무시하는 과거의 행태를 되풀이할 경우 강력히 대응하겠다'는 입장을 밝혔다.

예비 실사가 끝났으니 이제 다음 단계는 입찰 제안서를 접수할 차례였다. 그런데 이때 채권단이 어이없는 실수를 하게 돼 6월 중순 갑자기 매각 일정이 중단되는 사태가 벌어졌다. 증권거래법은 주주 10인 이상으로부터 6개월 이내에 주식을 5퍼센트 이상 매수할 때는 공개 매수 의무를 지키도록 하고 있다. 당시 엘지카드 채권단은 모두 14개이고, 팔려는 지분도 51퍼센트 이상이기 때문에 조항만으로 보면 공개 매수에 해당한다. 그러나 기업 구조 조정 촉진법이 적용된 기업과 채권단의 협약에 따라 공동으로 기업 개선 작업 추진 대상으로 선정된 기업은 예외 적용을 받을 수 있도록 되어 있다. 문제는 엘지카드가 예외 적용을 받을 수 있느냐였다.

엘지카드가 채권단의 자율 구조 조정 형식으로 부실에서 벗어났기 때문에 광의의 구조 조정 기업으로 볼 수도 있으나, 엄격하게 해석하면 예외 적용이 안 될 수도 있었다. 이 문제는 엘지카드 인수전에 참여하고 있는 어느 인수 후보 금융회사가 발견해 산업은행에 항의하면서 불거졌다. 더구나 이 같은 문제가 발생한 것이 6월 13일인데 산업은행은 1주일이나 지난 19일에야 금융감독위원회에 유권해석을 요청한 것이다. 결국 금감위가 법률을 검토하는 기간 동안 매각 진행 일정이 늦춰지게 된 것이다.

우여곡절을 겪은 대주주 변경 절차는 애초 7월 19일로 예정됐던 우선 협상 대상자 선정이 8월 16일 마무리되며 막바지로 접어들었다. 우선 협상 대상자는 신한금융지주로 결정되었다.

합법 투쟁 공간을 확보해 '3자 협의체'를 압박하다

한편 노조는 신한이 우선 협상 대상자로 결정되는 동안 이후 투쟁을 위한 내부 정비를 했다.

우선 현 노조 집행부 임기가 10월 26일 끝나기 때문에 2개월 전인 8월까지 다음 집행부를 선출해야 했다. 그러나 대주주 변경 투쟁 흐름을 볼 때 조기 선거가 필요했다. 이에 따라 7월 안에 선거를 마무리하기로 했고, 황원섭 위원장 등 현 집행부가 단독 출마해 재선되었다. 황원섭 위원장, 김용춘 수석부위원장, 오선영 부위원장, 신성민 사무처장의 제2대 집행부가 출범한 것이다.

지지부진한 임단협 협상과 대주주 변경 투쟁을 어떻게 효과적으로 싸워 나갈 것인가도 과제였다. '채권단의 승인 없이는 노조의 요구를 들어주기 어렵다'는 경영진의 태도 때문에 진척이 없는 임단협 협상을 풀어 가려면 강력한 투쟁을 전개해야 했다. 그러나 실질적 권한을 쥐고 있는 산업은행을 효과적으로 압박해서 현 경영진이 운신할 수 있는 폭을 만들어 주는 길을 뚫어야 한다는 점에서는 매각 일정에 맞춰 투쟁을 집중하면서 협상을 병행해야 했다. 또한 대주주 변경에 대응할 합법적 투쟁 공간을 마련하기 위해서도 임단협과 대주주 변경 투쟁 시기를 잘 맞춰 나가야 했다.

이 같은 판단에 따라 노조는 임단협 관련 조정 신청을 위한 열 차례 이상의 협상을 먼저 계속하면서 명분을 축적하는 한편, 우선 협상자가 선정되고 우선 협상 대상자 양해 각서 체결 및 실사가 진행되는 시기를 투쟁 집중 시기로 잡았다. 특히 대주주 변경과 임단협이 맞물려 있어 그동안 해왔던 준법투쟁 정도의 수위로는 돌파하기 어렵다고 판단하고, 파업 등을 전제로 하는 투쟁 수위를 준비하기로 했다. 이를 위해 필요한 시기에 합법적 파업이 가능하도록 조정 신청 시기를 면밀하게 타산하고, 조합원 총투표,

투쟁 기금 모금 결의 등 단결력을 과시하고 협상력을 높일 방안을 짰다.

7월 25일 조합원의 날에는 모든 조합원들이 투쟁 물품을 확인하고 투쟁 구호와 투쟁가를 연습하는 등 투쟁 예행연습에 들어갔다. 8월 3일 임단협 투쟁 지침 1호 '지회별 현수막 걸기'를 시작으로, 7일에는 개인 책상에 '2006 임단투 승리!'라 적힌 풍선 걸기라는 지침 2호가 이어졌다. 8월 8일 조합원의 날에는 지회별로 투쟁 구호를 선정해 피켓을 제작하고 '투쟁 결의문'을 작성해 분임 토의방에 올렸다. 9일에는 '2006 임단투 승리!' 배지 달기가, 11일에는 넥타이 풀고 근무하기, 14일에는 정시 출근과 지회별 출근 집회로 이어지는 등 투쟁 분위기가 차츰 고조되어 갔다. 8월 18일 오전 10시 노조 대의원과 지회장 20여 명은 광화문 파이낸스 빌딩 9층 기습 타격 시위를 벌였다.

23일 산업은행과 신한지주는 양해 각서를 체결했고 신한이 계약금의 일종인 이행 보증금을 납부했다. 이제 상세 실사가 개시되면 매각의 최종 단계인 4단계로 진입하는 것이다.

그러나 이 과정에서 노조는 배제되었을 뿐만 아니라 그간의 희생에 대한 보상이나 장래에 대한 어떤 보장도 이뤄지지 않았다.

대주주 변경 투쟁의 4단계가 막이 오르고 임단협 투쟁이 고조되던 8월 24일 노조는 서울 여의도 산업은행 앞에서 전국에서 상경한 2천여 조합원이 참가한 가운데, '졸속 매각 분쇄를 위한 총력 투쟁 결의 대회'를 열었다. 이날 노조는 산업은행에 대해 국내 최고가인 7조9천억 원이라는 고가 매각을 추진함으로써 엘지카드가 부실해질 가능성이 있다며, 졸속 매각을 중단하고 우선 협상 대상자 선정 기준과 엘지카드 장기 발전 계획을 제시하라고 요구했다. 또한 우선 협상 대상자로 선정된 신한지주에 대해서는 노조

(위) 2006년 임단투 및 실사 저지 투쟁 지침과 현황이 수시로 게시되어 현장 조합원에게 전달되었다.
(가운데) 이와 같은 노조 집행부의 지침에 따라 자리마다 투쟁 풍선을 부착한 엘지카드 내부의 모습. 사무실 안에 결의를 담은 현수막을 걸고 노조원들이 일하는 자리에도 풍선을 달아 놓았다. 모두 노조의 준법투쟁 지침에 따른 것이다.
(아래) 출근 집회 장면. 투쟁 진행 과정에서 가장 낮은 단계인 출퇴근 집회지만 전국에서 동시에 진행되면서 떨어져 있는 노조원들의 뜻을 모으는 계기를 마련해 주었다.

의 단결력과 투쟁력을 보여 줌으로써 고용 안정 등 매각 과정에서 운신의 폭을 넓히고 예상되는 부당노동행위를 미리부터 차단하겠다는 메시지를 전달했다.

또한 노조는 우선 협상 대상자 상세 실사를 저지하기로 하고 9월 1일부터 실사단의 본사 진입을 막았다.

임단협 교섭이 계속 진척되지 않자 노조는 교섭 결렬을 선언하고 8월 21일 중앙노동위원회에 임금 협상 결렬에 따른 쟁의 조정 신청을 냈으며, 중앙노동위원회는 한 차례 조정을 연기한 끝에 9월 7일 '노사 양측 안이 현격한 차이가 있어 중재가 불가하다'는 중재 중지 결정을 내렸다. 노조가 합법적인 파업을 할 수 있는 절차가 갖춰진 것이다.

9월 8일 대의원대회에서는 전체 조합원 파업 찬반 투표를 실시하기로 결정하고 그 시기와 방법은 위원장이 결정하도록 하는 한편, 지난해 노조의 무분규 선언을 공식 철회했으며, 2006년 투쟁 기금 50억을 모금하기로 결정했다.

엘지카드 노조의 움직임이 심상치 않자 9월 7일과 8일 언론은 일제히 "엘지카드 정밀 실사 일주일째 차질" "엘지카드 신한지주 실사 반대 파업으로 가나" "엘지카드 파업으로 가나" 등의 제목으로 이 사태를 비중 있게 다뤘다. 보도에 따르면 일주일째 실사를 저지당한 신한지주 측은 '인수가 이뤄지기 전에 신한지주가 할 수 있는 일이 없기 때문에 산업은행이 중재에 나서 줄 것을 기대한다'는 태도였고, 산업은행 측은 '노사문제인 만큼 주주가 직접 나서서 할 수 있는 일이 없기 때문에 경영진에 사태 해결을 요구하고 있다'는 입장이었다. 엘지카드 경영진은 이러지도 저러지도 못하는 상황이었다.

그러나 이 시기 열쇠는 산업은행이 쥐고 있었다. 상황이 심각해지자 9월 12일 산업은행은 노조에 면담을 요청했다. 이 자리에서 노조는 첫째, 엘지카드 발전 방안을 구축하기 위한 3자(노조·산업은행·신한금융지주)협의체를 구성해 엘지카드 종업원에 대한 고용 안정 및 엘지카드 장기 발전 방안, 경영 계획 등을 협의해 문서화할 것 둘째, 2006년 엘지카드 임금 협상에 대한 노사 합의 사항을 존중할 것을 요구했다. 이에 대해 산업은행 측은 '3자 협의체'는 신한 실무진이 참석한 가운데 9월 19일부터 진행하고, 임단협 관련 노사 합의 사항을 존중하겠다는 답변을 내놓았다. 요구가 받아들여지자 노조는 12시 저녁부터 상세 실사를 잠정적으로 허용하기로 했다.

그러나 3자 협의체의 첫 실무 회의가 열린 19일 산업은행 측은 말을 바꾸어 12일 합의를 뒤집었고 20일부터 실사는 다시 중단되었다. 결국 엘지카드 경영진이 중재에 나서, 산업은행이 유감을 표명하는 자리를 마련하고, 상세 실사 이후 본계약을 체결하기 전에 신한금융지주 차원의 경영 계획 설명회를 마련해 고용 계획과 장기 발전 방안을 밝히도록 주선하기로 약속함에 따라 25일 노조가 다시 상세 실사를 허용했다.

이렇게 우여곡절을 겪은 상세 실사는 11월 6일에 종료되었다. 상세 실사 과정에서 노조는 3자 협의체 구성을 적극적으로 요구했는데, 이는 노조의 4단계 대응의 핵심 전략인 3자 간 협약 체결을 위한 포석의 성격이 강했다.

우선 본계약을 체결하기 전에는 법적으로 신한금융지주는 엘지카드 노조와 직접 협상을 진행할 지위가 아니므로, 산업은행을 매개로 해서 신한금융지주와의 협상을 미리 확보하려는 것이었다. 만약 이런 사전 작업이 없다면 본계약 이후 신한금융지주가 노조와의 대화를 거부하고 일방적으로 대주주 변경을 마무리할 가능성이 높기 때문이다.

한편 노조가 상세 실사를 강력히 저지한 것은 산업은행을 겨냥한 것이기도 했다. 대주주 변경 과정에서 노조를 배제하지 못하게 하는 동시에 임금 협상의 추이와도 관련이 있는 문제였다.

3월부터 시작된 임금 협상이 6개월 넘도록 제자리걸음을 하며 교착상태에 빠졌다. 이렇게 된 데는 회사 경영진에게 임금 인상 수준을 낮출 것을 계속 압박해 온 산업은행의 책임이 컸다. 노조의 실사 저지가 계속되고, 면담 과정에서 노조가 임금 협상에 대해 산업은행이 간섭하지 말 것을 강력히 요구하자, 산업은행은 노사 임금 협상에 대한 태도에 변화의 여지를 보이게 된다.

그러나 실사 저지 국면이 해제되고 추석 명절이 되도록 임금 협상은 여전히 교착상태를 벗어나지 못했다. 결국 노조는 10월 11일 12차 교섭에서도 진척이 없자 교섭 결렬을 선언하고 단체 행동 국면으로 전환했다. 집행부가 철야 농성에 돌입하고 노조원들은 출퇴근 집회에 들어갔다. 16일부터는 황원섭 위원장과 김용춘 수석부위원장이 단식을 시작했고, 다음 날에는 운영위원들이 단식에 합류하며 교착 국면을 돌파하려 했다. 결국 10월 19일이 되어서야 노사 간 임금 협상이 합의되어 대의원대회를 통과함으로써 마무리되었다.

2006년 임금 협상의 주요 내용은 임금 정규직 총액 기준 5.8퍼센트 인상, 전문 계약직 연봉 기준 7.8퍼센트 인상, 계약직 연봉 기준 6.6퍼센트 인상과 각종 복리 후생 확충이었다.

신한금융지주와의 싸움이 시작되다

2006년 11월, 대주주 변경은 막바지 국면으로 숨 가쁘게 나아갔다. 이제 남은 절차는 최종 인수 조건을 협상하고 본계약을 승인하는 것이었는데, 한마디로 회사를 비싸게 팔려는 채권단과 한 푼이라도 깎으려는 신한금융지주 간에 치열한 가격 협상이었다. 협상이 속도를 낼 경우 3~4주 안에 끝나겠지만 난항에 부딪친다면 12월로 늦춰질 수도 있는 상황이었다.

그러나 고용과 노조 및 단협 승계를 약속받아야 하는 노조의 처지는 달랐다. 지금부터가 시작인 것이다. 11월 8일 조합원의 날 자료를 보면 노조는 당시 엘지와 신한의 사업 영역이 중첩되는 카드 업무(신한카드), 할부 금융 및 리스 업무(신한캐피탈), 채권 추심 업무(신한신용정보), 본사 스텝 업무 중 일부(신한금융지주회사)가 구조 조정 대상이 될 것을 우려하고 있었다. 또 당시 상담과 심사 업무를 아웃소싱(외주업체)으로 운영하는 신한과 달리 엘지는 정규직과 계약직으로 고용해 직접 운영하고 있었고, 아이티(IT) 업무도 신한은 별도로 독립(신한데이타시스템)시킨 데 비해 엘지는 직접 운영하고 있는 등 인력 운영 시스템 차이에도 주목했다. 나아가 신한은행과 조흥은행 간 통합이 마무리됨으로써 발생할 유휴 인력 문제가 엘지카드의 고용 문제에 영향을 미칠 가능성도 눈여겨보고 있었다.

따라서 이 같은 불안 요소들을 극복하고 노조의 4대 목표를 달성하기 위해서는 ① 본계약을 체결하기 전까지는 신한금융지주와 협의체가 본격적으로 가동되어야 하고, ② 이 속에서 신한 측으로부터 엘지카드의 향후 경영 계획을 제시받고, ③ 엘지카드 노동조합의 합의서(안)를 제시한 후, ④ 양

당사자 간 상호 논의를 통해, ⑤ 합의서가 도출되어야 했다. 이것이 대주주 변경 과정에서 노조가 궁극적인 목표로 삼고 있는 '좋은 근로조건이 바탕이 된 고용 안정을 지속적으로 유지'하는 것을 제도적으로 보장받을 수 있는 '베스트 시나리오'였다.

한편, 대주주 변경 투쟁이 막바지로 치닫는 상황에서 임금 협상이 타결됐기 때문에 합법적인 단체 행동 공간을 어떻게 마련하느냐 하는 문제가 자연스레 떠올랐다. 노조는 이 문제를 해결하기 위해 아직 협상이 진행 중인 2006년 단체협약을 활용하기로 했다. 엘지카드 노사는 임금 협약은 매년, 단체협약을 2년에 한 번씩 갱신하는 체계였는데, 마침 2006년은 지난 2년간의 단협이 만료돼 갱신해야 할 해여서 협상이 진행되고 있었다. 단협은 임금 협상과 같이 3월에 시작했지만 12월까지 여섯 차례만 교섭이 진행되었을 뿐 별 다른 진전이 없는 상태였다. 대주주 변경 막바지 투쟁 과정에서 언제든 필요할 때 합법적인 투쟁이 가능하도록 단협 교섭 일정을 조절할 필요가 있었고, 따라서 최종 합의 일정은 대주주 변경이 마무리될 2007년 상반기로 잡고 탄력적으로 운영해 나가게 된다.

한편, 산업은행과 신한금융지주의 가격 협상이 바삐 진행되는 과정에서 노사 간 지급하기로 합의된 2006년 성과급을 누가 부담할 것이냐 하는 문제가 불거져 나왔다. 산업은행은 엘지카드를 인수하는 신한이 부담해야 한다는 입장인 반면, 신한은 우리가 합의하지도 않았는데 무슨 소리냐는 입장이었다.

노조는 '엘지카드의 회생은 노동자들이 희생한 결과인데 3조 원의 차익을 챙긴 채권단이, 그것도 산업은행의 사전 승인을 받아 타결한 성과금 합의를 깨려 한다'며 강하게 반발하고 12월 6일 남부지법에 '주식매매 계약금지 가처분 신청'을 내는 것을 시작으로 본계약 원천 봉쇄 투쟁에 나서겠다고 선언했다. 또 7일에는 산업은행을 규탄하는 수도권 조합원 결의 대회를 개최했다. 11일 노조 위원장과 산업은행 부총재가 다섯 시간 동안 면담하는 자리에서 고성이 오갈 정도로, 엘지카드를 팔고 떠나면 끝인 산업은행의 태도는 오만하기 짝이 없었다.

12일 흥정이 끝나 발표된 엘지카드 가격 협상의 결과는 주당 6만7,770원 총 6조7천억 원이었다. 국내 기업 인수 합병 사상 최고가였던 국민은행의 외환은행 인수 가격(6조9천억)을 갈아 치울 것으로 예상됐으나, 총 발행주식 수 기준으로 802억이 할인된 것이었다. 그 세부 내역은 비밀에 붙여졌지만 이 속에는 그동안 문제가 되어 왔던 성과금 480억 원을 누가 부담할 것인가 하는 문제가 반영된 것이었다. 노조는 이 결과를 바탕으로 신한금융지주 측에 '802억 할인에 노조의 공로가 있었음을 잊지 말고 3자 협의체 구성에 즉각 나서야 한다'고 촉구했다. 12월 20일 채권단과 신한은 본계약을 체결했다. 엘지카드 매각과 관련한 신한의 지위는 우선 협상 대상자에서 인수 예정자로 바뀌었다. 이제 회사를 좌지우지할 실질적인 권한이 산업은행에서 신한으로 넘어간 것이다. 이렇게 2006년이 저물어 가고 있었다.

처음으로 파업을 결의하다

2007년 새해가 밝았다. 노조가 상대하는 쪽은 어느새 엘지 대주주에서 채권단인 산업은행을 건너, 회사를 사들인 신한금융지주로 바뀌어 있었다.

노조는 회사의 새 소유주로 올 신한금융지주 쪽과 대화 채널을 만들고 고용 안정 보장을 위한 제도적 장치를 확보한다는 일관된 목표 아래, 2006년 11월부터 2007년 1월 초까지 모두 세 차례에 걸쳐 '엘지카드 발전 방안 논의를 위한 3자 협의체 가동'을 공문을 통해 요구했다. 그러나 신한 쪽은 '신한금융지주회사는 엘지카드 매각과 관련하여 우선 협상 대상자일 뿐 법적으로 대주주 자격이 없다'는 명분을 내세워 모두 거부했다. 1월에 보낸 공문에 대해서는 답변도 보내오지 않았다.

대화 자체를 거부하는 신한 쪽을 상대로 대주주 변경 투쟁의 마지막 관문을 어떻게 뚫고 나갈 것인가. 노조는 우선 신한지주회사가 1월 9일부터 엘지카드 임원·간부·사원 순으로 비전 설명회 및 워크숍을 진행하려 하자 이를 막고, 노조원에 포함된 간부와 사원급은 노조와 별도 협의를 거쳐 진행한다는 약속을 받고서야 저지를 풀었다. 그러나 회사 측이 약속을 지키지 않고 간부와 사원급 설명회를 강행하려 하자 노조는 1월 22일부터 노조원들에게 불참 지침을 내리고 출근 집회 후 투쟁 조끼를 입고 근무하게 하는 등 준법투쟁으로 맞섰다. 이에 회사 측은 노조원 범위에 포함된 직급 중 가장 고참급인 차장급 전원을 참석시킨 채 비전 설명회의 참석을 종용하는 회의를 본사 강당에서 실시했다. 하지만 이 자리에 모인 차장급 조합원들은 회사가 일방적으로 비전 설명회를 강행한 것에 강하게 반발하며 일부 비조합원을 제외한 참석자 전원이 연명서를 작성하고, 비전설명회(타운미팅이라고도 불린다)와 관련하여 노조와 뜻을 같이 하겠다는 의사를 분명히 했다. 노조원 중 최고참급인 차장들의 이런 일치단결된 행동은 이들의 참

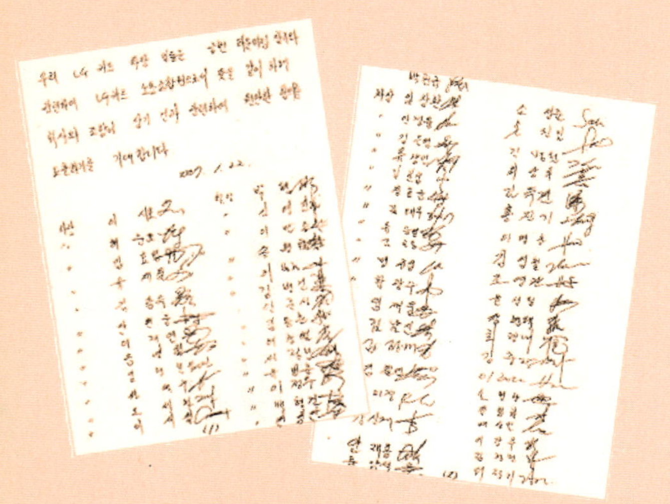

신한 금융지주와 채권단 간의 본계약이 체결된 이후 회사 측과 노동조합의 대화가 전무한 상황에서 사측은 '비전설명회'라는 명목으로 자회사에 편입하기도 전에 엘지카드 임원을 대상으로 군기 잡기식 타운미팅을 시도했다. 이후 관리자를 대상으로 타운미팅을 실시하려는 과정에서 조합원이면서 회사의 관리자인 차장급 조합원들이 타운미팅 참가를 거부하는 결의서를 작성한다.

석을 낙관했던 신한지주와 회사 측을 당황하게 만들었으며, 노조에는 큰 힘을 실어 주면서 엘지카드 노조의 단결력을 새로운 대주주 측에 보여주는 기폭제가 되었다. 상황이 교착상태에 빠지자 노조와 신한 사이에 낀 회사 사장이 나서서 '신한지주 수석 부행장급이 참석하는 대화의 자리를 마련해 고용 보장 확약 추진'을 약속했으나, 신한 쪽이 이를 하루 만에 번복했고, 노조는 신한을 '노사 신뢰를 무시하는 3류 마인드에서 벗어나지 못한 3류 회사'라 비판했다. 30일에는 금융감독위원회를 방문해 신한지주의 엘지카드 자회사 편입 인가 신청과 관련해, 최근 신한 쪽의 행태를 근거로 철저한 심사를 촉구하며 여론전을 병행했다.

이처럼 2007년 초반부터 신한과 노조의 기싸움이 팽팽하게 전개되었는데, 1월 하순 즈음에 노조 내부에서는 그동안 벌여 온 대주주 변경 투쟁을 점검하고 막바지 전략을 면밀하게 재검토하게 된다.

당시 상황을 살펴보면 1월 18일 공정거래위원회의 기업 결합 심사가 끝나고 금감위의 자회사 편입 인가도 2월 중으로 승인될 것이 확실했으며, 2월 말에서 3월 중순 사이에 공개 매수 절차를 거쳐 3월 말 주주총회에서 새로운 이사진이 구성되면 신한으로 대주주가 변경되는 절차가 모두 마무리될 예정이었다.

이 같은 일정을 감안해 노조는 '선 직접 대화 채널 쟁취'를 목표로 3자 협의체 가동이라는 형식을 빌려 대화 채널을 뚫으려 했으나 신한 쪽의 거부로 성과를 내지 못하고 있었다. 더구나 신한은 노조를 배제한 가운데 엘지카드 인력을 신한지주에 파견하고, 임원과 부서장들을 설명회장에 불러내는 등 점차 영향력을 높여 가고 있었다. 또한 신한 쪽과의 대화 채널을 뚫는 데 집중하다 보니 현 경영진이 배제되고 경연진과 교섭을 통해 해결할 수 있는 사안까지 협상이 늦어져 실리적으로 손해를 볼 수 있었다.

무엇보다도 이 국면을 뚫기 위해서는 노조가 좀 더 강하게 압박하는 행동이 필요한데, 단체협약 교섭이 늦어져 파업을 비롯한 합법적인 투쟁 공간이 확보되지 않아 노조의 투쟁이 제약될 수밖에 없는 조건이었다. 또 대의원 등 현장의 노조 간부들이 바뀌는 시기여서 현장 투쟁 동력을 끌어 올리기에도 어려움이 있었다.

이에 노조는 1월 29일 확대 간부 회의를 열어 그동안의 '선 직접 대화 채널 쟁취' 전략을 변화된 상황에 맞게 손질한다. 우선 고용 안정, 비정규직

엘지카드 노조는 언론에 수시로 보도 자료를 배포하고, 투쟁 기금을 사용하여 일간지에 광고를 내는 등 여론전에도 심혈을 기울였다. 이 만화는 엘지카드 노조에서 제작한 만화 형식의 신문 광고로 엘지카드 대주주 변경 과정에서 신한지주와 채권단이 보인 행태를 '토사구팽' 이라고 비판하고 있다.

문제 해결, 우리사주 문제 등 노사협의회나 단체협상을 통해 현 경영진과 해결할 수 있는 중요한 현안들은 속도를 내어 성과를 보기로 했다. 또 통합 일정에 대해서는 내용과 방법상 문제가 없도록 하는 선에서 용인하는 등 유연하게 대응하기로 했다. 대신 합법적 투쟁 공간이 확보되는 대로 승부를 거는 강력한 투쟁을 차질 없이 벌일 수 있도록 내부 투쟁 역량을 키울 다양한 준비에 착수하기로 했다.

노조가 대의원 선출을 마치고 현장을 정비하고 2월 15일 대의원대회에서 3, 4월로 나누어 투쟁 기금 10억 원을 모금하기로 결의하는 등 투쟁 채비를 서두르는 가운데, 2월 22일 단협 협상이 결렬되었다. 노조는 중앙노동위원회에 조정 신청을 냈다.

다음 날인 23일 금감위의 자회사 편입 인가가 떨어진 데 이어 28일 공개 매수가 개시됐다. 3월 8일 박해춘 사장이 이종호 사장으로 교체된 가운데 중앙노동위가 조정 중지 결정을 내렸다. 노조는 3월 15일 대의원대회를 열어 쟁의대책위원회를 구성하고 20일까지 쟁의 찬반 투표를 진행했다. 총 조합원 2,898명 가운데 2,777명(99.7퍼센트)이 참석해 97퍼센트(2,686명)가 찬성해 쟁의를 결의했다. 사상 처음으로 파업 찬반 투표를 실시한 결과 압도적 찬성이 나왔고, 언제든 필요할 때 파업에 들어갈 수 있는 합법적 투쟁 공간이 열린 것이다.

노조는 3월 20일 신한금융지주 주총에 참여해 대화를 거부하는 신한의 행태에 문제를 제기하고, 일간지에 의견광고를 내는 등 여론전을 펼치며 막바지 투쟁의 고삐를 당겼다. 3월 26일 투쟁 지침 1호가 발표돼 3월 28일부터 투쟁 조끼 입고 리본 달기, 투쟁 결의문 게시가 시작되었고 28일 조합

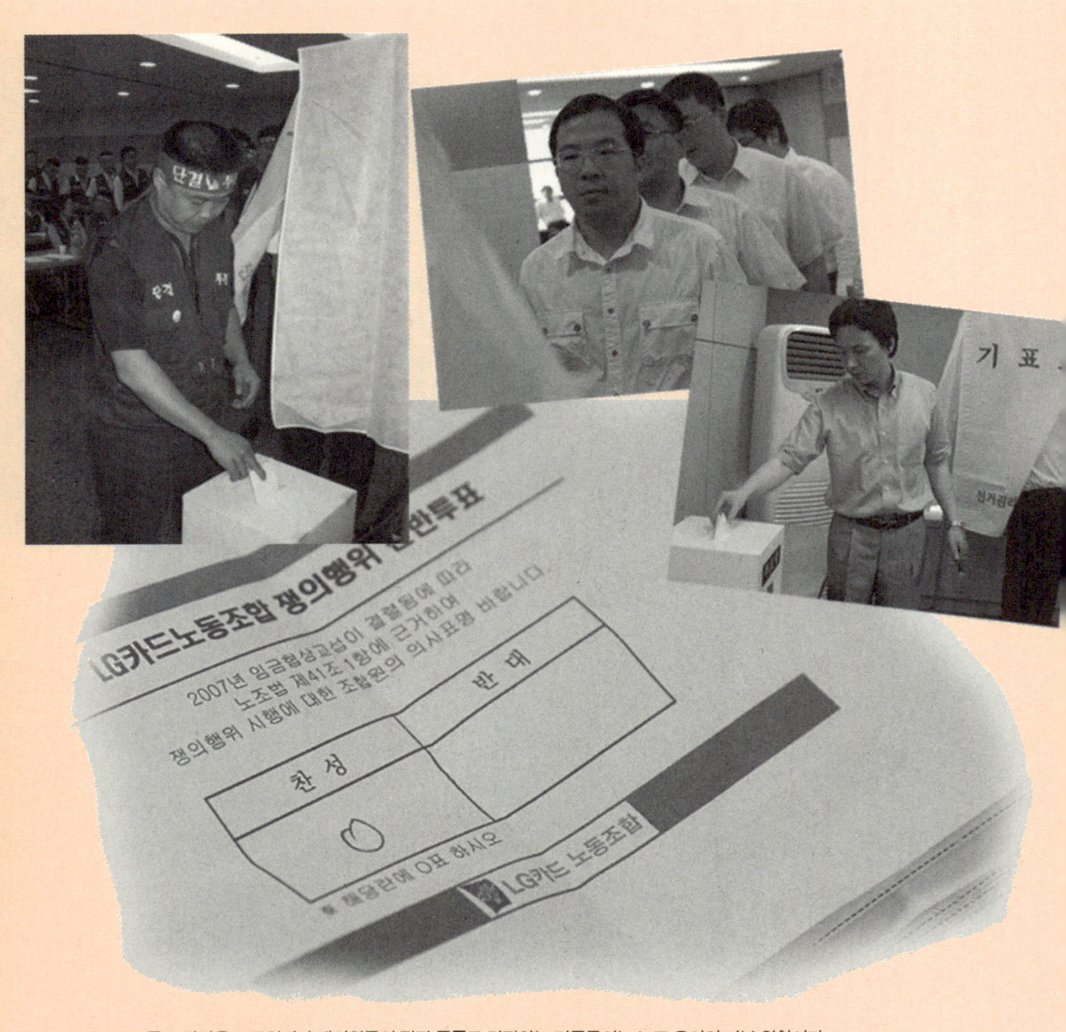

주요 결정을 노조원이나 대의원들의 직접 투표로 결정하는 민주주의는 노조 운영의 기본 원칙이다.

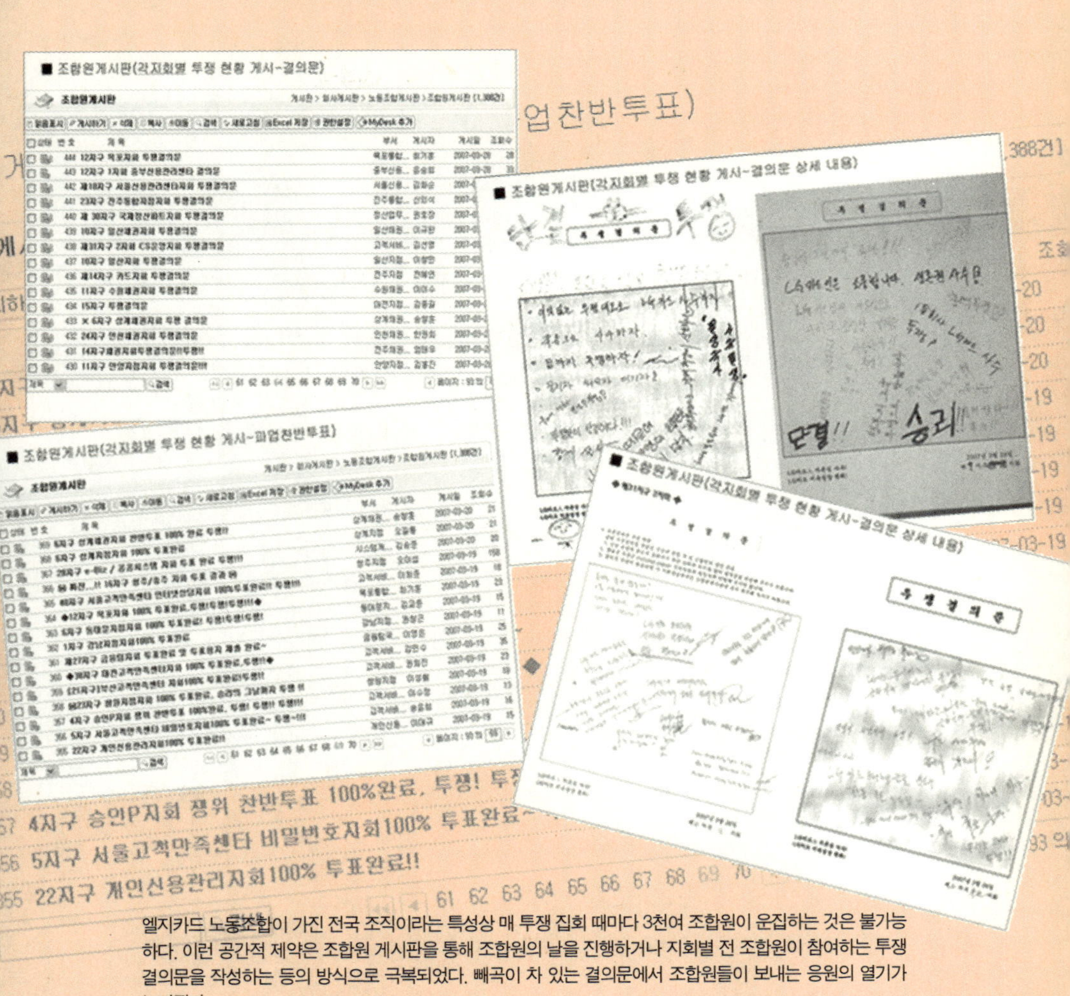

엘지카드 노동조합이 가진 전국 조직이라는 특성상 매 투쟁 집회 때마다 3천여 조합원이 운집하는 것은 불가능하다. 이런 공간적 제약은 조합원 게시판을 통해 조합원의 날을 진행하거나 지회별 전 조합원이 참여하는 투쟁 결의문을 작성하는 등의 방식으로 극복되었다. 빼곡이 차 있는 결의문에서 조합원들이 보내는 응원의 열기가 느껴진다.

원의 날에 투쟁 예행연습이 이뤄졌다.

마침내 '지속 성장 및 고용 안정을 위한 합의서'를 체결하다

한편 노조가 창립 이래 처음으로 조합원 총투표를 통해 파업을 공식 결의하는 등 긴박하게 투쟁 준비에 나서자 그제야 신한금융지주가 반응을 보이기 시작했다. 파업이 결의된 다음 날인 21일 신한은 엘지카드 경영진을 통해 노조와 대화할 의향이 있음을 전달해 왔고, 노조는 신한 쪽의 정확한 진의를 파악하기 위해 22일 '신한지주와 노조 간 대표자 회담' 개최를 요구하는 공문을 보냈다.

3월 30일 오후 2시 노조 회의실에서 이재우 부사장 등 신한지주 관계자들과 노조 위원장 등 집행 간부들이 만났다. 드디어 신한과 노조의 협상이 시작된 것이다. 이 자리에서 양측이 합의한 주요 내용은 네 가지였다. ① 조속한 시일 내에 고용 안정 등의 현안을 해결한다, ② 엘지카드 노사는 즉각 2006년 단협 교섭을 재개하며, 고용 안정 등 신한지주 편입 이후의 현안 이슈는 단협 또는 기타 합의문에 포함하여 엘지카드 노사 간에 합의·체결한다, ③ 체결 시한은 2007년 4월 6일(금)까지로 한다, ④ 신한지주는 엘지카드 노사 간에 진행되는 교섭 및 교섭 결과를 존중한다.

노조 비상대책국의 2월 26일자 '향후 투쟁 관련 주요 이슈 점검'에 따르면, 노조는 쟁의 행위 돌입 이후 또는 그전에 신한지주 및 현 경영진이 협상을 시도할 것으로 전망하고, 신한지주가 직접 협상에 나서기보다는 현 경영진을 내세워 파업을 중단시키려 할 것이라고 내다보았다.

이 경우 현 경영진과 단체협약을 체결하는 선에서 타협하는 것은 신한 쪽의 의사가 확실히 반영되지 않은 것이기 때문에 받아들이지 않을 것이며, 어떤 형태로든 신한지주가 노조와 직접 대화에 나올 수 있도록 투쟁 수위를 높여 나갈 계획이었다.

다만, 협의체를 통한 '합의서 체결 문제'는 상황에 따라서는 신한지주 측과 노조 위원장이 면담을 통해 4대 목표와 관련한 선언적 합의를 이끌어 내고, 그 연장선에서 고용 안정 등 노조 요구가 반영된 노사 단체협약이 타결되는 식의 현실적 방향까지를 열어 두었다. 즉 신한과 노조 간의 직접 대화 채널을 구축하되 합의서 체결 형식은 노사가 체결하는 단체협약일 수 있다는 것이다. 단, 이 단협을 신한지주가 추인함으로써 사실상 노조와 신한이 체결하는 성격을 갖게 한다는 것이다.

결국 3월 30일 신한과 노조가 직접 대화하는 자리가 마련되어 막혀 있던 직접 대화 채널이 뚫린 데다, 대주주 변경 과정의 노조 요구는 노사 간 단협에 반영하기로 했고, 단협이 체결되면 신한이 이를 존중하기로 합의함으로써 문제 해결의 큰 가닥이 잡혔다.

남은 것은 단체협약의 내용이었다. 노사가 집중 교섭을 벌인 끝에 4월 6일 잠정 합의안이 나왔고, 9일 임시 대의원대회에서 통과된 뒤 11일 노사 대표가 체결식을 가졌다. 고용 안정을 핵심으로 하는 대주주 변경 투쟁 4대 목표를 담은 협약을 체결해 제도적 장치를 확보하려는 노조의 목표가 실현되는 순간이었다.

단체협약과 동일한 효력을 갖고 법적 구속력 있는 합의서 형식을 띤

'지속 성장 및 고용 안정을 위한 노사 합의서'의 전문은 다음과 같다.

〈엘지카드 지속 성장 및 고용 안정을 위한 합의서〉

엘지카드주식회사(이하 '회사')와 엘지카드 노동조합(이하 '조합')은 신한금융지주
회사로의 자회사 진입과 관련하여 환경 변화에 선제하는 협력적·동반자적 노사 관
계 구축과 직원의 근로 의욕 제고를 통한 회사의 지속적 경쟁력 강화를 위해 다음과
같이 합의하고, 이를 상호 성실히 준수할 것을 확약한다.

1. 회사는 조합과의 사전 합의 없이 직원의 의사에 반하는 인위적인 인력 구조 조정
   을 실시하지 않는다.
2. 회사는 분할·합병·양도·아웃소싱 시 해당 직원의 고용, 단체협약, 노동조합의
   승계를 보장하며, 분할·합병·양도·아웃소싱을 계획할 경우 60일 전에 그 계획을
   조합에 설명하고 직원의 신분 변동이나 근로조건에 관하여는 사전에 조합과 합
   의하여야 한다.
3. 회사는 신한금융그룹 직원의 엘지카드로의 전적·파견 등의 이동이 있을 경우,
   조합과 사전에 성실히 협의한다. 단, 이동 시 그 규모는 엘지카드 직원의 신한금
   융그룹으로의 이동 규모 이내로 한다.
4. 회사는 신한금융지주회사와 공동으로 엘지카드의 이익 및 금융기관으로서의 건전
   성 제고를 위해 최선의 노력을 다하며, 신한금융지주회사 및 그 계열사와의 자금·
   자산·인력 기타 거래가 관계 법령을 준수하고 투명하게 이루어질 수 있도록 한다.
5. 회사와 조합은 엘지카드 고유의 기업 문화와 신한금융그룹의 기업 문화가 상호
   발전적으로 융화될 수 있도록 협력하며, 이를 통해 회사의 지속 성장 및 상생의
   노사 관계를 달성하는 데 최선의 노력을 다한다.
6. 회사와 조합은 우리사주 조합과 우리사주 제도의 건전한 발전을 위해 공동으로
   노력한다.

7. 본 합의서는 단체협약과 동일한 효력을 가지며, 합의서의 유효기간은 기존 단체
   협약의 내용과 관계없이 체결일로부터 2년간으로 한다. 단, 본 합의서의 고용 안
   정 및 회사 발전과 관련한 사항은 2008년도 단체협상에서 노사가 발전적인 방향
   으로 논의한다.

2007년 4월 11일,
엘지카드 대표이사 이종호 / 엘지카드 노동조합 위원장 황원섭

합의서의 핵심 내용은 1~3항에 담긴 고용 보장이다. 노조의 사전 합의와 직원의 동의 없이는 인위적인 인력 구조 조정을 할 수 없는 강력한 수준의 고용 안정 장치가 확보된 것이다.

또한 분할·합병·양도·아웃소싱 과정에서 고용·단협·노조 승계를 못 박음으로써 기업 분할과 합병 과정의 고용 안정 장치가 제도화되었다. 전적·파견 등 이동과 관련해서도 이동 시 사전 협의와 이동 규모 제한 조항을 둠으로써 노조의 대응력을 높였다.

이 같은 내용의 고용 안정에 관한 제도적 장치는 기존에 노사가 맺었던 단체협약을 재확인함과 동시에, 인위적인 인력 구조 조정은 반드시 노조의 동의를 받도록 하고, 기업 결합과 관련해서도 단협에서 빠졌던 아웃소싱이 추가되는 등 한층 더 노동자들을 보호하는 것이었다. 나아가 새 대주주인 신한금융지주를 상대로 맺은 협약서란 점이 더 중요하다.

2005년 10월 27일 회사 매각이 결의된 후 1년 6개월 만에, 2006년 11월 신한금융지주와 직접 대화를 요구한 지 6개월 만에 대주주 변경 투쟁의 최종 목표가 달성된 것이다.

아울러 그동안 진척이 없던 근로조건, 노조 활동 보장, 계약직 고용 안
정 분야의 단체협약 교섭도 속도를 내기 시작해 4월 25일 노사 잠정 합의안
이 나왔다. 주요 내용은 ① 산전산후 휴가를 90일에서 120일로 확대하고 급
여는 회사가 전액 부담, ② 14~90일이던 유사산 휴가일을 30~120일로 확
대, ③ 배우자 출산휴가를 1일에서 3일로, 배우자 유사산 휴가 3일 신설, 칠
순휴가 1일 신설, ④ 질병 등으로 인한 휴가를 30일에서 60일로 확대, ⑤ 가
족 간호 휴직 최장 1년 범위로 확대, ⑥ 육아휴직 대상 영유아를 생후 1년
미만에서 생후 3년 미만으로 확대, ⑦ 특별 퇴직금 제도 신설, ⑧ 노조 전임
자 여덟 명으로 확대 등이다. 또한 다면 평가제 도입, 계약직 전환율 확대,
전문직 승진급 제도 신설, 전문직 내 보직 순환제 도입 등은 노사협의회에
서 논의하기로 했다.

4월 30일 노조 임시 대의원대회에서 잠정 합의안이 통과됨에 따라 5월
4일 단체협약이 체결되었다. 2006년 3월 교섭이 시작된 이래 1년 2개월 만
에 긴 단협 갱신이 끝난 것이다.

회사 통합 과정에서 '10년 농사'를 짓다

― 졸속 통합을 막고 통합 인사 제도를 만들기까지

엘지카드를 신한금융지주의 자회사로 편입시키는 절차가 마무리되자 이번에는 신한금융지주의 기존 자회사인 신한카드와 통합하는 과정에서 발생하는 여러 가지 문제가 대두되었다. 5월 28일 엘지카드 이사회는 양 카드사 간의 통합 일정과 방식을 결정했다. 신한금융지주가 거느린 여러 자회사 가운데 카드 회사가 두 개가 되었으니 양 카드사의 통합은 예견된 일이었지만, 예상보다 빨리 시작되었다.

2007년 초까지만 해도 신한 쪽은 엘지카드에 대해 2년간 독립 경영을 보장하겠다고 했다가, 그 뒤 1년으로 단축했고 이날 이사회에서는 10월 1일 통합 카드사 출범을 결정함으로써 6개월 뒤 통합을 공식화한 셈이다.

속도 내는 회사 통합

노조는 신한 쪽의 말 바꾸기에 대해서는 문제를 제기하면서도 통합 일정을 굳이 늦출 이유는 없다고 판단했다. 이미 자회사 편입이 완료된 마당에 카드업의 경쟁도 갈수록 치열해지는 상황에서, 어차피 통합할 것이면 속도를 내는 편이 나았다. 여기에는 이사회에서 엘지카드가 신한카드를 영업 양수도 방식으로 인수하는 통합 방식을 결정한 점도 감안되었다.

영업 양수도 방식이란 어떤 회사가 영위하고 있는 영업(또는 사업)을 다른 회사가 인수하는 것으로, 엘지카드가 신한카드라는 회사를 인수하는 모양을 취한 것이다. 이 같은 통합 방식은 신한금융지주로서는 엘지카드로부터 신한카드 영업 양수도 대금으로 1조 원 정도를 받을 수 있어 엘지카드를 살 때 안았던 7조 원 가까운 부담을 줄일 수 있는 장점이 있으며, 엘지카드 노조로서는 상호 변경 등의 변화는 있겠지만 법인격은 유지된다는 장점이 있었다.

따라서 노조는 통합 일정을 대승적으로 수용하되 통합 과정에서 인사, 조직, 업무 기준, 조직 문화 등을 엘지카드 중심으로 통합하며, 1등 카드사에 걸맞은 근로조건을 확보하고, 강건한 노사 관계를 구축한다는 전략을 짠다.

노조는 우선 1등 카드사에 걸맞은 대우를 실현하기 위해 대주주 변경 투쟁으로 늦어진 2007년 임금 협상을 진척시킨다. 6월 8일부터 시작된 임금 교섭은 '성과급 → 복리 후생 → 임금' 순으로 진행했는데 교섭 13차례 만인 7월 중순, 기본급 6백 퍼센트(우리사주 대출 2백 퍼센트 상계 포함)와 특별 격려금을 포함 약 4백억 원의 성과급 지급에 합의, 8월 1일자로 일괄 지급했다.

복리 후생과 임금 분야의 임금 교섭은 신한금융지주 쪽의 통합 인사

(HR)제도 초안이 나오는 8월 중순 이후 본격적으로 진행해 나갈 계획을 세웠다. 신한금융지주 쪽은 4월 23일부터 신한금융지주, 컨설팅 업체, 양 카드사 관계자들로 통합 인사 태스크포스 팀을 구성해 양 카드사의 인사 제도를 일원화한 통합 인사 제도(안)을 만들고 있었다. 임금 교섭과 통합 인사 제도 제정은 내용이 겹칠 뿐만 아니라, 통합 이후 노동조건에 큰 영향을 미칠 인사 제도가 악화되는 것을 막기 위해 강력히 투쟁해야 할 경우 임금 교섭과 시기를 연계시켜야만 합법적 투쟁 공간을 확보할 수 있기 때문이었다.

한편 엘지카드에 통합될 신한카드에는 당시 노조가 존재하긴 했으나 회사의 지속적인 탄압과 노동자들의 결속력 부족으로 조합비 급여 공제도 되지 않고 전임자나 별도의 사무실도 없는 등 활동이 매우 미약한 상태였다. 그런데 회사가 영업 양수도 방식으로 엘지카드에 사실상 흡수될 상황이 오자 내부적으로 위기감이 고조돼 7월 18일 총회를 열어 신임 집행부를 구성하고, 전체 노조원 가입 대상 280여 명 중 220여 명이 가입한 상태여서, 통합 과정에 노조 통합 문제도 해결 과제로 떠오른 상태였다.

신한카드는 2007년 3월 말 기준으로 정규직 346명, 계약직 201명 등 547명의 정규직 및 계약직 노동자가 일하고 있었으며, 같은 기준으로 엘지카드는 4,147명이 일하고 있었다.

또한 통합 카드사의 본사 사옥이 7월 20일 서울시 중구 충무로 중앙우체국이 있는 포스트타워로 결정돼 10월 1일 통합 카드사 출범에 맞춰 내부 설계와 공사가 시작되었다.

임금 협상은 '1년 농사' 인사 제도 협상은 '10년 농사'

이처럼 통합 작업이 속도를 내고 있는 가운데 통합 과정에서 예정된 각종 노동조건 변동과 2007년 임금 교섭이 모두 신한지주 측이 내놓을 통합 인사 제도 내용에 따라 좌우될 상황이었다.

사실 임금 교섭도 중요하지만 통합 카드사의 인사 제도는 더 중요했다. 임금 교섭은 1년 농사이지만 인사 제도는 한 번 정해지면 최소한 수년은 간다는 점에서 10년 농사나 마찬가지였다. 통합 인사 제도는 직급/승진 체계, 임금과 관련된 보상 체계, 인재 관리제도, 복리 후생 등 매우 방대한 분야에 걸쳐 직원들의 직장 생활 전반에 영향을 끼칠 사안이었던 것이다.

한편 노조는 통합 카드사 인사 제도 제정 과정을 그동안 엘지카드 시절 직급/승진제도에서 나타났던 불합리한 문제점을 대대적으로 개선할 계기로 삼자는 문제의식도 갖고 있었다. 노조는 신한금융지주의 통합 인사 태스크포스 팀 결과를 주시하면서, 직원들의 임금 및 근로조건, 신분 변동에 영향을 미치는 내용은 반드시 노조와 합의해야 한다는 입장을 밝히는 등 대응책을 마련하기 위해 민감하게 움직이고 있었다.

이런 상황에서 신한카드 쪽이 갑자기 8월 13일 2년 이상 근무한 계약직 97명 가운데 26명을 부부장 1명, 과장 16명, 대리 8명, 사원 1명 등 정규직으로 전환하는 파격적인 인사 조치를 단행했다. 이는 신한카드가 그동안 정규직으로 전환해 주지 않고 싼값에 부려 오던 계약직들이 통합을 앞두고 불안을 느끼며 회사를 옮길 움직임을 보이자 이를 수습한 것이었지만, 당장 엘지카드 직원들이 발칵 뒤집혔다. 당시 엘지카드에서 계약직으로 일하다 신한카드로 회사를 옮겨 일하던 계약직 노동자들이 상당수 포함되어 서로 잘 아는 처지였는데, 통합을 코앞에 두고 한쪽에서 일방적인 정규직 전환과 승진을 단행하고 엘지카드는 기존 인사 제도에서 별 혜택을 볼 수 없는 상황이니 술렁이는 게 당연했다.

이에 노조는 신한카드의 인사 조치를 '인사 테러'로 규정하고 강력히 비판하는 한편, 통합 카드사의 인사 제도를 만드는 과정에서 기존 엘지카드 직급/승진 체계를 완전히 손질하지 않으면 안 되겠다는 문제의식을 더 강하게 갖게 된다.

그런데 설상가상으로 수개월에 걸쳐 만들었다는 통합 인사 제도(안)이 8월 22일 노조에 공개됐는데, 그 내용이 엘지카드의 직급 체계를 신한카드의 체계에 짜 맞춘 것으로 상당수의 엘지카드 직원들이 피해를 볼 가능성이 컸다. 또 하위급 직원들인 사원과 계약직에 대해서는 아무런 고려도 하지 않은 안이었다. 보상 체계 또한 문제여서 성과주의 극대화라는 목표에 집착해 변동급 비중을 확대하고 기본급도 성과급화하는 등 성과에 따라 달라지는 임금 비중이 지나치게 높아 안정된 생활을 크게 해치는 내용이었다. 인재 관리제도는 더 가관이었다. 우선 통합 카드사의 인재 유형을 '핵심 및 우수 인재' '한계 인력'(Marginal Talent), '일반 인력'으로 구분해 차등화된 관리 프로그램을 적용한다. 이 가운데 한계 인력은, 전 계층을 대상으로 다년간 담당 업무에서 낮은 업무 성과를 창출한 인력을 선정해 단계별로 임금도 적게 주는 등 차등 관리하되, 최악의 경우 전직 또는 퇴사(Outplacement)시킨다는 것이다. 사실상의 자동 퇴출 시스템으로 고용 불안의 우려를 낳을 수밖에 없는 내용인 것이다.

회사 쪽 통합 인사 제도(안)의 백지화

신한 쪽은 현장 조합원들에게 설명회를 시도하고 이 같은 내용의 통합 인사 제도를 강행할 태세였다. 노조는 강하게 반발하며 즉각 투쟁 채비에 나섰다. 자칫하면 1년 농사는 물론 10년 농사, 나아가 노동조합의 활동이 도로 나무아미타불이 될 상황이었다. 8월 23일 조합원의 날을 맞아 통합 인사 제도(안)을 놓고 전국에서 동시에 전체 노조원이 분노하며 투쟁 조끼와 머리띠를 챙기고 만약의 사태를 대비해 비상 연락망을 짰다. 8월 29일 15차 임금 교섭에서도 진전이 없자 중앙노동위원회에 쟁의 조정 신청을 냈다. 합법적 투쟁 공간을 확보하는 수순을 밟기 시작한 것이다. 투쟁 조끼 입고 근무하기 등 투쟁 지침이 발표됐고 30일에는 1천 명의 조합원이 서울 중구 태평로 신한금융지주 본사 앞에 집결해 '졸속 통합 분쇄 투쟁 선포식'을 열었다.

노조는 통합 인사 제도(안)을 백지화하라고 요구했다. 엘지카드 최고 성과 창출의 주역이라 할 직원들의 노고에 대한 인정 없이 퇴출 대상으로만 직원들을 바라보는 인사 제도는 차라리 없는 것보다 못하며, 고객과의 접점에서 고객 만족 및 수익 창출의 근간을 이루는 비정규직에 대한 단 한 줄의 검토도 없는 인사 제도는 쓰레기통으로 직행해야 한다는 격한 분노가 터져 나왔다. 직원 존중과 고용 안정의 진정성이 담긴 새로운 통합 인사 제도를 노조와 함께 만들자고 요구했다. 이를 위해 노사 공동의 TFT를 구성하자고 했다.

황원섭 위원장은 이날 집회에서 ① 통합 인사 제도 백지화, ② 신한카드

측의 8·13 인사테러 책임자 처벌, ③ 임금과 복리 후생의 획기적 개선, ④ 비정규직 문제 해결 등 네 가지 요구를 제시했다. 이것이 받아들여지지 않을 경우 전 노조원이 사직서를 제출하고 엘지카드를 떠나 1등 카드사의 우수한 인적 역량을 바탕으로 퇴직금과 일반 투자자의 투자금을 자본화해서 한겨레카드사(가칭)라는 신규 카드사를 설립해 신한금융지주를 무력화하자고 비장한 각오를 밝혔다. 그만큼 노조는 신한이 내놓은 인사 제도를 '독약'으로 여겼다. 이날 황 위원장을 비롯한 노조 간부 2백 명이 사직서를 제출하는 상징 의식과 졸속 통합 상징물 화형식을 치르는 등 분위기는 강경했다.

노조는 9월 11일부터 이틀간 쟁의 행위 찬반 투표를 실시했다. 총 노조원 2,956명 가운데 사고자를 제외한 유효 투표인 수 2,785명 중에서 2,784명(99.96퍼센트)이 투표에 참석해 2,728명(97.95퍼센트)의 찬성으로 파업이 결의되었다.

신한금융지주 자회사 경영위원회는 8월 28일 신한금융지주 이재우 부사장을 통합 카드사 신임 대표이사에 선임했지만, 통합HR제도 문제로 노사 관계에 전운이 감돌아 예정대로 10월 1일 통합 카드사 출범이 가능할지는 극히 불투명했다. 노조는 사태가 해결되지 않으면 통합 카드사 사장 취임도 원천 봉쇄하고, 10월 초로 예정된 통합 카드사 사옥으로 이사하는 것도 전면 거부하겠다고 밝혔기 때문이다.

노사 관계를 풀기 위해 황원섭 위원장과 이재우 신임 사장 내정자가 17일 '대표자' 면담을 두 시간에 걸쳐 열고, 다음 날 16시까지 집중 교섭을 벌이기로 합의했다. 그러나 18일 집중 교섭이 결렬되자 노조는 오후 5시 한

(위) 손피켓을 들고 구호를 외치는 조합원들. (아래) '이루리'
의 공연에 맞춰 하나된 율동을 하고 있는 조합원들.

2007년 8월 30일, 신한금융지주 앞에서 열린 졸속 통합 분쇄 투쟁 선포식 장면. 본사 및 수도권 지역 조합원 1천여 명은 신한금융지주 앞에서 국회의원, 노동계 인사들과 함께 통합 인사 제도의 백지화 등을 요구하는 대규모 집회를 열었다.
(위) 투쟁의 하이라이트였던 졸속 통합 상징물 화형식.
(아래) 2백여 명의 대의원과 지회장 전원이 투쟁에 임하는 사즉생의 각오를 다지며 위원장에게 사직서를 제출한 이후 위원장이 투쟁사를 통해 각오와 결의를 다지는 모습.

시간 경고 파업 지침을 내렸다. 2007년에만 벌써 두 번의 쟁의 행위를 결의한 데 이어 노조 결성 이후 처음으로 파업을 결행한 것이다.

벼랑 끝에 다다른 19일에야 노사 간 의견이 접근된 잠정 합의안이 나왔다. 그 내용은 크게 다음 네 가지였다. 첫째, 회사가 내놓은 통합 인사 제도를 전면 재검토하고 노사 동수로 TFT를 구성하여 새로운 통합 인사 제도를 만들기로 했다. 둘째, 인사 운영을 통한 직원들의 사기 진작과 비정규직의 직급 체계, 급여 제도 등 비정규직 문제 등에 대해서는 2007년 12월 31일까지 해결책을 찾아 시행한다. 비정규직 문제와 관련해서는 전문 계약직은 정규직화하며 별도의 직군제 운영, 전문직 내 별도의 급여 및 승진 직급체계를 연말까지 합의해 시행하기로 했다. 셋째, 정규직은 총액 기준 평균 3.0퍼센트, (전문) 계약직은 계약 연봉 기준 평균 4.0퍼센트를 인상한다. 넷째, 출퇴근 보조비 월 10만 원, 피복 제화비 일시금 30만 원, 중식대 3만 원 인상, 출산 축하금 60만 원 신설, 4대 질병 보장 보험금 1천만 원 인상, 자녀 졸업 축하 선물 신설 등 복리 후생 제도를 개선하고 정규직과 (전문) 계약직에 동일하게 적용한다.

2007년 9월 20일 등촌동 88체육관

어렵게 잠정 합의안이 나왔고 특히 핵심 문제였던 통합 인사 제도를 백지화시키고 노조가 사측과 똑같은 인원수로 참여하는 TFT를 구성해 새롭게 내용을 짜기로 하는 성과를 만들어 냈지만, 노조 내부에서 잠정 합의안이 통과되기까지는 큰 시련을 겪게 된다.

9월 20일 서울 강서구 등촌동 88체육관에서는 엘지카드 노조 긴급 조합원 총회가 열렸다. 파업 결의 후 집중 교섭의 결과에 따라 좀 더 강도 높은 투쟁을 위해 사전에 소집된 총회에는 2천5백여 조합원이 운집해 있었다. 그런데 이날 총회는 전날 19일 잠정 합의안이 나옴에 따라 집행부가 그 내용을 보고하고 이에 대한 노조원의 의견을 물어 통과 여부를 결정하는 자리로 성격이 변해 있었다. 절차와 형식으로 보면 잠정 합의안이 통과되면 노사 간 최종 협상이 타결되는 것이고, 부결되면 전면파업 등 투쟁의 강도를 높이며 재교섭에 들어가는 것이었다. 하지만 집행부로서는 내용적으로 집행부가 최선을 다해 합의를 이끌어 낸 것을 추인 받고, 조합원들은 축제 분위기 속에 추석 연휴를 떠나고, 10월 1일 양 카드사 통합도 승리의 분위기 속에서 맞이한다는 취지로 준비한 것이었다.

심상치 않은 분위기는 총회 시작 전 집행부와 운영위원들의 모임에서부터 감지됐다. 총회 하루 전 노사 간에 잠정 합의가 이뤄졌지만 아직 공개되지는 않은 상황이었는데, 그 내용을 설명하자 운영위원 일부가 고개를 가로 저으며 '오늘 총회에서 잠정 합의안이 통과되는 걸 자신하기 힘들다'는 반응을 보였다. 운영위원들 간에도 의견이 갈린 가운데 일단 행사가 시작됐다.

행사를 빛내 주기 위해 참석한 민주노총과 사무금융연맹 등 상급 단체 임원들이 소개되어 인사말을 한 뒤 박수 속에 무대에서 내려갈 때까지만 해도 분위기는 좋았다

그런데 집행부가 잠정 합의 내용을 설명하면서부터 분위기가 달라졌다.

(위) 2007년 9월 20일 등촌동 88체육관 조합원 총회. 하루 전인 9월 19일 잠정 합의된 임금 및 통합 관련 현안 이슈에 대한 설명을 듣고 있는 2천5백여 조합원.
(오른쪽 아래) 현장의 무거운 분위기 속에서 조합원의 질문에 답변하고 있는 황원섭 위원장.
(왼쪽 아래) 잠정 합의안의 의결이 연기된 조합원 총회 이후, 노조 집행부는 잠정 합의안 내용을 담은 장문의 글을 노조 소식지에 발표했다.

회사 쪽의 통합 인사 제도(안)를 백지화하기로 했다는 대목에서는 박수가 터져 나왔으나, 임금과 복리 후생 분야의 합의 내용을 설명하자 웅성대는 소리가 나고 체육관이 들썩거리기 시작했다.

잠정 합의안 설명이 끝난 뒤 노조원들이 질문이나 의견을 발표하는 시간이 되자 사태는 더 심각해졌다. 행사장 중간 중간에 마이크가 설치돼 자유롭게 발언을 할 수 있게 했는데, 특히 합의 내용 가운데 비정규직 문제 해결에 대해 손에 쥘 수 있는 성과가 없다는 점에서 집중적으로 문제가 제기됐다.

특히 계약직 노조원들이 많이 근무하는 부서나 팀의 지회장들과 대의원들은 격한 어조로 문제를 제기했고, 이에 견해를 같이하는 노조원들은 박수로 동의를 표했다.

중간 중간 한두 사람이 아쉽지만 집행부가 잠정 합의한 내용을 인정하고 앞으로 노력해서 비정규직 문제에 대한 해결책을 찾자는 발언을 했지만 더 많은 다른 목소리에 묻혔다.

집행부는 전문 계약직의 정규직화라는 대원칙을 세우고 연말까지 교섭을 통해 구체적인 내용을 합의한다는 설명이었다. 그러나 당시 2007년 7월 비정규직법 시행을 앞두고 동일 직종 차별 금지 조항을 피하기 위해 분리 직군제 도입이나 하위 직급 신설을 통한 정규직화뿐만 아니라 기존 정규직 체계에 그대로 통합되는 정규직화 등이 여러 사업장에서 이뤄지고 있는 상황이었다. 그런데 왜 비정규직 문제 해결에 대해 선언 수준 이상 아무런 진척이 없느냐는 반발이었다.

계약직 노조원들은 그동안 정규직에 비해 처우를 제대로 받지 못했음에도 단결해야 한다는 생각과 노조에 대한 기대감으로 노조 활동에 열심히 참여해 투쟁해 왔지만 결국 잠정 합의 내용을 보면 집행부가 정규직만 챙긴 것밖에 더 되느냐고 항의를 쏟아 냈다.

막연히 정규직화한다는 선언 수준의 합의를 보고 과연 계약직을 생각하고 합의한 건지 이해할 수 없다며 분노를 표했다. 또 만약 오늘 총회에서 잠정 합의안이 통과될 경우 현장에 돌아가서 다른 계약직 동료들에게 고개를 들 수 없을 것이라며 비통한 심정을 감추지 않았다.

잠정 합의안이 통과된다 해도 돌이킬 수 없는 후유증이 남을 수밖에 없고, 부결될 경우 집행부의 사퇴로 이어져 노조 공백 상태가 될 것이 불을 보듯 뻔한 상황이었다. 이러지도 저러지도 못하게 되어 버렸고, 분위기가 심상치 않은 가운데 상급 단체 임원이나 외부 손님들도 자리를 떴다.

상황이 걷잡을 수 없게 흘러가고 총회가 길어지면서 중간 중간에 정회와 휴식 시간이 잇따랐으며 대의원들이나 집행 간부들이 삼삼오오 모여 상황을 수습하기 위해 머리를 맞댔지만 여의치 않았다. 심지어 대의원들이나 지회장들 중 일부는 노조원들과 함께 앉아 있는 자리에서 벗어나 따로 모이는 것조차 심리적 부담감을 느끼는 분위기였다.

결국 대의원들이 모여 난상토론을 거쳐 다수 의견으로 일단 오늘 총회에서 잠정 합의안을 표결하는 것은 어떤 결과가 나오든 많은 후유증을 남길 가능성이 크므로 의결을 미루자는 쪽으로 정리가 됐다. 총회장 안에서 별도로 임시 대의원대회를 열었고 우여곡절 끝에 적절한 시점에 대의원대회를 다시 열어서 잠정 합의안에 대한 승인 여부를 처리하기로 했다.

폐회를 선언했지만 참가자 모두 무거운 쇳덩어리를 어깨에 지고 돌아가는 심정이었다.

어렵사리 총회 분위기를 수습하고 결국 10월 2일 대의원대회에서 92.5 퍼센트의 찬성으로 잠정 합의안이 의결돼 10월 5일 노사가 '2007년 임금 협상 및 통합 주요 현안에 대한 노사 합의서'를 체결하는 것으로 절차를 마무리하게 된다.

무엇이 문제였나 …… 반성과 교훈

자본 측의 입장이 반영된 인사 제도를 백지화하는 성과를 거둠과 동시에 비정규직 문제 해결이 늦춰짐으로써 노조 내부에 한차례 시련이 찾아왔던 시간들은 구성원 모두에게 많은 생각을 하게 했다.

노조원들의 고통이 시작됐던 2003년 그 춥던 겨울을 생각하면, 지금처럼 강력한 노동조합이 진작에 있었더라면 경영진과 대등하게 마주앉아 경영을 감시하고 견제함으로써 대주주가 한순간에 회사를 말아먹고 거액을 챙겨 튀는 상황을 미리 막을 수 있었을 텐데 ……. 하는 때늦은 회한은 구성원 모두의 심정이었다.

뒤돌아보면 엘지카드 노동조합은 2004년 부도 위기 속에서 사실상 신생 노조로 탄생한 뒤 강력한 내부의 단결력을 유지하면서 많은 성과를 거둬 왔다. 한마디로 백전백승이었다. 노동계에서 단결력과 투쟁력이 가장 강하기로 소문 난 곳이 금속노조였는데, 엘지카드 노조는 '사무금융연맹의 금속노조'라는 별명이 붙을 정도라며 스스로 자부해 왔다.

이 같은 성과는 15개 채권 금융기관의 다소 느슨한 공동 관리 체제, 고용과 생존권에 대해 항상 불안감 속에서 직장 생활을 해야 했던 노조원들의 위기의식을 배경으로 가능했다. 출범 당시의 3대 요구와 대주주 변경 과정의 4대 목표 등 노조원들의 요구(Needs)를 정확히 대변하고, 어차피 양보할 건 먼저 양보함으로써 요구의 명분을 강화하며 이슈를 선점하는 한편, 사회적 여론에 민감할 줄 알고 심지어 채권단과 회사 경영진 간 이해관계의 틈까지 활용하는 정교한 전략·전술을 구사해 온 집행부의 활동 역시 크게 기여했다. 조합원의 날 운영을 축으로 한 대의원과 지회장(단) 등 현장 노조 간부들의 활동은 노조의 조직력을 강화하는 데 더할 나위 없는 활력소였다.

이 모든 것은 엘지카드 노동조합의 힘이 되었고 대주주가 없던 엘지카드의 4년 동안 노동조합은 회사의 앞날에 가장 큰 영향력을 가진 막강한 세력으로 성장해 왔다.

그러나 이제 변화가 시작되었다. 채권단 관리 체제는 끝나고 신한금융지주라는 강력한 파워를 갖춘 새로운 대주주가 온 것이다. 노조원들은 그동안 고용 문제 등 '생존'과 우리사주 문제 등 '금전적 보상'과 같은 1차적 이슈에 민감하게 반응하며 강한 단결력을 유지해 왔으나, 회사가 위기를 넘기고 안정 단계에 접어든 상황에서 직무/직급/연령/성 별로 처지에 따라 약간씩 다른 이해관계가 드러날 가능성이 있었다. 그 가운데서도 고용 형태가 다른 정규직과 비정규직의 이해관계 차이는 민감한 현안이 될 수밖에 없었다.

지난 활동 과정에서는 중견 과장들이 노조 결성의 주체로 나섬으로써 선배 직원들의 친노조 분위기 등 노조가 운신할 폭을 넓히는 한편, 하위 직급의 직원들이 부담 없이 노조에 참여할 조건을 만드는 등 긍정적인 요소로 작용한 게 사실이었다. 또한 논란을 거치면서도 비정규직이지만 직접 고용된 계약직 노동자들을 노조 활동에 포괄한 것도 노조의 단결력을 키웠고, 노조 활동도 계약직의 처지를 개선하려는 활동의 비중을 높여 가게 되었다.

그러나 길어야 2년 근무하고 퇴사하는 비정규직 노동자들의 노조 가입률은 한계가 있었고, 새로 입사하는 계약직 중에는 노조에 가입할 수 있다는 사실을 모르는 사람도 많았다. 노조는 아무래도 정규직 중심으로 운영되는 한계가 있을 수밖에 없었다. 더구나 다른 사안과 달리 비정규직 문제 해결을 위한 노조의 요구에 대해서는 경영진의 태도가 완강해서 확실한 성과를 내기가 쉽지 않은 상황이었다.

이런 조건에서 10월 1일 통합 카드사가 출범하고 '2007년 임금 협상 및 통합 주요 현안에 대한 노사 합의서'를 체결한 뒤부터 노조 활동은 통합 인사 제도를 제대로 만들기 위한 사업에 집중된다. 통합 인사 제도가 어떻게 만들어지느냐에 따라 전체 직원들의 직장 생활이 크게 달라질 뿐만 아니라, 비정규직 노동자들의 노동조건도 상당히 개선될 수 있다는 점에서 매우 중요했기 때문이다.

다른 한편으로 9월 20일 총회를 계기로 노조 집행부는 노동조합 운영에 대해서도 크게 반성하게 된다. 이때 집행부는 일단 통합 인사 제도를 백지화하는 게 중요하다고 봤고, 임금과 주요 현안에 대한 잠정 합의안에 1단계 성과를 담은 뒤 통합 인사 제도를 제정할 때 임금이나 복리 후생뿐만 아니라 비정규직 문제 해결을 위한 2단계 성과를 낸다는 전략적 판단이었다.

그러나 노조원들은 집행부의 이 같은 2단계 구상을 충분히 이해하기 어려운 상태였다. 잠정 합의안이 나온 것은 총회 전날 늦은 시각이었고, 노조원들은 총회에 참석해서야 그 내용을 알게 되었다. 한 번에 좀 더 확실한 성과를 기대하고 있던 노조원들은 집행부가 나름대로 전략을 설명했지만 충분히 이해하고 받아들이기에는 절대적으로 시간이 부족했다.

집행부는 추석 전 축제 분위기를 만들고 통합으로 간다는 '세레모니'와 일정에만 신경을 썼지, 노조원의 자리에서 노조원의 눈높이에서 충분히 설명하고 공유하고 소통하려는 노력이 절대적으로 부족했던 것이다.

집행부는 이와 같은 반성에서 더 성실하고 충분하게 노조 내부의 소통에 힘써야 한다는 교훈을 얻게 된다. 그 결과 통합 인사 제도 제정 투쟁 때부터는 잠정 합의안이 나오기 전부터 조합원의 날 외에도 집행부가 현장을 수시로 방문해 설명회를 개최하고 돌아가는 상황을 실시간으로 노조원들과 공유하기 위해 분발하게 된다.

통합 인사(HR)제도의 탄생

2007년 한 달의 준비 기간을 거쳐 11월 17일 가동하기 시작한 통합HR TFT는 노사 동수로 구성되었고 2008년 1월 30일 최종 합의에 이르게 된다.

매년 또는 2년에 한 번씩 협약을 체결하는 임금이나 단체협약과 달리 인사 제도는 한번 만들면 바꾸는 것이 쉽지 않은 탓에 양측은 심혈을 기울여 협상에 임했다. 특징적인 것은 노조 측이 엘지카드 노조와 금융노조 신한카드지부가 공동으로 참여한다는 점이었다. 이미 통합 카드사가 출범했고 통합 인사 제도를 두 노조 노조원들이 모두 적용받는 데다 노조 통합도 예정된 만큼 엘지카드 노조 세 명, 신한지부 두 명 등 다섯 명이 공동으로 실무진을 구성했다. 따라서 노사 간의 견해 차이뿐 아니라 두 노조 간의 견해 차이도 부분적으로 녹아드는 협상이 이뤄지게 된다.

엘지카드 노조는 사무처장을 운영위원장으로 하고 상근 국장들을 의제별 실무자로 투입하는 한편, TFT 구성 시점부터 조합원의 날과 대의원/지회장을 통해 진행 상황을 노조원들에게 공개하고 의견을 수렴하며 협상을 진행했다.

노사는 HR TFT의 논의 의제를 크게 인사 제도, 비정규 제도, 복리 후생으로 분류해 의제별 논의를 진행함으로써 노사 협상 과제로 남아 있던 비정규직 문제도 함께 협상을 하게 된다. 그러나 12월 말이 되도록 의견이 좁혀지지 않자 2008년 초 정기 인사 일정을 감안해 12월 26~31일과 1월 3~6일 등 두 차례에 걸쳐 단체 합숙을 하며 집중 교섭을 벌이게 된다.

1월 중순, 노조는 그동안의 교섭 결과를 대의원들에게 상세히 보고하는 한편 17일부터 23일까지 전국 주요 거점별로 현장설명회를 개최해 노조원들의 궁금증을 풀었다.

1월 하순 들어 대부분의 의제에 대해 의견을 좁힌 노사는 집중 교섭을 통해 합의에 이르러 29일 노조 대의원대회에서 가결됨에 따라 1월 31일 최종 타결에 이르렀다.

통합 인사(HR)제도는 직급과 승진 체계에서 양 카드사 직원들의 이해관

통합 인사 제도 제정 과정에서 노조는 내부의 소통에 더욱 힘쓴다.
사진은 2008년 1월 17~23일 전국 41개 지구에서 열린 현장설명회 장면.

표 2 _ 복리 후생 제도의 적용 범위

제도	적용 범위	제도	적용 범위
1.휴가		본인 학자금	정규
연차휴가	정규/계약	자녀 보육비	정규/계약
생리휴가	정규/계약	육아 보조비	정규/계약
산전후 휴가	정규/계약	5. 여가/레져	
만근위로 휴가	정규/계약	휴양소	정규/계약
장기근속 휴가	정규	비전 투어	정규
태아검진 휴가	정규/계약	체육 행사	전 직원
유사산 휴가	정규/계약	6. 축하 행사	
특별(연차) 휴가	정규/계약	가정의달 행사비	전 직원
공가	정규/계약	명절 및 기념일 선물	정규/계약
인병 휴가	정규/계약	출산 축하금	정규/계약
청원 휴가	정규/계약	결혼기념일/생일 축하 선물	정규/계약
2. 휴직		자녀 입학/졸업 축하 선물	정규/계약
육아휴직	정규/계약	7.주택/거주 지원	
청원 휴직	정규/계약	귀향 여비	정규/계약
인병 휴직	정규/계약	생활 안정 자금 대출	정규
가임 휴직	정규/계약	사택 지원	정규/계약
명령 휴직	정규/계약	주택자금(사복 기금)	정규
3. 경조사/건강관리		귀성/귀경 버스 운행	정규/계약
경조사	정규/계약	8. 기타 제도	
결혼 축하 화환	정규/계약	불편/장애 가족 지원	정규/계약
경견완 장애	정규/계약	제품 구입 보조비	정규
조사 지원	정규/계약	카페테리아	정규/계약
건강검진	정규/계약	출퇴근 보조비	정규/계약
의료비	정규/계약	피복 제화비	정규/계약
가임 시술비 지원	정규/계약	재해 부조	정규/계약
단체보험	정규/계약	재해보상	정규/계약
4. 교육/보육/자기계발비		특별 퇴직금	정규/계약
자녀 장/학 자금	정규	정년	정규

계를 조화시키는 내용을 담았으며, 보상 체계에서는 성과나 실적에 좌우되지 않는 기본급 비중을 74퍼센트(팀원 기준)로 삼아 임금의 안정성을 높였다. 인재 관리 제도에서는 노조가 우려했던 한계 인력 운영을 부장급에 한해서만 운영하기로 했다.

또한 일반 정규직과 구별되는 별도의 정규직 직군제인 운영 사원 제도를 도입했다. 운영 사원의 직급은 네 단계로 구성하고 각 직급의 표준 체류 연한은 4년으로 했다. 운영 사원의 경영 성과급 및 복리 후생 등은 일반 정규직과 동일한 기준으로 적용하기로 했다(운영 사원 제도의 자세한 내용은 별도의 장에서 설명하기로 한다).

한편 복리 후생 제도에서는 각종 휴가와 휴직, 경조사와 건강관리 조항을 모두 정규직과 계약직에 똑같이 적용하기로 했다. 육아 보조비, 자녀 교육비, 휴양소 이용, 가정의 달 행사비, 출산·결혼기념일·생일 축하금과 선물, 사택 지원, 특별 퇴직금, 재해보상 등도 정규직과 계약직 모두에게 적용하기로 했다.

계약직과 함께한 엘지카드 노조 5년

엘지카드 노동조합은 2004년 2월 14일 새롭게 출범할 당시 계약직 노동자들을 노동조합 가입 대상에 포함시켜 출발했다. 이 점은 지회장(단) 도입, 조합원의 날 운영 등과 함께 엘지카드 노조 활동의 중요한 특징으로 자리 잡는다. 이 장에서는 비정규직인 계약직 문제 해결을 위한 활동에 주제를 한정해서 2004년부터 2008년까지 노조 활동을 살펴본다.

엘지카드 직원들의 다양한 고용 형태

엘지카드에서 일하는 노동자는 크게 회사가 직접 고용한 정규직 및 계약직 노동자와 용역 업체에 고용된 후 파견된 파견직(간접 고용) 노동자로 나뉜다.

파견직은 2002년 말 기준으로 1만 명이 넘는 전체 인력의 3분의 2를 차지했으나 2003년엔 48퍼센트, 2004년 30퍼센트 수준으로 점차 비중이 낮

표 3 _ 엘지카드 고용 형태별 노동자 구성 현황 (2000~2004년)

단위 : 명

구분	직접 고용						파견직			총계
	정규직			계약직						
	남	여	계	남	여	계	남	여	계	
2000년 말	1,452	1,208	2,660	7	81	88	281	2,934	3,215	5,963
2001년 말	1,513	1,223	2,736	66	173	239	660	4,666	5,326	8,301
2002년 말	1,568	1,232	2,800	127	491	618	1,432	5,481	6,913	10,331
2003년 말	1,362	1,214	2,576	198	864	1,062	1,582	1,746	3,328	6,966
2004년 말	1,260	1,123	2,383	275	1,192	1,467	467	1,164	1,631	5,481

아진다. 대신 2002년부터 직접 고용 노동자 비중이 절반을 넘기게 되는데, 이는 계약직 노동자 수의 증가로 이어진다. 2000년 88명에 불과했던 계약직 노동자 수는 2003년 1천 명을 넘겨 전체 고용자 중 15퍼센트를 차지하게 된다. 또 2004년에는 전체의 27퍼센트인 1,467명에 이른다.

한편 정규직 노동자 수는 2002년 2,800명을 정점으로 한 해 2백~3백 명씩 줄어들지만 전체 인원에서 차지하는 비중은 2002년 27퍼센트에서 2004년 44퍼센트로 불어난다.

이는 유동성 위기가 오자 인력 감축에 아무런 부담이 없는 파견직 노동자를 2년 동안 5천명 이상 줄이고, 정규직도 5백 명 가까이 감축하는 대신 필요 인원 대부분을 계약직으로 채용했음을 의미한다.

계약직은 28세 이하의 고졸 이상을 채용 공고를 통해 채용하되, 은행연합회 불량 등재 등 신용 상태가 좋지 않은 경우 채용을 제한했다. 대부분 20대 여성들이 채용됐는데, 이들의 계약 기간은 원칙적으로 1년이고 보통 1년에 한해서 연장되어 2년 근무 후 퇴사해야 했다.

단위 : 명

구분	정규직	전문 계약직	일반 계약직	파견직	합계
본사 스태프	446	1	24	21	492
본사 운영(정산/소보)	80	1	15	-	96
영업 스태프	364	13	48	48	473
채권스태프	185	7	92	31	315
지역 영업	652	-	36	-	688
상담	177	182	743	29	1,131
심사	92	25	201	-	318
DM	71	37	178	736	1,022
신용관리센터	44	5	105	209	363
체권 지점	171	7	44	61	283
기타(전산)	99	-	3	-	102
합계	2,381	278	1,489	1,135	5,283

계약직 노동자들은 주로 상담·심사·DM 업무를 담당했다. 2006년 말 현재 계약직 노동자 1,767명 중 76.8퍼센트인 1,366명이 이 세 가지 업무 종사자였고, 특히 콜센터에 근무하는 상담 업무 종사자가 전체 계약직의 52.3퍼센트인 925명으로 가장 많았다. 전문 계약직의 65.5퍼센트도 상담 업무 종사자였다.

파견직은 엘지카드가 아닌 파견 회사에서 채용 후 파견되는데, 과거 파견 근무 기간을 포함해 최대 2년을 넘지 않은 범위 내에서 근무하게 했고 재파견 횟수는 1회로 제한했다. 파견직은 주로 DM과 신용관리센터에 근무했는데 전체 1,135명 중 64.9퍼센트가 DM이었다.

한편, 이들과는 구별되게 위임 계약직이라 불린 특수 고용직이 개인 사업자 신분으로 일하고 있었는데 이들은 대부분 채권 지점에 근무했다. 2005

년 국회 정무위원회 국정감사에서 엘지카드 사장은 위임 계약직 약 1천2백 명이 일하고 있다고 답변했는데, 이들은 대부분 채권 지점에서 일하며 채권 추심을 담당했다. 위임 계약직은 특별한 채용 방법이 없이 기존 위임 계약직 또는 채권팀장의 소개나 지인을 통해 충원했는데 연체 2개월 이상 또는 신용 불량자 등은 제외됐다.

비정규직 노동자들이 담당하는 상담, DM, 심사 업무 등은 회사 운영에서 없어서는 안 될 중요한 부서였다. 그런데 계약직이나 파견직 모두 길어야 2년만 다닐 수 있었기 때문에 항상 고용이 불안했다. 회사로서도 어차피 필요한 업무인데 숙련된 우수한 인력을 놓치는 것이 손해여서 우수 인력 확보와 비정규직에 대한 동기부여를 목적으로 계약 기간 만료자 중 일정 인원수를 정규직으로 전환해 왔다. 2000년부터 4년 동안 정규직으로 채용된 비정규직이 568명에 이르렀다. 파견직으로 일하다 계약직으로 채용되는 사람도 상당수였다.

그런데 2003년 들어 대규모 인력 감축 과정에서 수천 명의 비정규직 노동자들이 회사를 떠나야 했을 뿐만 아니라 유동성 위기가 터진 12월부터는 그나마 이어져 오던 '일정 인원의 정규직 채용'도 전면 중단된 상태였다.

주목할 만한 선택, '계약직도 노조원'

어쨌든 산별노조가 아닌 기업별 노조로 출발한 엘지카드 노동조합으로서는 노동관계법상 회사가 직접 고용한 정규직과 계약직 노동자에게 노조원 자격을 줄 수 있는 것인데, 이 지점에서 엘지카드 노동조합은 계약직까지 폭넓게 노동조합으로 품어 안는 전략을 선택했다.

부도 위기에 몰린 회사, 사무직이라는 업종의 특수성이 있다 하더라도 노동계에서는 사례가 많지 않은 경우라는 점에서 주목할 만한 선택이었다.

비정규직에게 노동조합 가입 자격을 줄 것인지 말 것인지에 대해서는 2004년 초 새 노동조합의 규약을 짜면서 내부 논란이 일어났다.

정규직만으로 가자는 논리의 강조점은 대체로 두 가지였다. 첫째, 비정규직 문제를 끌어안는 순간 노조 활동이 복잡해지고 힘겨워지는 데다가 성과도 쉽게 얻을 수 없으니 본전도 못 찾을 일이라는 것이었다. 어차피 정규직이 주력이니 아쉽지만 정규직만으로 노조를 만들자는 의견이었다.

둘째, 비정규직 노동자들도 자신의 처지에 맞게 조직을 만들어 목소리를 내야 하는데, 정규직과 비정규직을 함께 한 개의 노조에 가입시키면 비정규직의 독자적인 조직 결성을 막을 수 있다는 의견이었다. 기존의 노조 규약에도 계약직을 가입 대상에 포함시켜 놨지만 결국 복수 노조 금지 조항에 악용된 결과밖에 안 됐지 않느냐는 것이었다.

그러나 노동조합 결성을 주도적으로 준비해 온 집행부는 비정규직 노동자에게 노조원 자격을 줘야 한다는 생각이 확고했다.

첫째, 우선 왜 우리가 노동조합을 만들려고 하느냐부터 출발했다. 부도 위기에서 대주주는 도망가고 대책 없이 당해야 하는 노동자들의 권익을 보호하려고 노조를 만들려고 하는 것이다. 그런데 유동성 위기가 터지고 가장 큰 고통을 받은 사람, 가장 먼저 인력 감축의 대상이 된 노동자가 비정규직이다. 파견직은 고용주가 다르고, 기업별 노조로 출발하는 처지이니 파견

(위) 계약직 노조원들은 여성이 많다. 노조 집회에 참석한 엘지카드 여성 노동자들.
(아래) 엘지카드 노조는 여성 노동자들의 권익 향상을 위해 힘쓴 공로로 2006년 3·8 세계여성의 날을 맞아 민주노총으로부터 평등상을 수상했다.

직까지는 자신 없지만 엘지카드가 직접 고용한 계약직은 당연히 노조원 자격을 가져야 한다는 것이었다. 당연히 복잡하고 어려운 일이 닥치겠지만, 하루 중 가족보다 더 많은 시간을 함께하는 동료들이 계약직이라는 이유로 하루아침에 잘려 나가는 일을 나 몰라라 하는 것은 인간에 대한 예의가 아니라는 의견이었다.

둘째, 노동조합의 힘을 키우려면 더 넓게 더 많은 사람이 가입해야만 한다는 의견이었다. 유동성 위기에서 모두가 벼랑에 서 있고 거대한 자본에 맞서 싸워 나가야 하는데, 정규직만을 대상으로 하는 노조는 그만큼 힘의 한계가 있을 수밖에 없다는 것이다. 더구나 회사가 갈수록 정규직은 줄이고 비정규직을 늘려 나갈 것이기 때문에, 정규직만의 노동조합은 장기적으로도 필패할 수밖에 없다는 논리였다.

결국 집행부의 설득을 모두가 받아들였고 논란은 정리가 되었다. 이런 조건 속에서 2004년 1월 폭발적으로 노조 가입 바람이 불 당시 계약직 노동자들의 20퍼센트 정도가 노동조합에 가입했다. 이는 계약직 노동자들 자신의 의사에 따른 것이긴 했지만, 이들을 실질적으로 관리하는 직책에 있는 과장들이 노조 결성에 앞장섬으로써 노조 가입에 따른 유형무형의 부담이 덜했을 뿐만 아니라, 정규직 노동자들이 적극적으로 가입을 권유한 것도 일정한 구실을 했다.

노동조합은 출범하자마자 3월 상임집행위원회에서 비정규직 관련 자료를 회사 측에 요구하고, 비정규직의 근로조건을 다루게 될 단체협약 체결을 앞두고 자료 수집에 나섰다. 5월 비정규 제도 개혁부를 노조 부서로 신설했고 경영진에게 계약직의 정규직 전환 규모와 일정을 마련해 제시하라고 요구했다. 6월에는 파견사의 연차 수당 및 소득세 환급분 미지급 사례를 수집해 전액 지급하게 했다. 9월에 체결된 단체협약에는 비정규직 채용 업무와 규모를 제한하고 신규 인력 충원 시 비정규직 우선 채용, 의료비 보조를 계약직까지 확대할 것 등을 포함시킨다.

그러나 계약직 노동자들이 노조에 가입하기란 어려울 수밖에 없었다. 우선 계약직 노동자들의 고용계약 기간은 1년이고 한 해 더 연장해서 2년을 근무한 뒤 자동 퇴사하기 때문에 '어차피 길어야 2년 뒤 떠날 텐데 ……' 하는 생각이 강했다. 매달 계약이 만료되어 떠나고 또 매달 신규 계약직 노동자가 입사하기 때문에 자신이 노조 가입 자격이 있는 줄 모르는 사람도 있었고, 심지어 노조가 있는 줄도 모르는 노동자도 있었다. 또 계약직 노동자들이 받는 임금이 훨씬 낮은데 매달 꼬박꼬박 노조비를 내는 것도 부담이었다.

이런 조건에도 불구하고 2004년 8월 31일을 기준으로 전체 계약직 1,020명 가운데 노조에 가입한 사람은 276명으로 27퍼센트를 차지했다. 그러나 전체 노조원 2,483명 중 계약직 노동자는 11.1퍼센트로 대다수 노조원은 정규직 노동자들이었다.

전문 계약직 제도가 도입되기까지

한편 노조 집행부는 비정규직 문제 해결을 위한 활동을 강화하고자 계약직 노동자들을 적극 나서게 할 수 있는 방법을 모색하게 된다. 2004년 당시 계약직 노동자들 중 140여 명이 포털 다음에 친목 카페를 개설해 서로 정보를 주고받는 등 노조 활동에 기대감을 키우고 있었다.

노조는 5월 신설한 비정규제도개혁부장에 부천채권지점 최용진 계약 사원을 선임하고, 서울채권지원팀, 동대문 지점, 부산회원심사, 전주 지점 등에 근무하는 계약직 노동자 등 다섯 명으로 운영진을 구성해 노조 집행 부와 연석회의를 여는 등 채비를 갖춰 나갔다.

그러나 채 몇 달이 되지 않아 최용진 부장이 사임하고, 후임 부장으로 내 정된 계약직 노동자도 계약 기간이 만료되는 등 초반부터 어려움이 따랐다.

반면 계약직 노동자들은 정규직 전환의 단행과 이를 위한 공정한 평가 기준 마련, 복리 후생 제도의 개선 등 시급한 문제 해결을 강력히 요구하고 있었다. 우선 급한 것은 유동성 위기 이후 전면 중단된 정규직 전환을 부활 시키는 일이었다.

노조는 10월에 경영진과 비정규제도개혁대책협의회를 세 차례 열어 정 규직 전환 규모를 내놓을 것을 요구한 끝에 회사는 유동성 위기 후 처음으 로 '재계약 만료자에 대한 대책(안)'을 발표한다.

그 내용을 보면 본사 스태프와 지역 영업 직무의 경우 2004년 11월부터 2005년 10월까지 계약이 만료되는 84명 가운데 5~10퍼센트인 4~8명을 정 규직으로 전환한다는 것이다. 단, 이외는 별도로 채권 회수 캠페인 실적이 우수한 계약직에 대해 정규직 전환을 실시한다는 것이다. 또한 직무별로 심사·상담·DM·통채의 경우 2004년 11월부터 2005년 10월까지 계약 만 료 대상 491명 중 15~20퍼센트인 74~98명에 대해서는 현재의 1년 단위 계 약 방식을 다년 계약 방식으로 고용을 연장한다는 것이다. 이른바 '다년 계약직'을 두는 것인데, 급여는 일단 현 계약직과 같은 체계로 하되 2005년 1분기 안에 다년 계약직 관련 복리 후생 및 급여 체계를 세워 시행한다는 것이다. 당시 회사는 다년 계약직이라는 명칭에 대해 공식 명칭이 아닌 개념 설명일 뿐이며 '1년 단위로 계약을 갱신하며, 계약 기간 만료를 이유로 근로계약 관계를 해지하지 않는다'고 밝혔다.

노조는 계약직 노조원 230여 명을 대상으로 이에 대한 의견을 수렴하는데, 다음 세 가지 중 하나를 선택하는 방식이었다.

첫째, 회사가 제시한 안을 수용한다.

둘째, 계약직 조합원을 노동조합 규약에서 제외하여 별도의 노조 설립을 지원한다.

셋째, 회사가 제시한 안을 먼저 수용한 후 출자 전환 이후 검토한다.

메일과 전화를 통해 의견을 제시한 계약직 조합원은 104명이었다. 회사(안)을 일단 수용하되 경영 상황이 좋아지면 범위를 확대해 나가자는 의견이 60명으로 가장 많았고, 회사안 수용에 반대하며 현 노조 외 별도 조직 구성해서 독자 투쟁을 진행하자는 의견이 27명으로 뒤를 이었다. 회사안을 그대로 수용하자는 의견은 한 명에 그쳤으며 세 가지 모두 반대가 12명, 기타 네 명이었다.

이에 따라 노조는 일단 한시적으로 받아들이되 다년 계약직은 명칭을 당분간 '전문직'으로 통일하고, 전환 규모를 좀 더 확대하는 데 힘을 집중한다.

이에 따라 2005년 임단협에서 정규직 전환 대상 직무 계약 만료자의 10퍼센트를 정규직으로 전환하되 15퍼센트에 대해서 1년 계약을 연장하며, 다년직 전환 대상 직무 계약 만료자의 기존 다년직 전환율을 20퍼센트에서

25퍼센트로 끌어올리고, 25퍼센트에 대해서는 1년 계약을 연장하기로 합의한다.

1년 계약 연장 비율을 추가한 것은 2005년 임단협에서 우리사주 문제 등을 해결하기 위해 특별 성과급을 단계별로 지급하기로 했는데, 우리사주를 청약한 계약직 노동자가 도중에 계약이 만료되어 퇴사할 경우 큰 불이익을 받게 되기 때문이다. 이를 방지하기 위해 2006년 성과급 지급 시기인 2006년 1월까지 잠정적으로 별도의 1년 계약 연장 비율을 합의해 시행하기로 한 것이다.

또한 다년 계약직의 호칭 문제도 노조가 요구한 전문 계약직으로 바꾸고, 전문 계약직 내 연차 상승에 따른 직위 체계를 신설하여 '능력이 탁월한 자'를 대상으로 발탁하여 3년마다 주임(C1)→ 선임(C2) → 책임(C3)으로 진급할 수 있도록 했다. 또한 고정급과 성과급의 테이블 변동 등 보상 체계를 정비하는 등 전문 계약직에 대한 처우도 제도화했다.

임금을 차등 인상하여 정규직보다 높은 인상률을 적용하고 사내 선택적 복지 제도인 카페테리아와 명절 선물, 유류비 지원, 경조금 인상, 단체 상해 보험 가입 등 계약직 복리 후생 제도를 신설하거나 확대 적용했다. 2005년 하반기에는 계약직 퇴직원과 근로계약서 등을 대폭 개선해 불합리하거나 불평등한 조항을 정비했다.

그러나 신설된 전문 계약직의 근로계약서는 전문 계약직의 고용 안정 보장에 대한 노사 간 견해 차이가 커 최종 합의에 이르지 못해, '계약직 신분이지만 고용은 보장되는' 애매한 상태로 해를 넘기게 된다.

유동성 위기가 발생한 후 처음 계약 만료자의 정규직 및 전문직 전환이

표 5 _ 엘지카드 고용 형태별 인력 현황

단위 : 명

구분	정규직			전문 계약직			일반 계약직			파견직			계
	남	여	계	남	여	계	남	여	계	남	여	계	
2004년 말	1,260	1,123	2,383	-	-	-	275	1,192	1,467	467	1,164	1,631	5,481
2005년 말	1,275	1,128	2,403	8	129	137	238	1,395	1,633	64	1,181	1,245	5,418
2006년 말	1,264	1,117	2,381	19	259	278	202	1,281	1,483	95	1,040	1,135	5,277
2007년 말	1,247	1,114	2,361	44	319	363	114	1,268	1,382	87	1,244	1,331	5,437

주 : 2006년 일반 계약직 수가 1,483명으로 다른 통계에 비해 6명 적다.

시작된 2004년 11월부터 2005년 11월까지 1년 동안 계약직의 고용 변동을 보면 정규직 전환 대상 직무의 경우 1년간 계약이 끝난 129명 가운데 17.1퍼센트인 22명이 정규직으로 전환됐고, 12명은 1년간 계약이 연장되었다. 또 전문직 전환 대상 직무에서 일하다가 계약이 끝난 518명 가운데 27.4퍼센트인 142명이 전문 계약직으로 전환됐고, 121명의 계약이 1년 더 연장됐다.

계약직 노조원 3년 만에 2.5배로 늘어

엘지카드가 흑자 전환을 이루고 정상화될 무렵이던 2005년 말 당시 고용 형태별 노동자 분포를 보면 먼저 정규직은 2,403명이었고, 전문 계약직 제도가 신설됨으로써 일반직과 전문직으로 분화된 계약직은 총 1,770명이었다. 여기에 파견직 1,245명을 더해 전체 5,418명이었다. 2004년과 비교해서는 정규직과 파견직이 줄어든 반면 계약직은 오히려 3백 명 이상 늘어났다. 2006년부터는 계약직 중에서도 주로 전문 계약직 규모가 늘어나게 된다.

한편 2006년 1월 그동안 한시적으로 시행되던 계약직 1년 연장 조항이 끝난 가운데 계약이 만료돼 회사를 떠나게 된 노조원 중에는 그동안 우리사주 청약으로 빚을 떠안은 사람도 포함돼 있었다. 2월에 노조는 이들을 위해 전체 노조원들을 대상으로 모금 운동을 펼쳐 퇴사하는 계약직 노조원 18명에게 모두 7천750만 원의 위로금을 지급했다. 계약 해지로 퇴사한 18명 중 우리사주 청약금이 950만 원으로 가장 많았던 노조원은 760만 원이, 27만 원으로 가장 적었던 노조원은 22만 원이 지급되었다.

3월 노사가 도입하기로 합의한 임산부 조기 퇴근제, 출산 축하금, 취학 자녀 축하 선물, 가임 휴직제, 가임 시술비 지원 등 출산 장려 제도와 불편 가족 지원 제도도 계약직에게 동일하게 적용하기로 했다. 4월 전화(콜센터) 직무자 의료비 지원 제도를 시행할 때도 계약직까지 적용을 확대했고, 계약직 관련 사규와 취업규칙을 개정하는 한편, 지난해 노사 합의에 실패한 전문 계약직 근로계약서도 계약 중도 해지 임의 조항을 삭제하고 고용 안정을 명시하는 등 개선하는 데 성공했다.

10월에 마무리된 임금 협상에서는 정규직 임금 인상 재원 중 0.2퍼센트를 계약직 인상분에 반영해 전문직은 7.0퍼센트, 일반직은 6.6퍼센트의 임금 인상을 이뤄 냈다. 특히 귀향 여비, 기념일 보조 신설과 확대, 장애가족 재활 지원금, 자녀 보육비, 부모님 건강 검진 지원, 육아 보조비, 본인 대학 장학금(전문직), 출장비 중 숙박비, 일당 인상, 경조 축의금, 사내 선택적 복지 제도인 카페테리아 제도, 단체 보험 확대 등 노사가 합의한 각종 복리 후생 제도 개선의 결과를 계약직에게도 동일하게 적용함으로써 복리 후생에서도 차별을 겪었던 불합리한 관행을 개선했다.

또한 노조는 시행 시한이 끝난 계약직 1년 연장 제도 부활을 추진해 5월에 노사 합의를 이끌어 낸다. 그 결과 2006년 한 해 동안 계약 기간이 끝난 정규직 전환 대상 직무 종사 일반 계약직 45명 중 11.1퍼센트인 다섯 명이 정규직으로 전환됐고, 여섯 명은 계약 기간이 1년 연장되었다. 전문직 전환 대상 직무자 중에는 계약 만료자 524명의 28.4퍼센트인 149명이 전문직으로 전환됐고, 13명은 계약 기간이 1년 연장되었다.

한편 정규직 전환제 부활, 전문 계약직 제도 도입, 복리 후생 제도 계약직 적용 확대 등 노조 활동이 쌓이면서 계약직 노동자가 노조에 가입하는 추세도 점차 증가했다.

2005년 말에 오면 계약직 노조원 수는 515명으로 늘어 전체 계약직의 29.4퍼센트로, 2006년 말에는 다시 637명으로 늘어 전체 계약직의 36.6퍼센트로 증가한다.

특히 전문직 계약직 제도가 도입된 뒤 2005년 전문직 137명 중 73명 (53.3퍼센트)이, 2006년 278명 중 2백 명(71.9퍼센트)이 각각 노조원으로 가입한 것으로 나타났다. 이는 입사 후 2년 내 퇴직하는 일반 노조원의 노조 가입률이 2005년 19.8퍼센트, 2006년 31.2퍼센트를 기록한 것과 대비되는 것으로, '계약직 신분이지만 고용이 보장된' 전문직의 경우 노조 가입에 훨씬 적극적인 것으로 나타났다.

2007년이 되면 전문 계약직의 노조 가입 비율은 87.6퍼센트로 정규직의 노조 가입률 90.6퍼센트에 육박하게 된다. 이에 따라 2004년 당시 계약직 노조원 수는 307명이었으나 3년 만에 772명으로 불어났다. 전체 노조원

표 6 _ 엘지카드 직군별 노조원 수와 직원 수

단위 : 명

연도	노조원 수				직원 수			
	정규직	전문 계약직	일반 계약직	합계	정규직	전문 계약직	일반 계약직	합계
2004년 말	2,192	-	307	2,499	2,385	-	1,483	3,868
2005년 말	2,223	73	323	2,619	2,403	137	1,633	4,173
2006년 말	2,205	200	464	2,869	2,381	278	1,489	4,148
2007년 말	2,472	338	434	3,244	2,729	386	1,490	4,605

중 계약직 비중도 2004년 12.3퍼센트에서 2005년 15.1퍼센트, 2006년 23.1퍼센트, 2007년 23.8퍼센트로 증가했다. 물론 역으로 전체 노조원 중 4분의 3 이상이 정규직이라는 점 또한 현실이었다.

이 같은 노조의 활동에 따라 계약직 노동자들의 노동조건이 이전에 비해 개선된 것은 틀림없었다. 그러나 개선된 것보다 더 많은 문제가 남아 있었다. 여전히 계약직 노동자의 다수는 고용 불안에 시달렸고, 전문직으로 전환한 노동자들은 노동 강도에 힘겨워 했다.

이 같은 현장의 분위기는 대의원대회에서도 표출되었다. 2006년 6월 17일 대의원대회에서는 정규직과 전문 계약직 전환 확대 등에도 불구하고 계약직 노동자들의 만족도가 높지 않다는 지적과 함께 대의원 긴급 발의로 세 가지 안건이 제출됐는데 그 내용은 다음과 같다. 첫째, 비정규제도개혁국장을 노조의 전임자로 한다. 둘째, 대의원 선출 시 비정규직 할당제(비례대표제)를 운영한다. 셋째, 외부 리서치 업체의 자문을 통해 비정규직 문제의 해법을 모색한다.

그러나 재적 대의원 38명 가운데 10명(26퍼센트)만이 찬성해, 3분의 1이상이 찬성해야 정식 안건으로 상정할 수 있다는 규정에 못 미쳐 다뤄지지 않는다. 이와 관련해서 노조는 사안의 중요성에 비해 갑자기 발의되어 사전에 충분히 공유되지 못했다는 점을 감안하여 운영위원회에서 논의하는 등 비정규직 관련 노조 활동을 강화하는 해법을 더욱 적극 모색하기로 한다.

노조가 한계 안에서도 나름대로 계약직 문제 해결을 꾀하고 조금씩 성과를 내기도 하는 한편으로, 노조 활동에 대한 계약직 노동자들의 불만이 잠복되는 가운데 2007년을 맞이했다. 특히 2007년 7월부터 비정규직보호법이 시행됨에 따라 개별 기업에서도 비정규직 운영 전반을 종합 재검토하게 되고, 이 과정에서 비정규직 노동자들의 권익을 보호하는 일이 중요한 과제로 떠오르게 되었다.

이에 노조는 5월부터 사측과 공동으로 비정규 TFT를 운영하면서 ① 정규직 전환율 15퍼센트로 확대 및 계약직 전원 전문직화, ② 파견직 도입 저지, ③ 전문직 승진급제 도입, ④ 전문직 보직순환제 진행, ⑤ 전문직 평가/급여 체계 조정, ⑥ 1년 단위로 요구하는 전문직 근로계약서를 전환 당시 1회로 변경, ⑦ 비정규직 취업규칙 제정, ⑧ 비정규직법 시행에 따른 위법 요소 차단 및 견제 등을 노조의 활동 목표로 삼았다.

노사는 비정규직보호법 시행일인 7월 1일 이전 6월에 '동종, 유사 업무 종사자에 대한 합리적 이유 없는 차별 금지' 조항에 의거 직무별 세부 운영 방안에 합의, 7월 초 직무별 이동이 이뤄졌다. 이 과정에서 노조는 전문직을 계약직으로 하향 이동하거나 계약 기간 도중에 신분이나 근로조건을 저하하는 일을 차단했다. 또한 기존의 전문 계약직과 일반 계약직을 묶어서 평가하던 것을, 전문직 내 상대평가로 변경하자는 회사의 요구를 백지화하고, 기존 평가제를 당분간 유지하되 추후 논의를 계속해 나가기로 했다.

노조는 신설된 전문직의 성과급 위주 급여 체계가 2005년 당시부터 개인별 성과에 따라 월 105만 원에서 9만 원까지 많은 차이가 나자, 평가급 간 차등 폭을 줄이는 개선책을 모색해 왔다. 그러나 회사가 오히려 이를 더 악화시키고 일반 계약직보다 급여가 줄어드는 문제를 낳는 내용을 제시하자 이를 백지화시키고 추후 검토 과제로 남기게 된 것이다.

또한 전문직과 계약직의 근로계약서를 변화된 상황에 맞게 변경하고, 전문 계약직 정규직화 및 직군제 운영, 전문직 내 별도의 급여 및 승진 체계, 전문직 내 보직 순환제 등을 개선 또는 신설하기로 합의하고 2007년 12월 말까지 시행하는 것으로 합의했다. 다만 그 내용을 추가 협상을 통해 구체화하기로 한다. 전문 계약직은 정규직화하기로 합의했기 때문에 계약 기간의 문제 등은 자동으로 해결되었고, 정규직화라는 합의 정신에 따라 전문 계약직이라는 명칭도 '전문 사원'으로 바로 바뀌었다.

한편 2007년 한 해 동안 일반 계약직 중 정규직 전환 대상 직무 부서 50명 중 일곱 명(14.0퍼센트)이 정규직으로 전환됐고, 여섯 명은 계약이 1년간 연장되었다. 전문직 전환 대상 부서는 506명의 계약 만료자 중 106명(20.9퍼센트)이 전문직으로 전환되었고, 열 명은 계약 기간이 연장되었다.

운영 사원 제도를 도입하다

2007년 10월 1일 통합 카드사가 출범한 뒤 노사는 통합 인사 제도를 만들기 위해 집중 교섭을 벌이게 되는데, 앞서 살펴봤듯이 9월 20일 조합원 총회의 시련도 겪은 마당이라 이 과정에서 계약직 문제 해결을 위한 노조의 활동은 다시 큰 전기를 맞게 된다.

2008년 1월 노사 합의로 타결된 통합 인사 제도에서 비정규직 노동자들의 노동조건에 큰 영향을 미치는 내용은 크게 운영 사원 제도 도입과 이에 따른 직간 전환 제도 폐지, 그리고 복리 후생 제도이다. 복리 후생 제도를 계약직으로까지 확대 적용함으로써 혜택을 보는 노동자들의 범위를 넓힌 성과는 앞에서도 살펴봤다.

여기서는 운영 사원 제도를 짚어 보자. 통합 인사 제도가 도입됨에 따라 2008년 4월 1일자로 455명이 운영 사원으로 인사 발령을 받게 된다. 여기에는 신한카드 인원도 일부 포함되어 있다. 아울러 그간 시행되어 온 정규직 전환과 계약 연장 제도는 폐지되었다. 단, 합의한 일자 이전에 입사한 자는 기존 제도를 적용하고, 기존의 일반 정규직 전환율 10퍼센트를 운영 사원 전환율 20퍼센트로 확대해 적용하기로 했다.

이렇게 해서 정규직 인력 채용을 극도로 꺼렸던 채권단 관리 체제 아래에서 소수의 정규직 전환과 별도로 모색해 왔던 '다년 계약직 → 전문 계약직 → 전문 사원' 제도가 운영 사원 제도라는 종착점에 이르게 된 것이다.

일단 가장 큰 변화는 계약직이라는 비정규직에서 운영 사원이라는 정규직으로 신분이 변했다는 점이다. 따라서 계약직으로서의 고용 불안은 실질적으로나 형식적으로나 모두 해소되었다. 그러나 별도의 직군으로 묶어 임금과 승진 체계를 관리한다는 점에서 일반 정규직과 구분되었다.

임금은 업무 및 실적에 따라 차이가 나므로 일괄적으로 비교하기 어렵지만, 가장 낮은 직급인 주임의 임금 수준을, 일반 정규직 직급 가운데 사원 수준에 맞춰 일반 정규직과 운영 사원 간의 임금 차이를 최소화했다는 것이 노조의 설명이다. 실제로 운영 사원의 급여는 이전에 비해 많이 올랐고, 복리 후생 제도도 대부분 일반 정규직과 운영 사원은 물론 계약직까지 동일하게 적용하므로 차이가 크지 않다는 것이다.

운영 사원의 승진 체계는 '주임 → 전임 → 선임 → 책임'의 네 단계로 이뤄져 있고 4년마다 승진하는 방식이다. '사원 → 대리 → 과장 → 차장 → 부부장 → 부장'으로 이뤄진 일반 정규직의 승진 체계와는 분리되어 있다.

일반 정규직과 운영 사원이 구분되는 출발점은 회사가 정하는 직무다. 운영 사원으로 인사 발령을 받은 사람들은 회사가 정하는 특정 직무, 즉 신용보호팀·콜센터·발급센터·DM센터·VIP센터·모니터링 등 6대 직무를 담당하는 숙련된 여성 노동자들이 대부분이다.

이들 6대 운영 직무에 대해서는 일반 정규직과 구분되는 폐쇄된 별도의 직군제를 둠으로써, 실적에 따라서는 임금 수준도 높여 주고 자체 승진도 시키겠지만 일반 정규직 직무로 이동은 제한한 것이다.

2007년 비정규직보호법 시행을 앞두고 동일 직종 차별 금지 조항을 피해 가기 위해 기업별로 시행된 조치는 ① 해당 비정규직 노동자 계약 해지, ② 해당 업무의 외주화, ③ 별도의 폐쇄된 분리 직군제 도입을 통한 정규직화, ④ 하위 직급을 신설해 정규직화, ⑤ 기존 정규직 체계에 그대로 통합되는 정규직화 등의 다섯 가지 유형으로 나뉜다.

엘지카드 운영 사원 제도는 이 가운데 우리은행 등 금융권이 채택한, 별도의 폐쇄된 분리 직군제 도입을 통한 정규직화 방안과 맥락을 같이 한다.

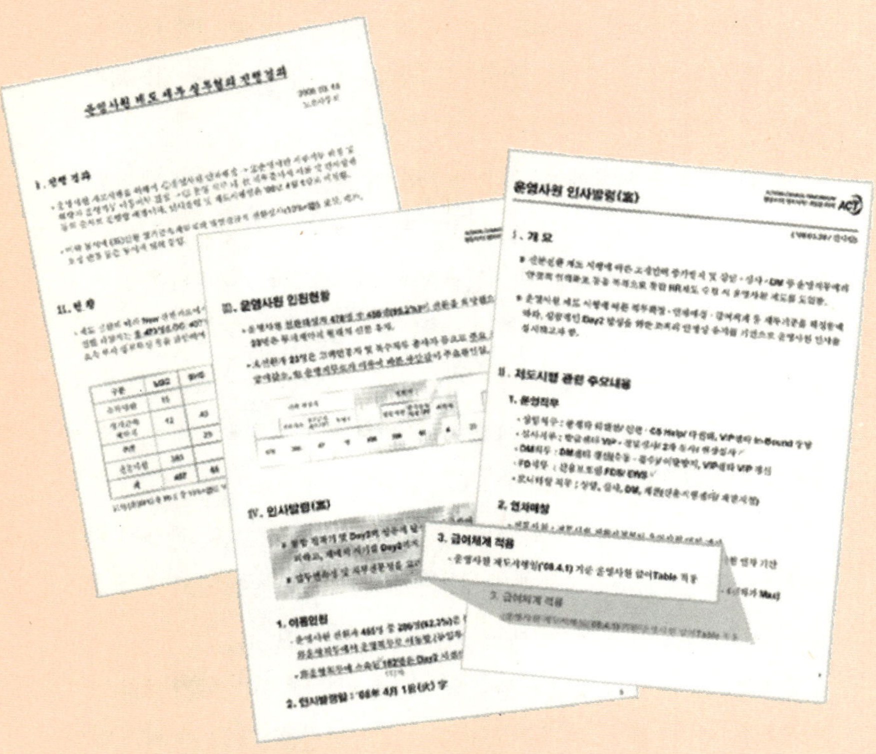

운영 사원 제도는 일정 조건을 충족하는 계약직을 정규직으로 전환하기 위해 도입한 제도다. 그런데 운영 사원은 비정규직의 고용 불안을 해소했고 정규직과 똑같은 복리 후생을 적용받는 반면, 일반 정규직과는 별도의 직군으로 묶여 정규직과는 다른 임금 체계와 승진 체계가 적용된다. 사진은 운영 사원 인사 발령 문서.

우리은행 방식은 당시 고용은 평생 보장되는 반면 기존 정규직과는 다른 임금과 승진 체계로 관리하는 직군제를 도입함으로써 차별이 여전한 '중규직'을 신설한 것 아니냐는 평가가 뒤따랐다.

실제로 엘지카드 노조는 일단 정규직화해서 하위 직급으로 편입시킨 후 일정 기간이 지나면 정규직과 동일한 임금과 승진 경로를 따라가는 방식과, 별도의 분리 직군제를 도입하는 방식을 놓고 내부 검토를 거듭했고 경영진과도 씨름을 계속해 왔다. 하지만 경영진의 입장은 '탱크 모는 일에 뽑은 사람을 전투기 조종사로 쓸 수 없다'는 식으로 별도 직군제 도입 방침을 완강하게 고집해, 정규직화하고 임금과 복리 후생의 수준을 높이는 대신 별도 직군제를 도입하는 것으로 타협이 된 것이다.

한편 운영 사원 제도 도입에 따라 발생하는 문제들도 당장 해결해야 할 과제로 떠올랐다. 특히 운영 사원이 많은 콜센터의 경우 신입 계약직 외에 일반 계약직과 운영 사원의 하루 평균 통화량이 170~200통에 달해 휴식 시간이나 중식 시간도 없이 평균 2분40초에 한 통씩의 전화를 해결해야 하는 상황이어서 노동 강도가 심각한 수준이었다. 더구나 2008년 들어 노조는 법에 보장된 생리휴가도 제대로 사용하지 못하는 여성 노동자들의 기본권을 보장하기 위해 생리휴가 사용 확대 운동을 벌이게 되는데, 이는 안정된 인력 운용이 뒷받침되어야 가능한 일이었다.

노조는 이 문제를 해결하기 위해, 숙련된 콜센터 인력을 안정적으로 확보할 수 있도록 운영 사원 전환율을 20퍼센트에서 35퍼센트로 추가 확대할 것을 요구한다. 4월 1일 운영 사원 제도가 시행된 뒤부터 10월까지 운영 사원 전환자는 계약 만료 대상자 355명 가운데 21퍼센트인 74명이었다. 계약 연장 제도도 폐지됐으니 79퍼센트의 숙련된 노동자는 모두 퇴사하고 신규 인력이 채용되었기 때문에 운영 사원들의 노동 강도가 강화될 수밖에 없었다.

한편 운영 사원 제도가 완전히 정착된 2008년 10월 현재 운영 사원은 516명이다. 이 가운데 91.9퍼센트인 474명이 노조에 가입해 일반 정규직의 노조 가입률과 똑같았다. 반면 계약직의 노조 가입률은 24.2퍼센트였다.

어쨌든 계약직 노동자와 함께한 5년의 엘지카드 노동조합 활동은 노조원의 고용 형태가 '정규직/계약직' → '정규직/전문＋일반 계약직' → '일반＋운영 정규직/계약직'으로 변화함에 따라 새로운 전기를 맞게 된다. 이 과정에서 지난 5년간 노조 활동 내부에 존재했던 비정규직 문제 해결을 둘러싼 긴장도 노조 활동의 또 다른 자극제이자 활력소가 되면서 계속될 것이다.

그렇다면 엘지카드에서 일하는 계약직 노동자들은 엘지카드 노동조합의 활동을 어떻게 평가했을까. 또한 우여곡절 끝에 도입된 운영 사원 제도에 대해서는 어떤 생각을 품고 있을까. 이런 궁금증을 풀기 위해 계약직 노동자들과 계약직으로 일하다 운영 사원으로 전환된 노동자들이 많이 일하는 콜센터 근무자들과 좌담회를 열었다. 좌담회 내용은 뒷편에 실려 있으니 참고하기 바란다.

통합 노조 출범 그리고 새로운 출발

노조 통합 협상 시작

2008년 들어 통합 인사 제도까지 타결하고 2월에 대의원과 지회장 선출을 마친 후 3월 6일 열린 정기 대의원대회에서 노조는 신한카드 지속 성장 및 강건한 노사 관계, 현장 조직력 강화, 노조 통합과 인사 제도 세부 사항 정비 등 뉴신한카드(인) 일체감 조성 등을 핵심 과제로 삼았다.

현실적인 과제로는 우선 한 회사에 존재하는 두 노조, 즉 '엘지카드 노동조합'과 '금융노조 신한카드지부'의 통합 문제가 다가와 있었는데, 이를 위해 두 노조는 통합 인사 제도에 이어 임단협 공동 교섭을 모색하게 된다.

한편 노조는 4월 18일 대구 지역을 시작으로 5월 22일 고객 만족 센터까지 집행부가 현장을 방문해 노조원들과 임금 협상 등 현안을 공유하고 집행부와 현장 조합원 간의 소통 수준을 한 단계 높이기 위해 힘쓴다. 현장 방문은 한 달 넘게 계속됐는데, 대의원 구역 41개 지구 중 39개 지구를 방문했다.

전국 각지에 지점 및 센터 등이 흩어져 있는 카드 회사의 특성상 집행부의 현장 방문은 노조의 가장 중요한 사업 중 하나이다. 사진은 서울 콜센터에서 개최된 2008년 상반기 현장 방문 장면.

4월 22일부터 시작된 임금 교섭의 경우 두 노조 간 내부 검토와 의사 결정 과정에 시간이 걸린 탓에 각각 진행하다가, 6월 4일 두 노조가 공동 성명서를 발표하고 공동 교섭을 시작했다. 임금 교섭은 막바지인 7월 1일 11차 교섭을 앞두고 노조가 투쟁 지침 1호를 발표하는 등 긴장이 높아지기도 했으나, 사측이 이날 최종안을 제시함으로써 합의에 이르게 돼 7월 4일 타결되었다.

임금은 총 연봉 기준으로 일반 정규직은 4.0퍼센트, 운영 사원 등 기타 정규직은 4.5퍼센트, 계약직은 5.0퍼센트를 각각 인상했다. 복리 후생 제도로 개인연금인 사원복지연금제도를 신설했는데, 지원 대상은 정규직으로 하며 매월 통상임금 기준 3퍼센트를 불입하기로 했다. 또 2007년 말 기준 최고 월 기본급의 6백 퍼센트 수준에서 경영 성과급을 지급하기로 했는데, 아직 남아 있는 우리사주 대출금 잔액 보유자들의 경우 일정액을 대출금을 갚는 데 쓰기로 했다.

두 노조는 임금 교섭이 최종 마무리된 7월 4일 '노동조합 통합 추진에 관한 합의서'를 체결해 조속한 시일 내에 통합추진위원회를 구성하고 본격적인 준비에 착수하기로 했다. 또 임금 협상을 공동 교섭으로 타결한 두 노조는 7월 7일 조합원의 날을 공동으로 진행한다. 이 자리에서는 임금 교섭 타결 내용을 상세하게 공유하고 타결 축하 통닭 잔치까지 함께 이뤄졌다.

한편 노조 통합추진위원회는 두 노조 위원장을 공동 위원장으로 하고 각각 두 명씩의 실무 위원을 추가하여 8월 19일부터 논의를 시작한다.

2008년 단협 갱신과 성과급의 제도화 협상

한편 노조는 상반기 임금 협상에 이어 하반기에 단체협약을 갱신하기 위한 노사 단체교섭을 벌인다. 단체협약 중 노조 활동이나 복리 후생 제도 등은 그동안 갱신 과정과 통합 인사 제도 제정 과정에서 대부분 정비된 만큼 이번에는 통합 이후 예상되는 일부 부서의 도급화와 아웃소싱과 관련해 고용 안정을 확보하는 문제가 주된 과제가 됐다. 아울러 그간 노사 간 논의되어 온 성과급의 제도화 문제도 매듭지어야 했다.

이미 2008년 초 사측은 기업 리스 사업을 신한캐피탈로 영업 양도했는데, 노조는 출범 이후 첫 분사 사례인 점을 감안해 노사 간에 체결된 고용 안정 보장 조항을 근거로 노사협의와 해당 직원 20명에 대한 개별 면담 등을 진행했다. 그 결과 11명은 본인 의사를 고려해 엘지카드에 잔류해 타 부서로 이동 배치했고, 아홉 명은 신한캐피탈로 전적하되 근로계약서에 고용 보장 문구를 넣도록 했다.

또한 회사는 3월부터 장기 연체 채권 회수 업무인 상각 채권의 아웃소싱을 추진했고, 하반기부터는 콜센터와 DM센터 도급화 계획을 추진하기 시작했다. 특히 콜/DM센터는 10월 현재 일반 정규직 227명, 운영 사원 257명, 계약직 529명, 파견직 2,015명 등 총 3,028명이 근무하고 있고 노조원도 상당히 많이 포함되어 있는 부서이다.

이에 노조는 회사의 아웃소싱과 도급화 계획에 대한 현장 의견 수렴, 노사협의 등을 통해 대응책을 마련하는 한편, 단협 갱신의 주요 목표를 도급화나 아웃소싱 등과 관련한 근로조건 및 고용 안정을 확보하기 위한 제도적 장치를 좀 더 확고히 하는 것에 두게 된다.

한편 2008년 하반기 들어 미국발 금융 위기의 악영향이 가시화되자 노조는 노조 통합 이전에 단협과 성과급 제도화 협상을 마무리해 노조 통합과 일괄 처리함으로써 금융 위기의 악영향을 차단하고, 통합 노조의 기치 아래 아웃소싱/도급화 확대 등 현안 이슈에 집중하는 것이 효율적이라는 판단을 내린다. 이에 따라 한편으로는 금융노조 신한카드지부와 노조 통합협상을, 다른 한편으로 사측과 단협 및 성과급 제도화 협상을 동시에 진행한다.

10월 30일부터 진행된 단협 갱신 협상에서 노사 양측은 모두 21개 의제를 개정하자고 주장했으나, 11월 4일 아홉 개로 축소한 뒤 다시 19일 10차 교섭에서는 노조 통합 관련 의제와 아웃소싱만을 반영하고, 현 단협의 유효기간을 2009년 5월로 하는 안에 잠정 합의했다. 이에 따라 고용 안정과 관련해서는 '회사는 분할·합병·양도·아웃소싱 시 해당 직원의 고용·단협·노조의 승계를 보장하며 60일 전에 그 계획을 노조에 설명하고 직원의 신분 변동이나 근로조건에 관하여는 사전에 조합과 합의하여야 한다'는 내용의 노사 합의가 이뤄졌다.

이 내용은 이미 채권단 관리 체제 당시 엘지카드 노사가 2007년 4월에 체결한 '지속 성장 및 고용 안정을 위한 노사 합의서' 내용을 단체협약에 반영함으로써, 신한금융지주로 대주주가 변경된 상황에서도 노조가 요구했던 강력한 수준의 고용 안정 조항이 유지된 것이다.

경영 성과급의 제도화와 관련한 협상도 동시에 진행되었는데, 크게 ① 지급 재원율, ② 목표 달성률에 따른 재원 도출, ③ 이익경비율에 따른 최종 재원 도출, ④ 현금 대 주식(ESOP) 배분, ⑤ 평가에 따른 차등 지급 등 다섯 가지를 놓고 의견 차이를 좁힌 끝에 19일 잠정 합의에 이르렀다.

통합 노조의 출범

한편 8월에 통합추진위를 구성한 두 노조는 10월 초까지 매주 두 차례씩 열 차례 공식 실무 회의를 열었고, 10~11일 1박 2일 동안 두 노조의 상집, 중집 간부들이 참여하는 특별 워크숍을 진행했다. 10월 23~24일에는 실무 위원들이 합숙을 하며 통합 방식, 집행부 구성 방식, 대의원회/운영위원회 등 의결 기구 구성 방식, 통합 시기 등 핵심 사안에 대해 의견을 조율해 일부 사항은 의견을 접근시켰다.

아직 합의되지 않은 사안들은 합숙 이후 통합 추진 위원들의 논의를 거쳐 마침내 11월 11일 잠정 합의에 이르렀다. 엘지카드 노조는 11월 11일 조합원의 날 노조원들과 내용을 공유했고, 노조 통합안은 11월 20일 대의원대회를 통과했으며, 금융노조 신한카드지부도 임시총회에서 통과되었다. 노사가 잠정 합의한 단협 갱신안과 성과급 제도화도 대의원대회를 통과해 노사 체결식을 마쳤다.

이렇게 해서 11월 24일 두 노조 위원장이 최종 합의서에 서명함으로써 통합 논의가 일단락됐다. 두 노조의 통합에 관한 합의서 전문은 다음과 같다.

〈노동조합 통합에 관한 합의서〉

엘지카드 노동조합과 전국금융산업노동조합 신한카드지부는 One Company, One System, One Culture 구현 및 강력한 단일 노동조합 건설을 통한 조합원의 권익 증진을 위하여 노동조합 통합에 아래와 같이 합의한다.

1. 양 노동조합은 2008년 12월 1일자로 통합한다.
2. 통합노동조합은 엘지카드 노동조합과 전국금융산업노동조합 신한카드지부의 역사와 전통을 계승한다.
• 통합 노동조합의 명칭은 "전국사무금융노동조합연맹 신한카드 노동조합"으로 한다.
• 노동조합의 통합 방식은 법률적으로 엘지카드 노동조합이 전국금융산업노동조합 신한카드지부를 포괄 합병하는 방식으로 하며, 통합 노동조합의 운영에 관한 사항은 엘지카드 노동조합 규약에 따른다.
• 통합 노동조합은 단체협약 등 엘지카드 노동조합에서 사용자와 체결한 각종 합의 사항을 동일한 내용으로 자동 승계한다.
• 양 노동조합의 일반회계 및 특별회계는 2008년 11월 30일까지 결산하여 12월 1일에 통합 노동조합으로 이월·통합하기로 한다.
3. 통합 노동조합의 1기 집행부는 양 조합의 개별 이해관계를 지양하고, 강건한 노동조합을 구축하기 위하여 현재 양 조합의 집행부를 수평 통합하는 방식으로 구성한다.
• 통합 1기 집행부 임기는 양 조합 집행부의 임기 중 선 도래하는 임기(2009년 10월 26일)까지로 한다.
• 통합 노동조합은 "공동위원장 체제"로 운영하되, 대표 위원장은 엘지카드 노동조합으로 한다. 대표 위원장은 대내외적 대표성 및 의사 결정 권한을 가진다. 단, 조합 업무 등 제반 운영 사항에 대하여 공동 위원장 간에 성실히 협의하여 결정함을 원칙으로 한다.
• 현재 각 집행부 전임자의 지위 및 직함은 통합 1기 집행부에서 기존과 동일하게 유지한다.

(위) 통합 노동조합 출범식을 축하하기 위해 모인 통합 노동조합 간부들.
(왼쪽 아래) 통합 '신한카드 노동조합' 출범 기념식에서 중앙 문화대 '이루리'의 축하 공연.
(오른쪽 아래) 황원섭 구엘지카드 노동조합 위원장과 정동수 구신한카드지부 위원장이 새로운 통합 신한카드 노동조합 깃발을 힘차게 흔들고 있다.

- 회계 감사 및 비전임 국/부장의 지위는 통합 1기 집행부에서 기존과 동일하게 유지한다. 단, 전국금융산업노동조합 신한카드지부의 부장은 국장으로 호칭하며, 담당 업무가 중복되는 경우 1, 2국 형태로 운영함을 원칙으로 한다.
- 양 조합의 대의원회는 2009년 대의원 선출 시까지는 기존과 동일하게 유지하며, 2009년 대의원 선출은 통합 조직에 의거하여 각 지구별로 실시하되, 현재 양 조합의 대의원 수 비율(41:25)을 유지할 수 있도록 별도의 추가 선출을 실시할 수 있다.
- 총회(대의원회) 다음의 의결 기구인 운영위원회는 2010년 정기 대의원대회에서 신임 운영위원회를 구성할 때까지 그 모든 권한과 의무를 대의원회에서 갖는다.
4. 통합노동조합은 전 직원의 화학적 통합, 근로조건 개선, 사기 진작 등을 위하여 적극 노력한다.

통합은 엘지카드 노동조합에 금융노조 신한카드지부가 합병되는 포괄 통합 방식으로 진행됐고, 이에 따라 규약과 단체협약 등 노사 합의 사항, 노조의 상급 단체(민주노총)도 엘지카드 노조의 기존 성과를 승계했다.

노조 명칭은 법인명이 신한카드이므로 신한카드 노동조합으로 하는 것이 가장 바람직하다는 결론을 내렸으며, 1기 집행부 운영과 관련해서는 두 노조의 원만한 통합을 위해 현실 사정을 충분히 감안해 결정했다.

12월 1일 서울 중구 충무로 포스트타워에서는 양 노조 대의원과 내·외빈이 참석한 가운데 통합 노동조합 출범식이 열렸고, 이어 통합대의원 워크숍이 진행되었다.

유난히 추웠던 그해 겨울 2004년 2월 14일 엘지카드 노동조합이 새 노조로 출범한 이래 1,751일 만에 더 크고 더 넓은 신한카드 노동조합으로 거듭나는 순간이었다.

엘지카드 노동조합 활동 5년을 들여다보면 독특한 구석이 한두 가지가 아니다.
지회장(단)제도와 조합원의 날 사업은 다른 곳에서 사례를
찾기 힘들 만큼 노동조합 일상 활동의 전형이 될 만하다.
최근 워낙 빠르게 증가하고 있는데도 대부분 비정규직인 데다 노조도 없어
그 실상이 알려지지 않고 있는 콜센터 노동자들의 목소리를
생생하게 들을 수 있는 곳도 엘지카드 노조다.
노동조합이 생활 속에서 벌인 다양한 활동 사례는 잘 발전시키면
훌륭하게 성장할 미완의 기대주다.
하나씩 생생하게 살펴본다.

처음 노동조합이 생겼을 때 전 계약 사원이었습니다.
계약 사원인 저도 노조에 가입할 수 있다는 것이 신기하기도 했고,
        '조합원의 날' 한 시간이 마냥 휴식인 듯 너무나 달콤했더랍니다.
노동조합에서 무슨 일을 하는 건지도 몰랐고, 오히려 두렵기까지 했습니다.
지금 생각하면 너무나 바보 같은 생각이었지만요.
지회장이 되어 첫 대의원대회를 갔던 때가 생각납니다. 그 많은 대의원과 지회장이
        한목소리를 내며 투쟁가를 부르고 투쟁 구호를 외칠 때, 왜 그런지 모르지만,
얼굴이 붉게 달아오르고 가슴이 터질 것만 같았습니다.
아마도 우리가 하나가 되었다는 것을 몸으로 느꼈기 때문이겠지요.
지금은 운영 사원이 되어 회사를 다니고 있습니다. 물론 제가 열심히 일해서
        이 자리에 왔을 수도 있지만, 노동조합이 아니었으면 아마 계약 만료로 다른 직장을
전전하고 있었을지도 모릅니다. 이렇게 안정적인 제 모습은 상상조차 할 수 없었겠지요.
엘지카드 노동조합은 제 마음속에 오랫동안 남을 소중한 추억이 될 것 같습니다.

'가랑비에 옷 젖듯이' 5년간 꾸준하게
– '조합원의 날' 운영과 진화 과정

2004년 출범 첫해부터 5년 동안 계속된 엘지카드 노동조합의 조직 강화 활동은 다른 노동조합에서는 보기 드문 엘지카드 노동조합만의 독특한 특성으로 자리 잡게 된다.

그 가운데서도 '조합원의 날'을 만들고 꾸준히 활동해 온 사례는 어느 노조에서도 보기 드문 일상 활동의 전형일 뿐만 아니라 노조의 조직력을 크게 강화해 준 활동 사례다. 여기서는 '조합원의 날'과 짝을 이루는 지회장(단) 제도의 도입 과정에 대해서 간단히 살펴보고 지회장(단)의 주도로 시작된 '조합원의 날'의 운영 방식과 발전 과정을 자세히 살펴본다.

지회장(단) 제도를 두다

새 노조가 출범한 지 두 달 만인 2004년 4월 9일, 노동조합은 과천에서 첫 임시 대의원대회를 여는데, 이때 중요한 두 가지 결정을 내린다.

먼저 노동조합 상급 단체를 한국노총에서 민주노총으로 변경하기로 했다. 이 문제는 새 노조가 출범할 때부터 대의원들이 '새로운 엘지카드 노조가 한국노총에 소속되어 있는 것은 맞지 않다'는 의견을 내놓았다. 앞으로 노동조합이 강력한 투쟁을 벌여 나가야 하는데, 그러려면 한국노총이 아니라 잘 싸우는 민주노총이어야 한다는 것이었다.

집행부는 대의원들의 의견을 받아들여 이를 첫 대의원대회에 안건으로 상정했고, 참석 대의원 31명은 전원이 찬성했다.

또 다른 중요한 결정은 노조 규약에 지회장(단)을 두도록 한 것이었다.

엘지노조는 조합원 수가 2천5백 명이 넘는 덩치 큰 노조인 데다, 전국 각지에 지점을 두고 있기 때문에 노조원들이 1백여 곳에 흩어져 일하고 있었다. 그러나 노동조합 조직에는 상임집행위원회(임원과 상집 10개 부서 부장으로 구성)와 운영위원회(임원과 대의원 10명으로 구성), 그리고 37명의 대의원이 전부였다. 상근 간부 네 명이 발바닥에 땀이 나도록 뛰고 비상근 간부와 대의원들이 최선을 다해도 역부족이었다.

특히 현장 노조원의 의견을 수렴해 노조 활동에 반영하고, 노조 집행부의 지침을 조합원에게 전달하는 허리 역할을 맡기에 37명의 대의원은 턱없이 부족했다. 한 대의원이 노조원 70명을 대표하는 격이지만, 한 곳에 모여 일하는 직장과 달리 전국에 흩어져 일하기 때문에 이 상태로는 노조 활동을 힘 있게 전개하기가 어려울 수밖에 없었다.

자연스럽게 조직의 원활한 소통과 단결을 위해 대의원 밑에 또 다른 조직 체계가 필요하다는 의견이 나왔고, 몇 차례 논의를 거쳐 마련한 것이 바

지회장(단) 제도는 37명의 대의원으로는 전국 1백여 곳에 흩어져서 일하는 노조원 2천5백 명과 원활하게 소통하고 단결하기 어렵다는 판단에 따라 신설한 것으로, 초대 지회장(단)은 노조원 15명당 한 명꼴로 137명을 뽑았다.

로 지회장(단) 제도다. 이날 대의원대회에서 97퍼센트 찬성으로 통과된 지
회장(단) 제도의 구성과 선출, 임기와 기능은 다음과 같다.

〈엘지카드 노동조합 규약 제4절 지회장〉

● 구성
지회장(단)은 해당 지회(부서) 조합원이 선출한 지회장으로 구성됨

● 선출 기준 및 방법
① 본사 부서는 팀당 1명, 지방 및 상담 부서는 지역별·인원별 비중에 따라 지점(영
　업소) 및 센터 당 약 15명에 1명씩 선출한다.
② 지회장 선출은 ①항의 기준에 의한 선거 구역을 정하여 해당 조합원의 직접·비밀·
　무기명 투표로 선출한다.
③ 지회장 선출은 선거일 7일 전에 공고한다.
④ 기타 지회장 선출에 관한 자세한 사항은 운영위원회에서 결정한다.

● 임기
① 지회장 임기는 선출된 날로부터 1년으로 하며 보궐 시 즉시 보궐선거를 한다.
　단, 보선된 지회장의 임기는 전임자의 잔임 기간으로 한다.
② 회사의 조직 개편 및 인원의 증가로 지회장의 추가 선출이 필요한 경우 운영위원
　회의 승인을 얻은 후에 지회장 선출 기준에 의해 즉시 선출한다.

● 기능
① 조합과 관련된 사항을 조합원에게 전달(대의원과 조합원의 가교 역할)
② 조합원 경조사 사무국 통보 및 경조사 지원 활동
③ 조합원 교육 자료 배포 및 교육 실시
④ 조합원의 날 행사 진행

⑤ 비상연락망 가동 및 조합원 애로 사항 접수
⑥ 노동조합 소식지 지회 기자 활동
⑦ 노동조합 관련 청문관 활동
⑧ 기타 운영위원회에서 승인한 활동

대의원대회의 결정에 따라 4월 19일 각 지회별로 지회장을 뽑기 위한 직접·비밀·무기명 투표가 실시되었다. 노동조합의 『2004년 활동 보고』에 따르면 이렇게 뽑힌 2004년 지회장단은 총 137명에 달한다. 대의원 선거 구역 기준으로 1지구인 강남 지점은 두 명이지만, 3지구인 서울채권 지점은 무려 열 명에 달한다. 이처럼 노조원이 많은 곳은 많이, 적은 곳은 적게 15명당 한 명꼴로 지회장을 뽑은 것이다.

이렇게 시작된 지회장 제도는 5년 동안 엘지카드 노조의 조합 활동에서 큰 기둥으로 성장해 간다. 지회장 선거에 대한 노조원들의 관심도 상당히 높은 편이다. 전체의 3분의 1은 선뜻 나서는 사람이 없어 '이번에는 네가 해라' 하는 식으로 합의 추대했지만, 3분의 1은 스스로 나서서 선거에 출마했으며, 나머지 3분의 1은 서로 하겠다고 나서서 경선을 하게 되었는데 경쟁률이 4 대 1은 보통이고 최고 7 대 1인 경우도 있었다.

노조원들이 이처럼 노조 활동에 높은 관심과 참여 열기를 보여 준 것은 노조 결성 자체에 대한 지지와 참여가 높았던 데다, 새 경영진이 온 뒤에도 위기가 계속되었기 때문이다. 이런 상황에서 노조의 일거수일투족이 직원들의 권익은 물론이고 회사의 앞날에도 큰 영향을 끼칠 것이라는 점도 중요했다. 아울러 채권단 관리 체제에서는, 일선에서 회사의 통제를 실행해야 할 부서장들이 고용 불안을 겪고 있었다는 점도 빼놓을 수 없다.

한편 노동계에서 보통 지회장은 산별노조의 기초 조직 단위인 데 비해, 엘지카드의 경우 기업별노조의 일선 현장 조직이란 점에서 구별된다. 어쨌든 다른 노조 활동에서는 찾아보기 쉽지 않은 독특한 노조 조직 활동 유형으로 평가할 만하다. 굳이 비교한다면 1988년 대우조선 노동조합에서 15명 단위로 선출한 소위원회제도와 비슷한 셈이다.

필자는 인터뷰에서 "대우조선 노조의 소위원회 제도를 아느냐"고 물었다. "처음 들어본다. 지회장 제도는 어디서 배운 게 아니라 노조 활동 잘하려고 우리 식대로 하다 만든 제도다." 노조 간부의 대답이다.

"통닭 시킬까, 피자 시킬까?"에서 '쟁반 노래방'까지

엘지카드 노동조합의 이 같은 '우리 식대로' 활동은 '조합원의 날' 제도라는 독특한 사업에서 절정을 이룬다.

조합원의 날이란 매월 둘째/넷째 수요일에 한 시간 먼저 업무를 끝내고 지회별로 자체 모임을 여는 제도다. 이 모임에서는 노조 집행부가 정한 안건이나 자체적으로 정한 주제를 놓고 의견을 나누거나 노동가요 배우기, 영화 관람, 체육 행사 등 다양한 문화 활동을 한다.

첫 조합원의 날(2004년 6월 9일) 시행을 앞두고 노동조합은 2004년 6월 1일 노동조합 소식지를 통해 '조합원의 날' 운영 방법을 다음과 같이 안내한다.

〈'조합원의 날' 실시와 운영 방법 안내〉

노동조합에서는 "뉴 스타트(New-Start) 운동"의 일환으로 매월 2회, 둘째·넷째 수요일을 '조합원의 날'로 정하여 아래와 같이 실시하고자 합니다.

1. 실시 목적
첫째, 조합원의 친목과 단결을 강화하여 자주적인 조합 운영의 틀을 마련함.
둘째, 조합원의 단결된 힘과 잠재력을 보여 줌으로써 조합의 결속력을 강화하고 조합원 개개인 모두 회사의 주인으로서 뉴 스타트 운동의 주역임을 확인함.

2. 실시 내용
"분임 토의" "조합원 교육" "봉사 활동" "문화 활동" 등.

3. 운영 원칙
첫째, 매월 초 각 지구 대의원·지회장에게 '조합원의 날' 행사 지침 안내
둘째, '조합원의 날' 시행 일자와 시간 준수
  • 매월 둘째·넷째 수요일 오후 5시까지 업무 종료 후 한 시간 정도 '조합원의 날' 행사 자체 진행 후 전원 퇴근
  • 조합 차원의 뉴 스타트 운동이므로 대의원·지회장 주체로 진행
셋째, '조합원의 날' 행사 내용 공유
  • '조합원의 날' 행사 시행 후 '조합원 게시판'을 통해 내용 공유
  • '조합원의 날' 조기 정착을 위해 노사 합동으로 전사적인 모니터링 예정.

6월 8일 노조 소식지를 보면 분임 토의 주제로 "노동조합 일상 활동과 조합원 참여 방법"을 정하고, 구체적으로는 '조합원의 날' 운영 방법과 조합원의 단결력 강화를 위한 바람직한 지회 운영 방법에 대해 많은 의견을 나눠 달라고 당부했다. 그리고 분임 토의 후 인트라넷 '분임 토의방'에 각 지

구의 토론 결과를 게시하여 전 조합원이 공유할 수 있도록 하고 그 내용을 집행부의 의사 결정과 활동에 적극 반영하겠다고 밝혔다.

6월 16일 노조 소식지를 보면, 첫 번째 조합원의 날 진행 결과에 대해 '다소 미흡하지만 활발한 분임 토의가 성공적으로 진행되었다'고 평가하고, 조합원의 날 운영 방법에 대해서는 ① 전 조합원의 노동조합 소식 공유, ② 친목과 단결력 강화를 위한 문화 활동(민중가요 배우기, 영화 관람, 체육대회 등)을 하자는 의견이 공통으로 제시되었다고 밝히고 있다.

이에 따라 두 번째 조합원의 날인 6월 23일에는 앞서 운영 방안을 정한 지회는 그에 따라 진행하되, 정하지 못한 지회는 ① 조합원 게시판에 게시된 민중가요 두 곡을 자체 선정하여 '쟁반 노래방 진행', ② 최근 노동조합 게시판 내용 공유, ③ 우리사주 조합 임시총회 소집 요구서 작성 및 제반 현황 안내, ④ '주5일 근무' 및 '조합원의 날 행사' 조기 정착을 위한 업무 효율성 향상 방안을 주제로 진행하도록 했다.

노조 소식지를 보면 조합원의 날은 2004년 회사가 경영 정상화 프로그램으로 추진하는 뉴 스타트 운동의 일환으로 시작한 모양새를 띠고 있다. 당시 회사는 한 시간 일찍 출근하기 및 관리자 휴일 근무 등 뉴 스타트 운동을 추진했고, 노조는 가장 큰 현안이었던 고용 안정에 대한 약속을 받아 내는 대신 '더 큰 목적을 위해' 노조가 주체적으로 경영 정상화에 나선다는 뜻에서 경영이 정상화될 때까지 한시적으로 자율적인 방식으로 참여하기로 했다. 그 결과 노조원들의 노동 강도가 강화됐고 원망과 불만의 목소리가 커졌다. 그러나 당시 상황에서 노조는 이 같은 선택이 불가피하다고 판단하고 조합원의 원성과 원망의 회초리를 달게 받고 설득해 나가겠다는 입장이었다.

어쨌든 이 과정에서 노동조합은 회사에 '뉴 스타트 운동의 일환'으로 월 2회 조합원의 날을 실시할 것을 요구해 회사의 동의를 받아 냈다. 회사는 회사 나름의 계산으로 뉴 스타트 운동을 추진했고 조합원의 날도 나름의 판단으로 동의했지만, 노조는 노조 나름의 판단과 타산으로 그 흐름을 타면서 조합원의 날 사업을 관철시킨 것이었다. 그러나 노조가 조합원의 날을 노조 활동 목적에 맞게 정확히 운영함으로써 이는 노조 활동의 중요한 영역으로 자리 잡기 시작한다.

노동조합의 정보가 가장 빠르고 정확하다

노조는 당시에 어떤 생각으로 조합원의 날 행사를 기획했을까? 황원섭 노조 위원장의 말을 직접 들어 보자.

"당시에 노조원들이 굉장히 힘들어 했어요. 회사의 운명이 불투명한 상황에서 조기 출근까지 하게 되니 원망도 심했죠. 제가 박해춘 사장을 만나 조합원의 날 사업을 시작하겠다고 하면서 이렇게 설득했어요. 날밤 새고 일할 땐 일하더라도 한 달에 두 번은 제시간에 퇴근해서 한숨 돌리게 해야 될 거 아니냐고 말이죠."

어느 직장이나 비슷하겠지만 9시 출근에 6시 퇴근이 정해져 있다 해도 먼저 출근하고 늦게 퇴근하는 게 다반사였다. 하물며 회사가 위기 상황이었으니 6시 정시에 퇴근하는 분위기는 만들어질 수 없었다.

그러나 조합원의 날이 되면 모든 노조원은 일단 5시에 업무를 끝내고 지회별로 15명씩 한 시간 모임을 한 후 6시에 집단으로 퇴근할 수 있었다. 아니 정확히 말하면 이날만큼은 노조가 앞장서서 퇴근시켰다. 한 달에 두 번은 홀가분하게 정시에 퇴근하는 것이다.

다시 황 위원장의 말을 들어 보자.

"당시 노조원들을 괴롭히는 문제가 또 하나 있었는데 그게 바로 각종 루머였어요. 워낙 위기 상황이 길어지고 회사 앞날이 불투명하니까 온갖 근거 없는 낭설이 돌아다니고 확대 재생산됐습니다. 이걸 경영진이 아무리 바로 잡으려고 해도 잘 되지 않고 회사 분위기가 항상 뒤숭숭했던 거죠. 노조 입장에서도 이 문제를 굉장히 심각하게 판단했습니다. 그래서 노동조합에서 책임지고 노조원들에게 정확한 정보를 정기적으로 전달하고 공유해서 악성 루머에 시달리지 않도록 하자, 이렇게 생각했죠."

이와 같은 문제의식에 따라 노조는 조합원의 날 행사를 통해 노조원들에게 정확한 정보를 제공한다. 그리고 이를 위해 2주 동안 회사의 주요 현안과 이에 대한 노조의 입장을 전달하고 체계적으로 정보를 관리하는 데 힘쓴다. 조합원의 날을 앞두고 노조 집행부는 두툼한 정보 내용을 37명의 대의원과 137명의 지회장에게 전달하고, 이들은 조합원의 날에 모든 노조원들에게 그 내용을 브리핑한다.

이런 정보 공유의 취지가 무엇이었는지, 황 위원장의 설명을 좀 더 들어 보자.

"어느 조직에서나 정보를 가진 사람이 힘을 갖기 때문에, 정보를 독점하고 왜곡할 경우 큰 문제가 발생하죠. 노동조합에서는 그런 불합리한 문제

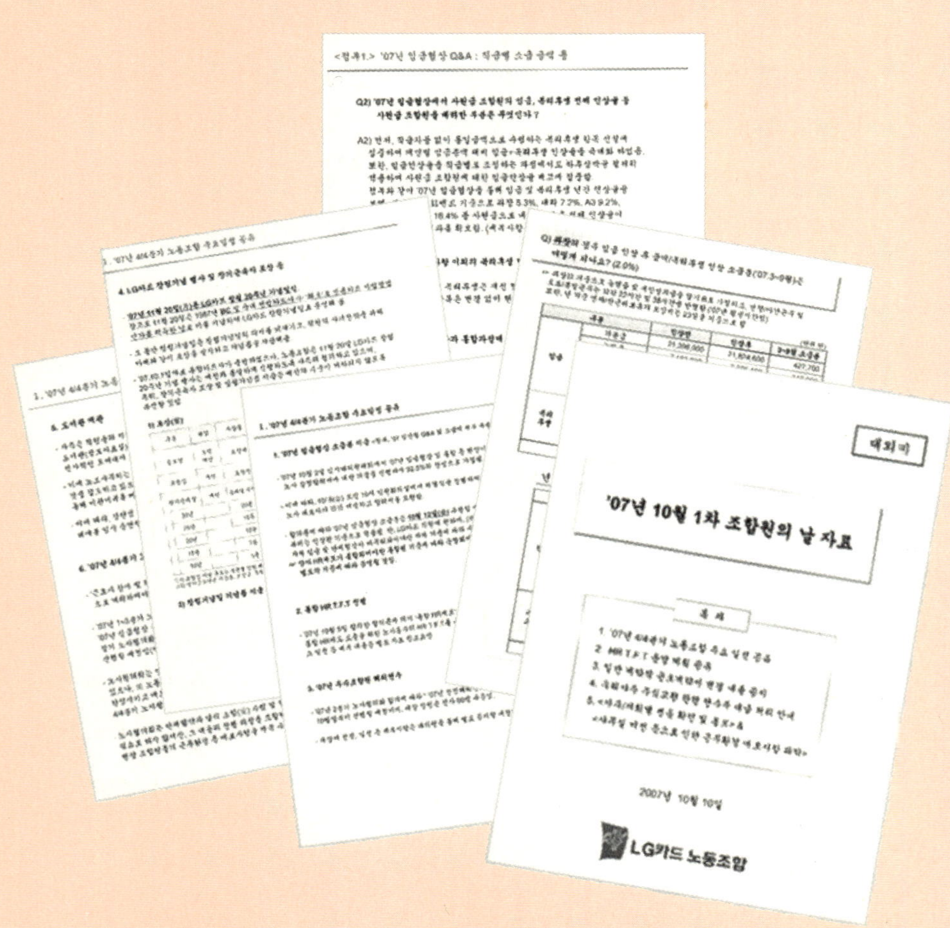

조합원의 날에는 집행부가 노조원들에게 제공하는 다양한 정보가 담긴 두툼한 자료가 나온다. 이 중에는 노조가 '대외비' 로 지정한 문서도 자주 눈에 띈다. 사진은 대외비 도장이 찍힌 조합원의 날 자료.

를 깨고 '노조에서 제공하는 정보가 가장 빠르고 정확하다'는 믿음을 만들어 내려고 했죠. 정확한 정보를 현장 노조원의 맨 밑바닥까지 전달함으로써 노동조합의 힘을 만들어 나가려고 했습니다. 회사 경영진에게도 돈을 바르거나 집에 찾아가 회유하는 등의 음성적인 방법으로 노무관리할 생각 말고 노조와 정정당당하게 논의해 일을 해 나가자고 말했죠."

조합원의 날을 제대로 하자면 노조 집행부 일은 산더미처럼 늘어나는 게 당연했다. 실제로 두 주에 한 번씩 조합원의 날 자료를 만드는 일은 결코 만만한 일이 아니었다. 그런데 재미있는 것은 조합원의 날 자료 중에 붉은 색깔의 '대외비' 도장이 찍힌 문서가 적지 않게 발견된다는 점이다. 물론 노조가 찍은 도장인데, 노조의 상황 판단이나 투쟁 전략 등이 담긴 내용들이다.

당시 노조는 2004년부터 월 1회 개최되는 회사의 경영 설명회에 황원섭 위원장이 공식적으로 참석해 회사의 모든 경영 상태를 정확히 알 수 있는 길을 연 상황이었다.

노동조합이 조합원의 날을 통해 노조원들에게 정확한 정보를 제때 제공하고, 그 정보를 엄격하게 관리하려고 했던 정황은 다음의 2006년 11월 28일 조합원의 날 자료를 보면 느낄 수 있다.

〈개선 요청 사항〉
이번 임단투를 전개하면서 나타난 문제점을 중심으로 반드시 개선해야 할 몇 가지 개선 사항을 말씀드리니 충분히 숙지 후 반드시 개선될 수 있도록 협조 바람.

1. 정보 유출 사례
• 금년 임단협 합의안의 경우 대외비였음에도 불구하고 신한금융지주와 모 신문사

기자는 (노조)사무처에서 현장 간부에게 전달한 원문을 그대로 가지고 있었으며, 이로 인해 심각한 문제가 초래되기 일보 직전까지 갔었음.

- 추정컨대 신한금융지주 측으로 흘러간 자료는 '조합원 → 신한측의 첩자 → 신한지주'의 경로로, 모 신문사 기자로 흘러간 자료는 조합원 중 누군가가 기자와 지인(친구 혹은 선후배) 사이로 친분 관계에 의해 전달된 것으로 보임.
- 이와 유사한 일이 재발되지 않도록 각별히 조심해 주기 바람.

2. 정보의 정확한 공유
- 금년 임단투를 진행하면서 각 지회별로 동일한 자료가 전달되었음에도 불구하고 지회 단위별로 혹은 개인별로 상이하게 이해되는 사례가 꽤 있었으며, 이로 인해 사실과 다른 정보를 바탕으로 조합원들의 의견이 수렴되고 형성되어 결과적으로 왜곡 여론이 형성되고, 그 결과 일정 부분 조직의 단결을 저해하는 요인으로 작용했음.
- 이는 자료를 작성하고 1차적으로 전달한 사무처가 가장 큰 책임이 있으나, 정보를 전달하는 대의원과 지회장 역시 보다 세심한 노력이 필요하다 하겠음.

'테마가 있는' 조합원의 날

조합원의 날 시행 과정에서 문제는 없었을까?

당연히 몇 가지 문제가 발생했다. 낯선 사업이어서 초기에는 모여도 무슨 얘기를 해야 할지 모르는 곳이 여럿 생겼다. 그래서 노조 집행부가 직접 참석해 문제를 해결해 갔다. 매월 둘째 주와 넷째 주 수요일 진행하는 행사임에도 격주로 2주에 한 번씩 하는 것으로 알아 혼선이 생기기도 했다.

조합원의 날 한 시간 동안 모임을 갖는 것도 중요하지만, 그 결과를 전

조합원이 함께 공유함으로써 '소통'의 장으로 만드는 것도 의미가 크다. 그런데 사흘 안에 모임 결과를 노조 분임 토의방에 올리도록 한 지침이 잘 지켜지지 않아 집행부에서 지회장들을 질책하는 일도 있었다.

현실적으로 가장 문제가 됐던 일은 채권 부문이나 회원 심사 센터와 같이 월말에 실적을 마감해야 하는 부서의 노조원들이 업무가 너무 많아 넷째 주에는 조합원의 날을 진행하기 어렵다는 점이었다. 이 때문에 매월 첫째 주와 셋째 주로 변경하자는 의견과, 둘째 주는 그대로 하되 나머지 한 번은 부서별로 편한 날짜를 잡아서 하자는 다양한 의견이 제기된다.

2006년 초 노동조합은 이 문제를 어떻게 풀 것인지에 대해 정식으로 논의하게 되는데, 2월 21일 임시 대의원대회에서 내린 결론은 '채권·상담·영업·심사 등 직무에 따라 희망 일자의 편차가 크므로 당분간은 그대로 운영하기로 한다'는 것이었다.

진행 과정에서 회사 경영진은 어떤 태도를 취했을까? 회사 관리직들이 눈총을 주는 곳도 더러 있었지만 노조가 워낙 강력하게 대응했기 때문에 큰 문제가 되지는 않았다. 그런데 시간이 갈수록 조합원의 날 사업이 노조 활동에 큰 힘이 되자 회사는 넷째 주 조합원의 날을 '기업문화 혁신의 날'로 바꾸자고 요구하게 된다. 한 번은 노조 방식대로 하되 한 번은 회사 방식대로 하겠다는 것이었다. 그러나 노조는 이렇게 될 경우 자칫 현장 자치활동이라는 조합원의 날 취지가 흐트러질 가능성이 높다는 이유로 받아들이지 않았다.

한편 조합원의 날 사업이 횟수를 거듭해 가면서 좀 더 다양한 프로그램을 개발해야 한다는 의견이 많이 나오게 된다. 2007년 상반기까지는 쉴새 없이 투쟁이 계속되고 긴장이 고조되는 시기였지만 하반기로 접어들면서는 어느 정도 안정을 찾게 되는데, 이때부터는 조합원의 날 행사 내용도 상황에 맞게 발전해야 했던 것이다.

노조 집행부가 2007년 11월 14일 조합원의 날 자료로 각 지회에 보낸 "조합원의 날 활성화 방안"에는 새로운 상황에 맞는 해결책이 담겨 있는데, 주된 내용은 네 번째 주를 '테마 조합원의 날'로 전환한다는 내용이었다.

〈조합원의 날 활성화 방안〉

1. 조합원의 날 차수별 구분 운영
 • 1차 : 조합 활동 현황 및 이슈 공유/건의 사항 취합
 • 2차 : '테마' 조합원의 날 (각 지구/지회별 자체적 행사 기획 및 진행)
　　　　예 : 영화-DAY, 볼링-DAY, 호프-DAY, 요리-DAY 등
 ※ 11월 2차 조합원의 날부터 '테마' 조합원의 날 실시 바람

2. 연중 상시 순회 현장 방문 조합원의 날 진행
 • 조합원의 날 집행부 지원
 • 연중 상시 전국지회 조합원의 날 순회 방문하여 지원 또는 진행
 • 순서 : 희망 지회 우선, 지구와 원거리 지역 우선
 • 신청 방법 : 조직쟁의국장 메일로 대의원 또는 지회장 신청

3. 현장 자치활동 지원 프로그램 활성화(별첨)
 • 지구 단위의 체육대회, 등산, 레프팅, 초청 강연 및 강좌 등에 대해 지구당 1백만 원 지원.
 • 현장 조직(지역, 지구) 강화를 위한 자체 행사 활성화 유도 위해

'테마 조합원의 날'을 맞아 동부산지회 11명은 영화 '세븐데이즈'를 보고 찰칵.

4. 진행 결과 게시(분임 토의방) 철저히 준수
- 현재 게시가 저조(10월 2차, 3개 회 게시).
- 내용 : 행사 내용과 현안 이슈에 대한 건의 사항 등
- 기한 : 익일 오후 18:00까지

넷째 주를 '테마 조합원의 날'로 전환하자 톡톡 튀는 행사가 줄을 이었다. 가장 인기 있는 '테마'는 함께 영화 보기였다. 2007년 11월 29일 분임 토의방에 올라온 조합원의 날 진행 보고를 보면 채권지원팀 포항지회 노조원들은 회사 안에서 떡볶이와 순대, 파전을 시켜 먹으며 다음 달 테마 조합원의 날 계획을 짰는데 영화 보러 가기와 함께 맥주를 즐기는 '호프 데

이'를 선포하기로 했다. 성질 급한 동부산 지점 지회 11명은 벌써 영화 데이를 선포하자마자 극장에 가서 '세븐데이즈'를 봤다며 극장 앞에서 함께 찍은 단체 사진을 큼지막하게 올렸다. 청구/입금 파트 지회는 볼링 대회를 열기로 했다고 보고했다. 부산에서는 야구가 인기여서 함께 야구장에 간 지회도 있었다. 이렇게 테마가 있는 2007년 겨울이 깊어 가고 있었다.

A지점장 '성희롱' 사건의 전말

이처럼 해를 거듭할수록 진화해 온 조합원의 날은 회사나 노조의 정보를 공유하는 공간으로 자리 잡게 된다. 2004년 7월 28일 조합원의 날에는 이틀 전 노조 위원장이 무분규 선언을 한 것에 대한 토론이 진행될 정도로 민감한 주제들도 거침없이 다뤄졌다.

그런데 이처럼 한 달에 두 번꼴로 꼬박꼬박 노조원들이 모임으로써 조합원의 날은 자연스럽게 노조원들의 참여와 소통의 장으로 발전하게 된다. 몇 년씩 함께 직장 생활을 하지만 서로 잘 모르는 경우가 대부분인데 조합원의 날이 거듭될수록 상황은 달라졌다. 생일 축하 케이크가 등장하는 것은 기본이고, 집안에 어려운 일이 생기기라도 하면 십시일반으로 돕게 되었다.

직장 생활에서 힘겨운 일이 생기면 예전에는 혼자서 끙끙 앓거나 술로 달래는 식이었지만, 이제는 동료에게 얘기하고 함께 머리를 맞대고 해결책을 찾는 분위기로 바뀌어 갔다. 지방의 한 지점에서 발생한 '성희롱' 사건이 대표적인 사례였다.

2005년 3월 9일 지방의 한 지점, 5시에 업무를 마친 노조원들이 하나둘씩 모여들기 시작했다. 조합원의 날 시간이 돌아온 것이다. 한 여성 노조원이 최근 A지점장 때문에 직원들이 너무 힘들다며 어렵게 얘기를 꺼냈다. 다들 고개를 끄덕였다.

이날 이구동성으로 쏟아져 나온 지점장의 행실은 실로 가관이었다. A지점장은 성적 수치심을 유발하는 사진이 대문짝만하게 박힌 달력을 직원 휴게실에 걸라고 했다. 여직원들은 그 사진을 보기가 민망해 휴게실 출입을 못할 정도였다. 또 지점장은 노조원 팝업 주소록을 팀별로 지정하고 그룹명을 '포르노' '뽕밭2' '빨간 빤스' '고추밭' '뽕밭'으로 사용하도록 강요했다. 이에 대해 직원들이 항의했지만 소용없었고, '퇴사시키겠다' '날라 간다' 등 직위를 이용한 언어폭력을 일삼았다.

지점장은 직원들에게 새벽 7시에 출근하도록 강요하는가 하면, 조합원의 날을 아예 인정하지 않으려 했다. 개인 사정으로 휴일 근무를 하기 어렵다는 직원에게 '그럴 거면 이혼하라'고 하는가 하면, 억지로 휴일 근무를 시켜 놓고 특근 등록을 못하게 해 그만큼 월급을 깎아 버렸다. 심지어 고객의 정보가 그대로 노출되는 회사 밖 피시방에 가서 개인 정보를 조회하라고 지시하기까지 했다.

조합원의 날 진행을 맡은 지회장은 노조원들의 의견을 모아 지점장에게 성적 수치심을 느끼게 하는 행위를 중단할 것을 공식적으로 요구했으나 묵살당했다. 지회장은 대의원과 함께 대책을 상의했고 대의원은 이 문제를 정식으로 노조 집행부에 알리고 대책을 세워 달라고 요청했다.

노조 집행부는 쟁의 국장을 지점에 파견해 진상을 조사했다. 모두가 사실이었다. 게다가 노조가 문제를 제기하자 '내 앞에서 노동조합의 노자만 꺼내면 아가리를 찢어 버리겠다'고 폭언을 쏟아 내기까지 했다. 노조는 조사 결과를 소식지를 통해 전 조합원에게 공개하는 한편, 회사 경영진에게 책임 있는 조치를 취해 달라고 요구했다.

문제가 심각해지자 경영진은 3월 23일부터 사흘 동안 감사팀을 내려 보냈다. 특별 감사 결과 '노조의 문제 제기는 다소 과장된 부분이 있으나, 대부분 사실로 확인되었다'는 결론을 내렸다. 징계 수위는 정직이 적절하다는 의견이었다. 이에 노조는 회사가 사실을 확인하고도 정직 정도의 징계에 그친다면 사안의 심각성을 판단하지 못한 것이라 반박했다.

회사는 정식으로 징계위원회를 열어 A지점장을 징계 해고했다. 이후에 해고된 지점장은 징계가 부당하다며 노동청에 소송을 제기했고, 상당 기간이 흐른 뒤 해고는 과하다는 취지의 판정을 받으면서 사건은 마무리된다.

한편 노조는 이 사건을 계기로 2006년 3월 20일 여성 국장, 지역별 운영위원 다섯 명으로 구성된 성희롱 대책위원회를 꾸리고 성희롱을 추방하기 위한 활동을 강화했으며, 이는 엘지카드 전체에 성희롱에 대한 경각심을 불러일으키는 계기가 되었다. 노동조합 활동이 노동자들이 직장 생활에서 겪는 각종 부당한 피해를 막고 권익을 보호하는 데서 출발한다고 볼 때, 성희롱은 여성 노동자들에게는 임금 수준이나 복지 실태의 열악함보다도 더 참기 힘든 고통이었던 것이다. 실제로 2000년 롯데호텔 파업에서는 그동안 회사 안에서 벌어졌던 다양한 성희롱 실태가 폭로되어 노동부가 특별 조사를 실시하는 등 사회적으로 큰 문제가 된 적이 있다.

A지점장의 성희롱 사건은 조합원의 날이라는 독특한 제도를 통해 알려져 공론화됐고, 지회장과 대의원을 거쳐 노조 집행부에 단계별로 보고되어 직원들이 상식 이하의 일 때문에 겪었던 고통에서 벗어날 수 있었을 뿐만 아니라, 전국의 모든 부서에서 더 나은 직장 생활 분위기를 만드는 계기가 되었다.

가랑비에 옷 젖다

노동계에는 한때 '가랑비에 옷 젖는다'는 말이 유행한 적이 있다. 평소에 꾸준히 일상 활동을 잘해야 한다는 뜻이다.

기업주들은 노조 활동을 약화시키는 게 임금도 덜 줄 수 있는 길이라 믿기 때문에 평소에 노조의 힘을 빼기 위해 돈과 사람을 엄청나게 투자한다. 날마다 회사 홍보물을 발간해서 노조원들이 회사 측 논리에 익숙해지도록 하거나, 심지어 '5호 담당제'를 둬 회사 관리직 한 명당 노조원 다섯 명을 집중 관리해 노조 활동에 가담하지 않게 하면서 소극적인 활동에 묶어 두려 한다. 사내 각종 동아리 활동에 활동비를 지원하는 방식도 즐겨 쓴다. 이런 일을 방치하다 보면 말 그대로 '가랑비에 옷이 젖어' 어느새 노조는 힘을 쓸 수 없는 종이호랑이가 되는 것이다.

반대로 엘지카드 조합원의 날 사업은 노조가 주체적으로 '가랑비에 옷 젖듯' 노동조합의 일상 활동을 꾸준하게 벌인 경우다. 언뜻 이해하기에는 노조마다 단체협약에 보장된 조합원 교육 시간과 개념이 비슷하다. 그런데

‘엘지카드 조합원의 날 사업’은 몇 가지 점에서 차이가 있다.

우선 월 2회 두 시간의 조합원의 날은 단체협약은 물론 어떤 형태의 문서로 된 합의서도 없이 5년째 계속되어 왔다. 앞서 살펴보았듯이 뉴 스타트 운동의 일환으로 시작되었으나 단체협약 사항으로 다뤄진 것은 아니었다. 노사가 합의서를 쓰고 도장을 찍은 적도 없다. 그러나 매달 빠지지 않고 계속되었고, 관행이 되어 제도화되었다.

물론 노조는 단협에 명문화하는 방법도 검토해 보았다. 그런데 그럴 경우 회사가 한 달에 두 번 중 한 번은 ‘기업 문화 혁신의 날’로 하자는 안을 낼 게 뻔해 실익이 없다고 판단했다. 차라리 현재 확보된 공간을 그대로 밀고 나가는 것이 나았던 것이다. 하지만 장기적으로는 단협에 제도화하는 것이 안정적이기 때문에 이를 추진하고 있는 상태다.

보통 노동계에서는 단협에 조합원 교육 시간을 되도록 많이 확보하려 하면서도, 정작 확보한 교육 시간을 제대로 활용하지 못하는 일이 많다. 심지어 어떤 노조는 교육 시간을 교육 시간으로 쓰지 않고 상급 단체가 결정한 파업을 실행할 때 사용하는 경우도 많다. 그러나 엘지카드의 경우 단협에 조합원의 날이 명문화되거나 문서로 보장된 것도 아닌데 5년 동안 한 번도 빠짐없이 꾸준히 행사를 계속해 왔다. 말 그대로 평소에 일상 활동을 열심히 한 것이다.

시험공부도 벼락치기보다 평소에 열심히 하는 게 효과가 크듯이, 1년 내내 계속된 조합원의 날은 투쟁 시기에 큰 위력을 발휘했다. 앞으로 상세히 살펴보겠지만 회사가 위기에 빠진 상황에서 5년 동안 노조원들이 단결하여 효과적으로 투쟁할 수 있었던 비결 중에서도 가장 결정적이었던 것이 바로 조합원의 날 사업이었다.

　지회장(단)과 조합원의 날 제도 도입은 서로 맞물려 상승효과를 내는 작용을 했다. 노조원들은 조합원의 날을 통해 회사가 어떻게 돌아가는지, 노조가 어떻게 하려고 하는지 훤히 알고 있었고 노조가 내리는 지침을 정확히 이해할 수 있었다. 노조 활동을 하다 보면 실수할 때도 있고 실패하는 사업도 있지만 노조원들이 대거 참여해서 계속 토의하고 상황을 공유하기 때문에 이런 문제들은 금방 수습되었고, 그만큼 시행착오도 줄어들었다.

'수다'로 시작해 '수다'로 끝나다

조합원의 날은 실제로 어떻게 진행됐을까? 필자는 궁금증을 풀기 위해 2008년 10월 8일과 22일 서울 영등포구 당산동 고객서비스팀과, 광주시 동구 호남동 중부신용지원센터에서 열린 조합원의 날 행사에 직접 참석해 보았다.

서울은 피자를 시켜 먹는 반면, 광주는 통닭을 시켜 먹는 데서 차이가 날 뿐 진행 내용이나 노조원들의 반응, 그리고 이들이 나누는 '수다'는 비슷했다. 아래 내용은 서울 고객서비스팀 조합원의 날 취재 기록이다.

2008년 10월 8일 수요일 오후, 서울 영등포구 당산동 2호선 전철역에 내렸다. 엘지카드 노동조합 31지구 정영근 대의원을 만나러 가는 길이다. 이미 회사명은 신한카드로 바뀌어 있었다.

"정영근 씨와 약속이 돼 있는데요."

"아, 정 대리요, 2층으로 올라가시면 됩니다." 경비실에서 친절하게 안내해 주었다.

정 대리는 계단까지 나와서 기다리고 있었다.

"이곳에 지회가 두 군데 있습니다. 잠시 후 다섯 시가 되면 한 지회는 이쪽 휴게실, 다른 지회는 저쪽 회의실에 모여 조합원의 날 행사를 시작하게 됩니다. 물론 아웃소싱 오신 분들이나 노조 소속이 아닌 분들은 그대로 일을 하죠."

사무실을 가로 질러 휴게실로 가는 동안 정 대리가 "전화통 그만 붙드시고 다들 모여 주시기 바랍니다" 하며 노조원들을 불러 모았다.

"조합원의 날이 되면 노조 집행부에서 자료가 나와요. 이렇게 ……. 오늘은 자료가 많네요." 자료에는 오늘 노조원들에게 알려야 할 각종 '정보'와 토의 사항이 두툼하게 실려 있었다.

잠시 후 한두 명씩 휴게실로 모여들었다. 주로 여성들이었고, 모이는 족족 곧바로 '수다'가 시작되었지만, 여전히 다수는 아직 전화통을 놓지 못한 듯 엉덩이를 의자에 붙이고 있었다.

정 대리가 설명할 내용을 한 번 더 체크하는 동안, 모두 15명이 모여 앉았다. 두 명을 빼고는 모두 여성 조합원이었다.

"자, 열화와 같은 박수로 조합원의 날을 시작하겠습니다. 오늘 내용은 모두 네 가지입니다. 벌써 몇 달째 계속되는 노조 통합 경과, 단체협약 진행 계획, 자치활동 안내, 기타 현안 이슈인데요. 먼저 노조 통합 진행 경과는 두 노조 국장급들 모여 ……. 잠깐 먹고 하죠."

몇 마디 하지도 않고 피자 냄새를 참지 못한 듯 정 대리가 자료를 내려놓자 까르르 웃음보따리가 터지고 서로 피자 앞으로 손을 내밀었다.

"노조에서 지회장 활동비로 한 달에 몇 만 원씩 주는데, 그게 피자나 통닭, 떡볶이 값으로 사용되죠."

피자 세 판을 24조각 내는 동안에도 '수다'는 끊이지 않았다. 피자에 얽힌 얘기로 시작된 '수다'는 얼마 전 결혼한 사내 동료의 축의금 얘기로 옮겨붙더니, 자기 결혼식 때 신랑 동료가 전 부서를 돌아 축의금을 엄청 거둬 줘서 고마웠다는 둥, 그게 누구냐, 김 아무개 차장이다, 김 차장님 정말 멋진 분이다 등의 이야기로 흘러갔다. 사람 사는 얘기가 꽃 피는 동안 아직 전화통을 붙들고 있던 한 조합원이 냄새를 맡은 듯 슬며시 들어와 피자 한 조각을 들고 다시 전화통 붙들러 나간다.

'수다'가 초등학생 아들의 은하철도 구구구 얘기로 번진다.

"어린 녀석이 벌써 여자 주인공이 이쁘다구 해, 지두 남자라구 ……."

여차하면 이야기가 길어질 조짐이다. 순간 정 대리가 이래서는 안 되겠다 싶었는지 "자 자, 드시면서 들으세요" 하며 자료를 보고 설명을 이어갔다.

"노조 통합은 아직 진행 중인데, 이번 주 두 노조 간부들이 워크숍 다녀오고, 다음 주에 임시 대의원대회 때 더 자세한 얘기 나오면 말씀 드리겠습니다."

"두 번째 3분기 노사협의회 결과인데요."

정 대리는 동일상병 의료비 지원 기간 제한 해제, 근골격계 질환 관련 한방 치료 지원 확대, 장애 자녀 시설 치료 의료비 지원, 치매 중풍 등 불편 가족 요양 시설 이용 지원과 치료비 인상, 수도권 합숙소 지원, 전사 체육대회 등 노사 협의 진행 상황을 빠르게 설명했고 피자에 정신이 팔린(?) 노조원들은 조용히 듣고 있었다.

그런데 "올해도 노조 활동 열심히 한 조합원 60명을 뽑아 해외 연수를 다녀오기로 했다"는 얘기가 나오자 여기저기서 옆 사람과 속닥속닥 얘기를 주고받으며 반응이 오기 시작했다.

"다음은 여성분들 관련이 많은 내용이니 잘 들으세요"로 시작된 유사산 휴가 기준 확대, 산전후 휴가 분할 사용 허용 얘기가 나오자 휴게실은 본격적으로 시끌벅적해졌다. 중간 중간 질문이 나오면 정 대리가 대답하기도 하지만 대의원인 정 대리보다 내용을 더 잘 아는 노조원들이 여기저기서 답변을 했다.

"마지막으로 자격증 취득 지원 제도인데요, 우리와는 거리가 먼 것 같기도 합니다만 CPA, 회계사, 법무사, 변리사 자격증 공부할 때 수강료 등 80퍼센트 지급해 준다. 단 2년 이상 근무한 정규직에 대해서만."

순간 휴게실은 그야말로 '와글와글'이다.

"근데 직급별 체류 기간 내 3백만 원."

여기저기서 웃음이 터진다. 한 노조원이 웃으며 말한다.

"변리사 합격했는데 이 회사에 남아 있을 사람 있나요?"

다른 이가 거든다. "CPA도 그렇지. 변리사는 최고 연봉인데." 또 다른 이도 나선다. "다른 거 얘기해, 우리하고 관련 없어." 까르르 …….

그렇게 어느덧 한 시간이 흘러갔다.

처음에 피자는 많아 보였는데 어느새 게 눈 감추듯 사라졌다.

"노조 집행부에서 현장 자치활동, 예를 들면 체육대회나 등산 뭐 이런 거 좀 활성화해 달라는 당부가 내려왔습니다. 노조원들 자치활동 지원하려고 한 행사에 1백만 원씩 지원금 잡아 놨는데 올해도 너무 바빴잖아요? 좀 남았답니다. 남은 두 달이라도 활성화해 주십시오 하는 내용입니다." 그러자 또 우린 여자들이 많아서 등산은 힘들다, 애 봐야 하는데 어떻게 근무시

엘지카드 노조의 '조합원의 날' 진행 장면.
(위) 조합원의 날을 맞아 정영근 대의원은 조합원들에게 노동조합 통합 경과, 단체협약 진행 계획, 자치 활동 안내, 기타
현안 이슈에 대해 설명하고 있다. 잠시의 진중함을 참지 못한 한 조합원의 돌출 발언으로 대화는 삼천포로 빠지기 일쑤
지만 정 대의원은 꿋꿋이 각 이슈들을 조합원들에게 자세히 설명한다.
(아래) 조합원의 날에 투쟁가를 배우는 장면. 조합원의 날은 단순히 내용을 전달하는 시간이 아니라 투쟁 가요를 배우는
것과 같은 다양한 활동을 통해 업무에 시달린 조합원들에게 웃음을 주는 장이 된다.

간 외에 시간을 내느냐 이런저런 얘기가 오갔다.

"콜센터 도급화와 관련해서는 회사 경영진의 최종 입장이 아직 나오지 않았구요, 새로운 일 생기면 바로 알려주겠다는 거구요, 상각 채권 아웃소싱 관련해서는 위임직·파견직 분들을 아웃소싱업체로 이직시키는 거는 진행되고 있고, 10월 6일까지 해당 채권 지점장 등을 대상으로 설명회를 했답니다. 노조에서는 10월 말까지 현장을 방문해서 조합원 의견 수렴한답니다. 자, 더 궁금하신 거 없으시면 오늘 조합원의 날 마치겠습니다."

박수가 나오고 의자를 뒤로 밀면서 아까 중단됐던 '수다'가 여기저기서 서로 다른 주제로 이어졌다.

"6시 칼퇴근 부탁드립니다." 정 대리의 당부를 뒤로 수다는 계속되고 있었다.

조합원의 날은 '칼퇴근'하는 날

조합원의 날을 마치고 대의원인 정 대리와 잠시 좀 더 얘기를 나눴다.

고객서비스팀은 전국의 여섯 개 콜센터 운영을 총괄하는 팀이다. 정 대리는 2000년 엘지카드에 입사했다. 2003년 유동성 위기 때 '빈자리가 장난이 아니었다'며 비정규직은 말할 것도 없고 정규직도 많이 그만뒀다고 했다. 특히 콜센터는 99퍼센트가 여성이고 대부분이 비정규직인데 20대가 많기 때문에 쉽게 내보내고 회사가 부담도 느끼지 않는다고 했다. 그런 뒤로는 거의 신입 사원을 뽑지 않는다며, 신입이 좀 들어와야 분위기도 살려 주고 그러는데 그런 게 없어 걱정이란다.

작년부터 엘지카드와 신한카드 통합 때문에 전산 통합이라는 큰 프로젝트가 시작됐는데, IT 쪽은 몇 날 며칠 밤을 샐 정도로 바빴고, 콜센터 쪽도 전례 없이 바빴다며, 전문적인 일이라 신입 사원을 뽑아서 할 수도 없어 일이 더 많았다고 한다. 그렇지 않아도 밑바닥부터 윗선까지 1등 하려는 문화 때문에 야근이 많은 회사인데 야근이 더 늘었단다.

노조에서 조합원의 날을 시작하면서 야근 좀 그만하고 한 달에 두 번이라도 정시에 퇴근하라고 하는데, 처음에는 6시 퇴근이 생소했다고 한다. 그래도 이제는 몇 년 지나니까 자발적으로 조합원의 날은 '칼퇴근'하는 분위기가 정착됐고, 팀장도 이날만은 직원들이 칼퇴근하는 걸로 생각하고 있단다. 그래서 가벼운 마음으로 갈 수 있어 좋단다.

또 조합원의 날은 동료들끼리 '수다'를 많이 떨 수 있는 장점이 있단다. 같이 근무를 해도 열 중 두셋 정도만 알고 나머지는 잘 모르고, 특별히 친한 한두 사람 빼고는 개인사를 거의 모르고 살기 마련인데, 한 달에 두 번은 같은 부서 사람들끼리 모여 이런저런 얘기를 나누게 되니 자연히 서로 잘 알게 된단다. 생일도 챙겨 주고, 통닭도 시켜 먹고.

요즘 고민은 조합원의 날에 뭘 하면 좋을까란다. 2004년부터 3년 동안은 조합원의 날에 주로 '으쌰 으쌰' 하는 투쟁 분위기여서 투쟁 조끼 입고 노래 부르고 구호 외치고 이런 식이었단다. 그런데 작년부터 '일상생활 속에 녹아드는 노조 문화'를 만들라고 하더란다. 그런데 갑자기 투쟁 분위기에서 뭘 해야 될지 '분위기 전환'이 잘 안 된단다. 다른 지회에서는 영화도 보러 가고 볼링도 치러 간다는데 하도 바빠서 아직 '테마'를 못 잡았단다.

취재를 마치고 나오니 어느새 어둑어둑해진 날씨 속으로 퇴근하는 노동자들이 발걸음을 재촉하고 있었다. 순식간에 지나간 한 시간이었고 일사천리로 그저 단순한 정보 몇 가지를 전달하고 질문을 받는 식이지만, 1년에 24시간씩 5년을 가랑비에 옷 젖듯 꾸준히 해 온 모임이니 말 그대로 세월이 쌓여 힘을 만든 게 아닌가 하는 생각이 들었다.

콜센터 노동자의 하루

- **때** : 2008년 10월 29일 수요일 오후 5~8시

- **곳** : 서울시 강남구 역삼동 신한카드 서울 콜센터

- **함께 한 사람**

  좌담회에는 콜센터에 근무하는 여덟 명의 여성 노조원이 참석했는데, 계약직과 운영 사원, 정규직까지 구성이 다양했고, 노조 대의원과 지회장을 맡고 있는 현장 간부들도 포함되어 있었다. 다만 파견직은 노조원이 아니어서 참석하지 못했다.

  - 20대 중반과 30대 초반의 계약직 사원 두 사람은 입사한 지 1년 7, 8개월째다.

  - 운영 사원 네 사람 중 셋은 30대 초반이고 나머지 한 사람은 20대 중반이다. 30대 운영 사원들은 모두 결혼을 해서 아이가 있으며, 4년차에서부터 8년차까지 있었다. 한 사람은 파견직에서 계약직을 거쳐 전문 사원이 된 뒤 운영 사원이 되었다. 20대 중반의 운영 사원은 계약직으로 2년간 근무한 뒤 한 달 전에 운영 사원이 됐다.

  - 정규직 두 사람은 모두 30대로 콜 관리팀장과 상담 지원 업무를 담당하고 있다. 상담 지원 업무를 담당하는 정규직 사원은 4~5년간 상담 업무를 한 경력도 있다.

  ※ 좌담회에서 발언한 내용은 그대로 실었으나 이름을 포함한 개인 신상은 밝히지 않았으며, 각 질문마다 발언한 순서도 다르다.

전화를 이용해 마케팅을 하는 행위를 텔레마케팅(Telemarketing : TM)이라 하고, 상담원과 설비를 갖춘 곳을 콜센터(Call Center)라 한다. 컴퓨터(정보)와 전화(통신)를 연결하여 고객 관련 서비스 업무를 수행하는 콜센터는 새로운 사업 단위이자 작업장이라 불린다.

우리나라에서 콜센터는 1990년대 초반에 등장해 2000년대부터 급속히 확산됐다. 최근 들어서는 콜센터를 운영하는 업종도 빠르게 늘어나 은행, 카드, 증권, 보험업계는 물론이고 통신, 홈쇼핑, 백화점, 전자 상거래, 택배, 레저, 의료, 교육, 심지어 공공 기관의 고객센터에 이르기까지 광범위한 분야에 퍼져 있다. 한 통계에 따르면 현재 운영되는 콜센터는 약 3천 개에 달하고 여기에서 일하는 노동자는 37만 명에 이른다.

국제적으로 콜센터 노동자는 절대 다수가 여성으로, 항상 좋은 목소리(good voice)와 좋은 감정(good feel-ing)을 유지해야 하고, 얼굴 없는 고객과 전화로만 대화해야 하며, 관리자가 모든 통화를 녹음하고 실시간으로 듣는 성과 모니터링의 대상이 된다는 점에서 유리알 존재라 불리기도 한다.

우리나라는 여기에 절대 다수가 비정규직이자 무노조 상태라는 조건이 추가돼, 콜센터 노동자들이 어떤 상태에서 어떻게 일하고 있는지 자체가 거의 알려져 있지 않다. 이런 점에서 콜센터에서 일하는 계약직 노동자들을 노조에 가입시켜 활동해 온 엘지카드 노동조합의 활동은 또 다른 주목 대상이다.

엘지카드 노동조합의 활동을 좀 더 풍부하게 이해하는 한편, 제대로 알려지지 않은 콜센터의 노동 실태를 당사자들로부터 직접 들어 보기 위해 좌담회를 열었다.

콜센터는 계약직 노동자들이 가장 많이 일해 온 곳이자 이들 중 상당수가 운영 사원으로 전환돼 일하고 있는 곳이기도 하다. 물론 정규직 노동자들도 함께 일하고 있다. 엘지카드가 운영하는 서울·부산·대구·대전·광주 등 6개 콜센터에는 2008년 10월 현재 1,202명이 일하고 있다. 고용 형태별로는 일반 정규직 89명, 운영 사원 159명, 계약직 177명, 파견직 777명으로 구성돼 있다.

콜센터에서 일하는 노동자들은 어떻게 일하고 있으며, 무엇에 환호하고 어떤 일 때문에 힘들어 할까? 그리고 콜센터에서 바라본 노조 활동은 어땠을까? 이들의 목소리를 있는 그대로 들어 보면 공식적인 노조 활동에는 충분히 담겨져 있지 않은 노조원들의 마음을 구석구석 이해하는 데 큰 도움이 될 것이다.

콜센터에서는 어떤 일을 하나요?

콜센터에서 무슨 일을 하는지 일반인들은 생소한데, 출근해서 퇴근할 때까지 하루 일과를 소개해 주세요.

"아침 8시에 출근하면 조회를 해요. 상담 업무다 보니 조회 시간에 업무에 대한 교육을 하죠. 업무에 따라 조회 때 교육 내용이 조금씩 다르죠. 게시방에 업무 변경되는 게 올라오는데, 상담하면서 업무 변경된 거 보는 거 쉽지 않거든요. 또 한 달에 한 번씩 테스트가 있기 때문에 스킬 교육도 하고요. 저희 스킬은 제일 먼저 확인하는 게 '팀장님 머리띠 하셨나?'(웃음) 하는 거예요. 팀장이 머리띠 하는 날과 하지 않은 날 기분이 달랐는데, 어느 날 머리띠를 너무 많이 구입해서 색깔을 바꿔 가며 하고 다니니까 이제는 구분할 수가 없어요(웃음). 그리고 나서는 오후 6시까지는 풀로 전화를 받고, 후처리라고 해서 회원이 요청했던 사항을 정리하는 데 약 30분에서 한 시간 정도 걸려요."

"(고객에게 전화를 거는) 아웃바운드 업무는 전화가 열리면 50분간 전화를 걸고 10분 휴식할 수 있는데, (고객으로부터 걸려 온 전화를 받는) 인바운드 업무는 9시에 전화가 열리면 6시에 전화가 닫힐 때까지 끊임없이 받아야 하는 스트레스가 있어요. 아웃바운드는 자기가 스케줄을 조절할 수 있지만, 인바운드는 본인 스케줄을 전혀 조절할 수 없고, 회원의 전화가 이어지면 화장실도 못 가고 밥도 제대로 먹을 수 없는 때도 있어요."

오늘 참석하신 분 중에 아웃바운드 업무를 하시는 분이 계신가요?
"아니요. 오늘 온 사람들은 다 인바운드 업무만 해요."

하루에 전화를 몇 통 정도 받으세요?

"일반 상담을 기준으로 하면 작년에 바쁠 때는 2백 통에서 3백 통을 받았고, 지금은 보통 120~130통 정도 받아요. 개인별로 편차가 있어요. 계약직이냐, 운영 사원이냐에 따라서도 다르고요. 잘하시는 분들이 많다 보니까 3백 통 이상 받아야 실적이 잘 나올 정도예요. 계약직 중에서 잘하시는 분들이 결재일에 220~230통 정도 받아요."

"어차피 오전 9시부터 저녁 6시까지 전화가 열려 있으니까 총 9시간이죠. 점심시간 한 시간 뺀다 해도 8시간인데, 결제일 때처럼 바쁠 때는 하루 통화 시간이 8시간 35분이나 되는 사람도 있어요. 이런 사람은 진짜 점심도 안 먹고 잠깐 쉬지도 못하고 전화만 계속 받은 거거든요."

작년에 콜량이 많았던 이유는 뭐죠?

"통합 작업도 있어서 문의 전화가 갑자기 많아졌어요. 하루에 3백 통 넘은 것도 그때쯤이었죠. 전화량이 너무 많다 보니까 점심시간도 최소화해서 받을 수밖에 없죠. 일단 울리는 전화는 받아야 하니까요."

"작년 7월부터 업무가 분리됐어요. 운영 사원, 계약직, 파견 사원 이렇게 되면서 인원 이탈이 많이 생겼어요. 재계약이 안 된 사람들 퇴사하고, 그 자리를 파견 신입 사원이 채우게 됐어요. 아무래도 신입 사원들이니까 생산성이 떨어지고 그만큼의 업무량이 운영 사원들에게 넘어간 거죠."

"3시간 통화하는 경우도 있어요."
"30분 전화하고 끊고 전화 드리겠습니다, 한 뒤에 퇴근 시간에 또 한 시간 동
안 전화해서 얘기하는 하는 사람도 있어요."
"이 자리에 오기로 한 직원이 한 명 더 있는데 지금 한 사람과 한 시간 30분 동
안 통화중이라 오질 못하고 있어요."
"핸드폰 건전지가 다 돼서 충전을 할 테니까 다시 연락하자고도 해요."
"해외에서 오는 전화 중에도 긴 통화가 많아요."

그렇게 오래 통화하는 사람은 무슨 얘기를 합니까?

"사적인 얘기도 하고, 정치 얘기, 경제 얘기하는 사람도 있고. 너무 다양해요."
"모닝콜 해달라는 분도 있어요."

다 받아 줘야 하나요?

"먼저 끊을 수가 없기 때문에 욕을 하든 뭘 하든 우리로서는 '양해해 달라. 죄
송하다'는 말밖에 할 수 없어요. 계속 들어줘야 되요. 고객은 클레임을 걸 수
있는 공간이 많은데, 상담원은 그럴 수가 없게 돼 있거든요."
"비오는 날, 흐린 날, 습한 날은 더 심해요. 이런 날은 사람들 기분이 우울해지
니까 콜센터에도 민원 전화가 더 많이 와요. 저희도 내부적으로 늘상 민원을
제기하는 사람들은 별도로 관리를 해서 따로 상담만 받는 그룹들이 있기는 해
요. 그렇지 않은 경우도 많기 때문에 굉장히 피곤한 거죠."

"노래를 불러 달라는 사람도 있어요. 고객이 요청하는 내용을 들어 드리기 어렵다, 죄송하다고 얘기를 하니까 '그러면 아가씨가 노래를 불러 주든지 아니면 포인트를 달라' 이러는데, 저희가 해 드릴 수 있는 방법이 없잖아요."

그런 전화 받으면 심정이 어떤가요?

"그런 전화는 그나마 다행인데, 한 시간 동안 있는 욕, 없는 욕 다 하면서 부모님 욕을 한다든가, 회사에 대해 욕하는 게 아니라 "네가 문제다"라면서 인격적으로 아주 심하게 욕을 하는 회원이 있거든요. 전 여기뿐만 아니라 상담 일을 오래 해서 웬만한 욕은 그냥 편하게……, 어떨 때는 차라리 30분 동안 말귀를 못 알아듣는 분보다 욕하는 분이 더 편할 정도로 욕은 많이 면역이 되어 있음에도 불구하고, 30~40분 동안 인격적 모독을 하거나 성적으로 욕을 하면 통화하면서도 울고 그래요. 제가 먼저 끊을 수가 없기 때문에 정신적으로 스트레스를 많이 받아요."

"우리를 비하하는 경우가 많아요. 우리가 마치 머리가 나빠서 여기 들어온 걸로 취급하면서."

"'너희들 한 달 월급 얼마야?' 이러면서, 내가 한 시간에 수입이 얼만데 나를 이렇게 대하냐, 그런 식으로 말하는 사람도 있어요."

"자기들 전화 거는 시간이 우리 하루 일당이래요."

"슬퍼지죠. 나도 열심히 일하고 월급 받아서 기뻐하는 사람인데."

"연세 드신 분들이 되게 심하게 욕을 하셔서 "제 아버님 정도 연세이신데 따님한테도 이렇게 욕하세요?" 이렇게 말씀드린 적도 있어요. 안보이니까 말이 점점 더 심해지는 것 같아요. 또 시간이 흐를수록 예전보다 지금이 더 그런 것 같아요.”

“은행이나 다른 콜센터 업무와는 다르게 무조건적인 고객 만족을 외치고 있어서 들어줄 수도 없는 민원인데 회사 이미지 때문에 듣고 있어야 해요. 금융감독원에 민원 들어가는 것 때문에요. 그걸 가지고 딜을 하자는 사람도 있거든요. 이걸 나한테 보장해 줄래 아니면 금감원에 민원을 넣을까 이런 식으로.”

“금감원에 약점을 잡히면 안 된다는 걸 고객들이 아는 거예요.”

“금감원도 내용만 보면 분명히 회원이 억지 주장을 하는데도 이첩을 시켜서 벌점을 주다 보니까 이런 상황을 상담원들이 다 감내해야 하는 거죠.”

1시간 30분 동안 '네 카드 천재십니다'

고객 상대하면서 또 다른 애로 사항 있으시면 말씀해 주세요.

“전화 통화를 하는 거기 때문에 통화하면서 마음의 상처를 받는 것 같아요. 업무이기 때문에”

“항상 좋은 컨디션을 유지해야 하는 것도 부담이 돼요. 컨디션이 좋은 날도 있고 안 좋은 날도 있는데 계속 좋아야 한다는 게 힘들어요.”

“아플 때 되게 부담돼요. 특히 목소리가 잘 안 나올 때 걱정이죠. 고객이 '목소리가 왜 그래?' 이러니까요. 금요일 날 몸이 아프면 다행이다 싶죠. 주말이니까. 월요일 날 출근했는데 몸살기가 있으면 정말 괴롭죠. 실적이 다 축적이 되는 곳이다 보니까, 몸이 아파서 일을 못하면 보수도 깎이니까요. 아파서 전화 못 받았다는 게 감안되는 것도 아니고요.”

"예, 하루 목표치가 있어요."

"통화가 30분 정도 넘어가고 내용이 그런 식이면 감안을 해줘요. 그런 일까지 불이익을 받지는 않아요."

"이런 경우도 있어요. 고객이 욕은 안하시는데, 금융 분야가 좀 복잡하다 보니 업무를 이해 못하시는 분도 계세요. 저희는 화면을 보면서 얘기하지만 설명하기가 복잡하고, 내용을 복사해 가지고 가서 정확하게 설명하고 싶을 정도로 답답할 때가 있어요. 시간은 가고 실적을 생각해야 하니 정말 답답하죠. 그런 경우에는 업무 끝나고 나서 오랫동안 통화하기도 해요."

"등급이 높아질수록 '요주의 회원'이나 '민원 회원', 그리고 VIP 회원이 약간의 공통점이 있는데, 콜센터 업무를 잘 알기도 하고 정말 엉뚱한 얘기를 하는 경우도 있어요. 항상 받는 사람이 똑같으니까 그분들은 상담원이 누가 누군지 알고 '이 양은 출근했어?' 이러기도 해요. VIP 회원 중에도 그런 분 있어요. '요즘 왜 전화 잘 안 받아?' 이러거나, 처음 받으면 '너 처음 왔지. 처음 듣는 이름인데……' 이러세요. VIP 회원인데도."

"제가 들은 얘기인데요, 어떤 분이 전화를 해서 '나는 카드 천재야. 연회비, 청구서 이런 거 다 알아' 이러면서, 묻는 말에 무조건 '카드 천재'라고만 대답하라고 했답니다. 한참 혼자 얘기를 하다가 '내가 누구라구?' 그러면 상담원은 "카드 천재요" 이렇게 대답하고. 또 쭉 얘기하다가 '너희 지금 몇 명이 상담하

1천3백만 고객의 불만을 웃음으로 만드는 카드사의 꽃인 콜센터 직원들. 하루 9시간 중 8시간 30분을 한자리에 앉아 일하면서 가장 하고 싶은 것이 "점심 때 맘 편히 밥 먹고 커피 한 잔 하는 것"이라는 소박한 꿈을 가진 사람들이다.

고 있지? 내가 누구라고?' 그러면 또 '카드 천재요' 대답하고. 그런 전화도 끊지 못하게 돼 있으니까. 한 시간 30분을 그렇게 했는데, 팀장이 듣다가 너무 한다 싶어 실적 측정할 때 반영을 해줬데요."

"해줄 수밖에 없지. 계속 앉아서 '카드 천재십니다' 이 얘기만 하고 있으니까."

전화하는 고객이 성별로는 어떤가요? 남자가 더 많습니까?

"남녀 구별이 없어요."

"여자도 있어요."

"내가 3시간 통화했던 분은 경찰이었어."

"아휴 경찰 싫어. 공무원도. 막 반말하고."

"의사, 제일 싫어."

"난 의사 부인. 간호사도."

"난 특히 치과. 분당에 있는 치과의사 너무 싫어."

경찰이란 사람은 세 시간 동안 무슨 얘기를 했나요?

"처음엔 긍정적인 요구였는데, 상담원이 제대로 대처를 못하니까 쭉 얘기를 꺼내다가, 끝에는 부모님도 이혼을 했다, 상담원이 나를 무시했다, 뭐 이런, 본인의 자격지심에서 계속 얘기를 했죠. 끝에는 상품권 5만 원짜리 줄 수 없냐는 금전적인 요구를 했어요."

"최근에는 카드 회사나 보험사 콜센터를 두세 달 단위로 메뚜기처럼 전전하는 콜센터 출신들, 1980년에서 1985년 사이에 태어난 연령대 사람들이 민원을 넣기도 하는데, 콜센터 내부 운영이나 프로세스를 잘 아니까 오히려 민원을 강하게 넣고 상담원들을 지치게 해요."

"본인이 어려운 업무인 줄 아니까 밖에 나가서도 일부러 까다로운 질문을 하고, 실수하면 잘됐다는 식으로 민원을 제기하거나 그런 식인 거죠."

"자기가 교육을 받았던 게 있기 때문에 그걸 가지고 상담원들을 거의 훈육하는 식이죠. 이런 사람들이 너무 많아져서 콜센터 근무 경력자들만 따로 뽑아서 관리해야 한다는 얘기가 나올 정도죠."

아까 그분, 경찰이라고 신분을 밝히고 그렇게 한 건가요?

"저희 정보에는 직업이 없었어요. 요번에 경찰에 붙었다면서."

"자기가 대통령과 밥을 먹었다, 너네 카드 회사 사장이랑 친한 사람인데……, 이러면서 민원 거는 사람도 있어요. 솔직히 한도도 1, 2백만 원인데 얼마나 경제적으로 높다고 그런 말도 안 되는 얘기를 하는지……."

"어떤 분은 국문과 교수였는데 기분 나쁜 일이 있었는지, 상담원들에게 이것저것 질문을 하고는 대답 중에 마음에 들지 않는 게 있으면 말 하나하나 꼬투리를 잡고, 심지어 '초등학교도 안 나온 사람이 전화를 받고 있다'는 식으로 말을 했어요."

전화한 사람의 신원을 다 아는 상태에서 전화를 받는 거죠? 신원이 알려진 상태에서 욕을 하는 거죠?

"그렇죠. 욕도 하고, 뭐 성적인 얘기를 하는 사람도 자기 주민번호 입력하고 들어오세요. 자기 핸드폰으로 전화하면서. 욕을 해도 우리가 "왜 그러세요"라고 말할 수도 없을 뿐더러 법적으로 신고할 수도 없고, 들어만 준다는 걸 잘 알고 있기 때문에, 그냥 전화해서 별것도 아닌 거 물어보면서 "너 말투가 기분 나쁘다" "너 기분 안 좋은 일 있었냐" 이렇게 그냥 시비를 걸고 화 풀릴 때까지 욕이란 욕을 다 한 뒤 그냥 끊어 버려요. 다시 전화할 수도 없고 저희는 그냥 한숨 푹 쉬고 또 전화를 받아야 해요. 고객들도 이런 사정을 잘 알기 때문에 자기네 정보를 입력하고도 욕을 하는 거죠."

**도저히 말이 안 되는 부당한 횡포에 대해 상담원들이 방어할 수 있는 방법은 없
나요?**

"전혀 없어요. 회사 차원에서 고객이니 어떻게 할 수도 없고, 경찰서에 가서
신고할 수도 없는 거고. 그냥 이런 일이 있었구나 하면서 같은 상담원끼리
마음이나 풀고 끝낼 수도 있는데, 너무 심해지거나 한 시간 정도 욕을 들으
면서도 "죄송합니다, 죄송합니다" 하다 보면 정말 너무 힘들 때가 있어요."

성희롱 발언을 계속하면요?

"'고객님 말씀이 너무 지나치십니다. 조금만 화를 가라앉혀 주시지요' 이렇게
얘기하는 게 우리가 할 수 있는 최고 수준이에요. 물론 너무 지나친 고객에 대
해서는 전화를 끊어도 회사에서 감안을 해주기 때문에 평가에 불이익을 주는
건 아니에요. 그런데 우리 콜센터로 민원이 들어오면 감안이 되는데, 금감원
에 대외 민원 넣으면 문제가 될까봐 끊지 못하는 거죠. 금감원 민원 건수가 많
으면 연말에 업체별로 민원 건수 등급이 매겨져 신문에 게시된다고 해요. 언
론에 보도되는 것 때문에 회사는 민감하죠."

이런 일이 일주일에 한 번 이상 일어납니까?

"(이구동성으로) 하루에 한 번 이상 일어나죠."

"랜덤이에요, 랜덤. 언제 어떻게 그런 전화가 올지 몰라요."

"정말 많아요. 오늘도 벌써 여러 번 욕 먹었어요."

"계속 욕하는 사람 전화만 받게 되면 저희끼리 '라인 탄다'고 그래요."

"종교 가진 분 다 욕해요. 깜짝 놀란 게, 목사가 더 욕을 잘해요. 저는 교회 안

나가요. 정말 장난 아니게 욕하시고."

스님들은 어때요?

"스님들 전화는 안 와요. 보살님들은 더러 들어오시는데."

"선생님들은 욕 많이 안 하시는 거 같아요."

"주로 목사님들이 많이 욕하세요. 거칠어요. 아주 길게."

"저희 질문 중에 '고객님 띠가 어떻게 되세요?'가 있는데, 교회 쪽 분들에게 여쭀다가 '나는 신의 자식이지 동물의 자식이 아니다' 이런 말과 함께 욕을 먹었죠. 그게 그냥 나오는 게 아니다 싶은 게 정말 '그런 거' 있어요."

"신도님들은 목소리가 똑같아요. 지하철 타고 가다가도 목소리를 듣다 보면 내가 저분하고 통화했었다, 이런 생각할 때가 있어요."

"전화벨이 울리고 목소리 딱 들었는데 '이 사람 좀 까칠하다'는 생각이 들면 너무 친절하게 '고객님~' 하면서 오버하면서 전화를 받아요."

"처음에 딱 전화 들어왔을 때 분위기가 이상하면 팝업이 딱 떠요. '조심해서 말해라' 하는 식으로. 응대 요령 같은 거죠. 그때부터는 마음이 철렁해서 전화를 받는 거죠."

"나는 정말 최선을 다해 상담했는데도 회원의 마음에 들지 않아 금감원에 '불친절하다'는 이유로 민원을 넣는 경우가 있어요. 사실 '불친절하다'는 게 객관적으로 판단할 수 있는 문제가 아닌데도 민원이 들어가면 그거 하나 때문에 한 달 실적 다 까먹게 되는 거죠. 회사 관리자들도 들어 보시고 정말 친절하게 응대했는데도 민원을 넣으면 감안을 하죠."

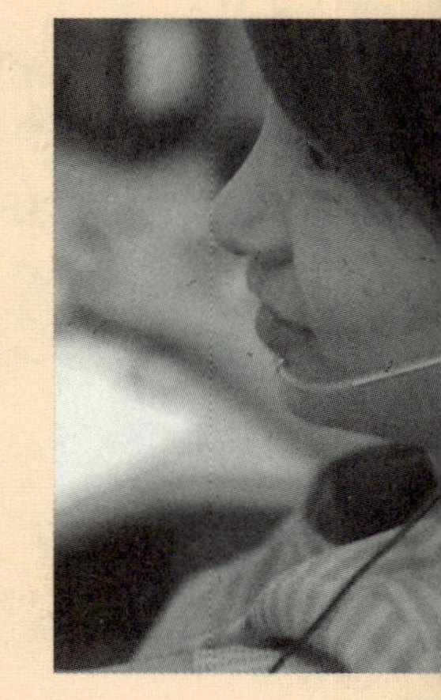

콜센터에 전화하는 고객들에게 꼭 하고 싶은 얘기가 있다면?

"얼굴을 보지 않고 얘기하니까 그렇게 할 수 있는데, 같이 얼굴 맞대고 이야기한다고 생각해 주었으면 좋겠어요. 저희 상담원도 사람인데, 그렇게 생각하지 않고 서비스 종사자라 생각하기 때문에 말씀도 막 하시는 것 같아요. 얼굴 보고 문의한다고 생각하면 욕할 수 없으시겠죠."

"욕을 하거나 부당한 대우를 받았을 때 보호받을 수 있는 관련 법규를 만들었으면 합니다."

"민원을 제기하는 분들 중에는 우리한테만 그러는 게 아니라 여러 군데 상습적으로 하는 사람들도 있어요. 이런 분들은 여신협회나 이런 쪽에서 공동으로 관리해 퇴출시키면 어떨까요? 너무 심한 사람은 비행기 타는 것도 제한하는데, 이런 분들도 카드 사용을 제한해서 상담원을 보호했으면 합니다."

"타 카드사는 퇴출도 있어요. 너무 심한 경우에는."

"어떤 사람은 대구 콜센터에 전화해서 민원을 넣겠다고 해 상품권을 받기로 했다면서, 다시 서울 콜센터에 전화해서 민원 넣겠다, 상품권 달라, 이런 식으로 하루 두 번 상품권 받으려는 사람도 있어요."

법적으로나 제도적으로 불량 민원 제기자에 대해 어떻게 했다 이런 얘기 못 들어봤죠?

"상담원끼리, '찾아가도 될까' '퇴사하고 만나고 싶다' '해도 될까' 이런 얘기는 해보죠."

"난 한 번 찾아가 봤어요. 동대문 밀리오레에서 일하더라고요. 쉬는 날이라 옷 사러 갔어요. 하도 말도 안 되는 욕을 하길래, 옷 네 벌 입어 보고 안 사고 나와 버렸어요. 저 나름대로 복수하고 온 거죠."

모든 통화가 녹음되고 누군가 듣는데 …… 괜찮나요?

하루 통화 기록을 다 녹음해서 나중에 실적 평가할 때 사용하고, 중간 중간에 팀장이 통화 내용을 들으면서 판단도 하고 그러는데, 촬영도 하나요?
"녹음만 해요."

필요해서 녹음하는 거지만 하루 종일 통화가 녹음되는 상황에서 일한다는 것에 대해서는 기분이 좀 이상하거나 그렇지는 않으세요?
"녹음하는 게 필요해요. 제가 안내했던 콜인데 며칠 있다 전화해서 다른 상담원한테는 제가 안내해 주지 않았다고 우기는 고객이 있거든요. 그럴 때는 그걸 들려주고 확인할 수 있기 때문에 상담 센터에서는 어쩔 수 없는 거 같아요. 또 고객과 분쟁이 생기거나 하면 증거자료가 있어야 되니까."
(모두 동의하는 분위기)

그래도 뭔가 이상하다고 느낀 적은 없나요?
"녹음하는 게 당연하다고 생각해요."
"사적인 통화가 있긴 하지만 그런 통화는 간단하기 때문에 듣지도 않고 찾아내기도 어렵고 그럴 필요도 없어요. 그래서 녹음되는 거 의식하지 않고 일해요.”
“입사할 때 녹음에 대한 동의서를 받기도 해요.”

콜센터 노동자 관련 자료를 읽다 보니까, 필요해서 녹음하는 것이고 혹시 피해 당할 거 생각하면 자기를 도와줄 증거가 될 거다, 이렇게 생각하다가 어느 날 문득 내가 ‘유리알 인간’이 되었다는 생각이 들었다는 대목이 있길래, 여러분은 어떠신가 여쭤 본 겁니다. 통화 중인지 아닌지, 어떤 통화를 하는지 실시간 모니터링을 위해 통화를 듣는 일은 누가 하나요?

“신입 사원들의 경우 코칭 개념으로 듣는 경우가 있고, 모니터링 큐에이들이 상담 품질을 위해 무작위로 듣는 경우도 있죠. 또 상담 시간이 나오는데 30분씩 통화가 길어지면, 이건 민원 전화거든요. 그러면 팀장이 같이 들으면서 회원 얘기도 듣고, 상담원에게 ‘이런 식으로 대응해서 잘 끊어라’ 이렇게 대응 요령을 가르쳐주거나, 도저히 안 되겠다 싶으면 팀장이 전화를 바꿔 받아 처리하거나 하죠. 전화를 잘 차단하고 상담원을 지원하기 위한 실시간 모니터링인 것이죠.”

회사 안에서는 통화 중인지 아닌지, 화장실에 갔는지 등 항상 보고 듣고 유리알처럼 동선이 체크되는 셈인데, 이런 것 때문에 스트레스를 받지 않나요?

“콜센터 업무를 하면서 기본적으로 가지고 있는 스트레스인 것 같아요. 왜냐하면 저도 팀을 관리하는 팀장이기 때문에 전체적으로 통화 상태나, 전화가 얼마나 들어오고 응대는 어떻게 되고 있나, 전화가 많이 들어오는데 상담원이 개인적 업무를 하고 있는 상황이면 적절하게 조치를 취해야 하니까요. 팀장과 상담원 사이에는 아무래도 갈등이 생길 수밖에 없죠."

종례도 있나요?
"있어요."

업무 중 팀장의 작업 지시는 어떤 방식으로 이루어지나요?
"메신저로 메시지가 떠요."
"공지도 뜨고 계속해서 게시판을 볼 수 없기 때문에, 실시간으로 상담에 도움이 되는 내용이 메시지로 뜨죠."

월급은 어떻게 정하나요?

보수나 복리 후생에 대해 얘기를 좀 나눠 보죠. 보수는 기본급과 변동급으로 구성되고, 사원의 경우 기본급 74퍼센트에 변동급 26퍼센트고 운영 사원이나 계약직도 이 비중에 큰 차이는 없죠. 문제는 변동급은 실적에 따라 S등급에서 A, B, C, D등급까지 평가를 해서 한 달 월급이 달라지는 방식인데, 가장 좋은 등급(S)을 받는 경우와 가장 나쁜 등급(D)을 받는 경우, 한 달 월급 차이가 얼마나 나나요?
"80만 원 이상 차이가 나요."
"계약직은 매달 평가를 받아서 그 다음 달 월급이 정해지는데, 고정적으로 나가는 지출을 계획할 수가 없는 거예요. 적금을 얼마 부어야 되는데 등급을 어떻게 받느냐에 따라 금액 차이가 많이 나니까요. 저축을 얼마나 할 수 있을지

금액을 예측할 수가 없는 거죠."

"반면에 운영 사원은 6개월 단위로 평가를 해요. 계약직 때는 매달 평가를 해서 그 다음 달 월급을 정하니까 한 달 잘하면 다음 달은 희망이 있는데, 운영 사원이 되면 6개월간 잘해야 하는 거죠. 또 계약직 때는 한 달간 실적이 좀 안 좋았으면 그냥 맘 비우고 이번 달은 쉬자, 이러고 다음 달 열심히 할 수 있죠. 그런데 운영 사원은 이번 달 쉬다 보면 이게 끝이 아니니까 포기할 수 없고 6개월을 채워야 되니 장단점이 있는 것 같아요."

"전문 계약직일 때는 일반 계약직처럼 다달이 평가해서 다음 달 임금을 정했는데, 운영 사원 제도를 만들면서는 그래도 정규직인데 매달 평가는 좀 그렇다 해서 6개월 단위로 바꿨죠. 이게 좋다는 사람도 있고 싫다는 사람도 있어요."

"항상 고정적으로 나가는 돈이 있잖아요. 그러니 한 달을 긴장하지 않으면 급여가 틀려지기 때문에 실적을 맞추기 위해 긴장하게 돼요."

"S등급은 5퍼센트, A는 10퍼센트 식으로 몇 퍼센트씩 정해져 있죠."

"입사 연도만 같다면 실적에 따라서는 운영 사원이 더 많이 받는 경우도 가능해요."

"급여 차이도 있겠지만 직무가 전화 상담 업무에만 묶여 있으니까 문제예요. 다른 정규직 부서로는 갈 수 없다 이렇게 구분되어 있잖아요. 일반 정규직에 비해 그게 스트레스예요.”

“목이 아파서 병원 가면 말을 하지 말라고 그러고, 또 가면 왜 말했냐고 그러고……”

“전화 업무만 계속하면서 업무 때문에 목이 아픈 사람이 생기는데, 일반 정규직 부서로는 갈 수 없게 하니까 퇴사를 생각하는 사람도 있어요.”

“실제로 콜센터에서 아주 오래 근무한 분이 계신데 10년 동안 매일 2백통씩 통화를 하니 질환이 생길 수밖에 없죠. 그런데 목이 아파서 전화 업무는 더 할 수가 없는데 갈 수 있는 부서가 없어요.”

“목이나 턱관절이 안 좋은 사람들이 있어요. 그만 두거나, 급여가 적어도 참고 다니는 거죠. 능력이 있는 사람들이니 업무를 전환해서 바꿔 주고 그래야 하는데, 그런 게 안 되니 목이 아픈 상태에서 실적도 안 나오고 사정이 어렵죠.”

몇 년 사이에 임금이 많이 오른 거죠?

“많이 올랐어요. 다른 회사 콜센터에 비하면 급여가 높은 편입니다.”

같이 일하는 파견직과 비교해 볼 때 임금이 어때요?

“차이가 크죠.”

복리 후생은 정규직하고 차이가 거의 없죠?

“운영 사원은 일반 정규직하고 똑같고, 계약직은 일부 차이가 있어요. 계약 기간이 1년으로 정해져 있으니까.”

점심 먹고 커피 한 잔 마실 시간이 있었으면 ……

콜센터 일이 특수한 직업이기 때문에 몸이 불편할 수 있을 텐데요?

"큰 소리를 들으면 귀가 찢어지는 것처럼 쩡쩡거리는 소리가 나요. 이어폰 음악을 크게 들으면 찢어지는 소리가 나서 듣지를 못해요."

"헤드셋을 끼고 일해서 머리가 아프고 뒷골이 땡기고 어깨도 아프죠."

"항상 전산을 보니까 눈도 아파요."

"민원 통화를 많이 하다 보면 스트레스성 두통이 와요."

"턱이 빠진다고 하나요? 가만있다가도 턱이 걸리거나 하면 딱딱 소리가 나요."

턱은 말을 많이 해서 아픈 거죠?

"회사에 의료비 지원 제도가 잘 돼 있지만 상담 센터는 특히 턱과 귀가 많이 안 좋은데 턱은 치과에서 비급여용으로 처리되기 때문에 돈을 다 지불해야 돼요. 그런데 의료비가 급여 항목에 대해서만 지급되니 실질적으로는 혜택을 못 받죠. 상담 센터는 턱도 지원해 줬으면 좋겠어요."

"지급되지 않나?"

"항목이 다 비급여 항목으로 되어 있으니 실질적으로는 지급이 안 되는 거지."

"앉아 있다가 일어나면 온몸이 우두둑거려요."

"화면 보고 마우스 돌리고 전화를 받다 보면 손목이 시큰거리고 몸이 한쪽으로 치우치게 돼요. 치우친 상태에서 몸을 돌리면 그대로 돌아가요."

(서로 여기가 아프다, 난 여기가 이상하다 하소연하는 분위기)

"화장실 못 가는 거 너무 힘들어."

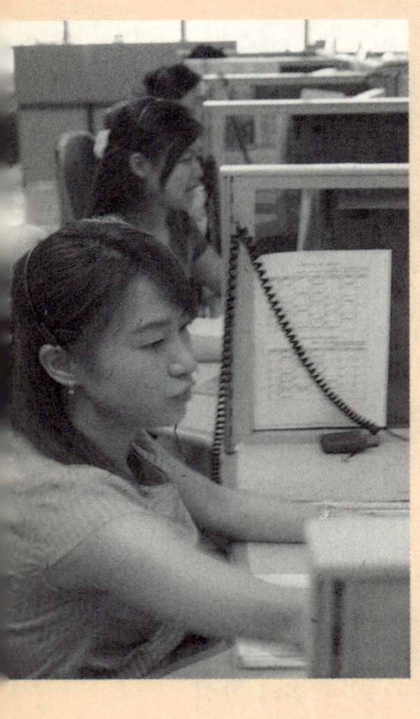

"나도."

"맞아."

"화장실 가도 마음이 급하고 편하지 않으니까 정말……."

"저 임신했을 때, 화장실 정말 자주 가야 되는데 제때 못 가니까 정말 힘들더라구요."

"전화기를 무선으로 해서 화장실에서도 통화할 수 있다면 어떨까?"

"아휴 안 돼, 화장실까지 가서 무슨 전화를 받아."

"그건 아닌 것 같다."

"화장실 가서는 쉬어야지"

(화장실용 무선 전화기 얘기로 한동안 시끌벅적)

"방광염 걸리는 사람도 많은데 소변은 그나마 괜찮아요. 변비가 진짜 많아요."

"가장 하고 싶은 게 뭐지? 점심때 맘 편히 밥 먹는 거. 저는 점심때 가장 하고 싶은 게 밥 먹고 커피 한 잔 마시는 거예요. 일반 사무실은 그럴 시간이 있잖아요."

"직원들끼리 실적 경쟁을 안 해도 되게 점심시간에는 전화를 안 들어오게 할 수 있었으면 좋겠어요. 아까 아웃바운드는 50분 일하고 10분 쉰다고 했는데, 우리한테는 꿈같은 얘기죠. 그 시간에는 전화를 아예 차단해 버리면 서로 경쟁을 하지 않아도 되니까 다 쉴 수 있잖아요. 정 안되면 10분 정도는 이쪽 조 전

화를 안 들어오게 하고, 다른 10분은 다음 조 전화를 끊어 주면 돌아가면서 쉴
수 있을 텐데. 지금은 경쟁 때문에 점심시간에도 전화를 안 받을 수가 없어요."
"점심시간에 옆 친구가 전화를 받게 되면 실적을 생각해서 나도 받게 되고, 그
러면 다른 사람도 받고, 결국 모두 전화를 받게 돼요."
"그러니까 근무시간이 9시간이고 그중 점심시간이 한 시간이다, 이러지만 실
제로는 전화 받는 시간이 8시간 35분, 40분 이렇게 나오는 거예요."
"지금도 이렇게 앉아 있는데 마음이 불안해요. 나 없을 때 애들이 전화 많이
받을까? 이런 생각이 나도 모르게 나요. 실적 경쟁이 하도 심하니까."

현행 산업안전보건법의 소음 규정은 새로운 직업인 콜센터에는 맞지 않고, 하루
종일 전화 통화를 하다 보면 귀 기능에 이상이 올 수 있을 텐데, 특수 건강검진이
나 작업 환경 측정처럼 회사 전체적으로 측정하거나 검진을 한 적이 있나요?

"항상 그런 게 아니라 몸 상태에 따라 그런 날도 있고 안 그런 날도 있어요. 1
년에 한 차례 건강 검진은 받는데 특별히 콜센터 업무만 환경 측정을 하거나
특수 검진을 한 적은 없어요."

육아 휴직하고 복귀하는 데 어려움은 없으신가요?
"전혀 없어요."

보통 몇 시에 출근해서 몇 시에 퇴근하죠?
"8시까지 출근해서 저녁 7시쯤에 퇴근해요. 서울 근교에 살기도 하지만, 경기
도민도 많고 그러니까 출퇴근 시간도 만만치 않아요."

여성 휴게실이 따로 있나요?

"남자 사원이 2층에 한 명밖에 없으니까 휴게실이 여성 전용이 된 거죠."

"콜센터에서는 여직원 휴게실이 중요해요. 도급업체에 가보면 시설만큼은 최고예요. 예를 들면 쉴 수 있는 침대도 있고 안마기도 있고 안마사까지 두는 곳도 있는데, 저희는 건물도 낡았고 휴게실도 점심 식사 때 말고는 휴게실로 사용하지 못하고 있어요. 전화를 받느라 쉴 시간이 없으니까. 전자레인지 하나 있는 거 사용하는 정도죠."

"그쪽은 아무래도 우리보다는 목표라든지 평가 방법이 다르기 때문에 쉴 수 있는 시간이 많더라고요. 가보면 우리에 비해서 직원들이 자유롭게 돌아다녀요. 우리는 택배를 받거나 화장실 가는 사람 빼고는 거의 자리에 앉아서 전화 붙들고 있어요. 휴게실 갈 틈이 없죠."

식사는 어디서 하세요?

"휴게실에서 주로 하죠."

도시락을 싸오나요?

"대부분이 도시락을 싸와요. 거의 다. 여사원들이 많은 데다 사 먹는 것도 한계가 있으니까. 휴게실은 점심시간 외에는 들어갈 수가 없어요. 누가 못 들어가게 하는 게 아니라 시간이 없으니까 못 들어가는 거죠. 아파서 누워 있다가도 마음이 편하지 않으니까 기어 나오게 돼요. 구부정한 자세로 또 전화를 받아요."

콜센터에서 본 노조 활동

노조 활동 얘기 좀 하죠. 노조에는 언제 가입하셨나요?

"저는 계약직에서 전문 사원으로 전환될 때 가입했어요. 계약직 때는 언제 회사를 나가게 될지도 모르고, 노조비 나가는 것도 그렇고 해서 가입하지 않았어요."

"저는 어떻게 가입하는지 사실 몰랐어요. 조합원의 날 때 노조원들이 참석하러 가는 걸 보고 어떻게 가입할까 궁금했어요. 입사한 지 얼마 안돼서, 조합원의 날 진행할 때 '그때만이라도 쉬고 싶다' 이런 생각을 할 때였어요. 신청서 있으니까 가입하고 싶은 사람은 해라 그러는데 '나는 계약이다' 이런 기분 때문에 쉽게 가입하지 못했어요. 전문직으로 전환되면서 가입했죠."

"조합원의 날에 공유한 이슈가 대부분 정규직 중심이기 때문에, 계약 사원들은 그 내용을 들으면서 소외되는 거 같고 그래서 탈퇴하는 분들도 많아요."

계약직들 중에는 회사에 노조가 있고 계약직도 가입할 수 있다는 사실을 모르는 분이 계시나요?

"서울은 그래도 나은데 지방은 모르는 사람들이 많아요. 저는 지방에서 근무하다가 서울 센터로 옮겨왔는데 지방에 있을 때는 노조 활동에 대해 잘 몰랐어요. 서울에 와서 노조 조끼 입고 다니는 거 보면 굉장히 부러웠는데 가입 얘기를 해주더라구요."

"전 계약직 때 노조에 가입해 활동하다가 중간에 탈퇴했어요. 입사하고 나서 같은 팀원 언니들을 통해 바로 가입해서 한 달에 한두 번 가서 활동했죠. 회사

안에서 어떤 조직에 가입하는 것 자체가 좋아서 활동했는데, 가게 되면 계약
직보다 운영 사원 위주로 얘기가 돌아가고, 관리하는 지회장도 운영 사원들이
지 계약직은 없잖아요. 그러다 보니 내가 하고 싶은 말도 잘 못하고 소외감을
느껴서 그런 것 때문에 탈퇴했어요."

노조를 언제 탈퇴했죠?

"1년 정도 활동하다가 탈퇴했어요. 작년에 등촌동 88체육관 조합원 총회 행사
때도 그랬고, 계약직이 많았는데도 저희 얘기는 없어서. 물론 노조가 모든 구
성원을 다 만족시킬 수는 없겠지만, 계약직에 대한 얘기가 충분히 없어서 계
약직들끼리 '너무 소외된다, 우리는. 인원수만 채워 주는 게 아닌가' 이런 말이
많았어요. 그때 소외감 때문에 두세 달 있다가 탈퇴했어요."

노조 활동하다 탈퇴한 계약직 노동자들이 주변에 좀 계세요?

"그때 당시에는 좀 있었어요. 같이 총회에 갔다가 나오면서 서로 그런 얘기가
있어서 탈퇴했어요."

정규직이 노조 가입을 권유해서 가입하는 계약직도 많이 있나요?

"저는 단체에 가입하고 활동하는 게 좋아서 제가 직접 물어보고 가입했죠. 조
합원의 날 시간이 되면 옆 자리에서 '나 이제 간다' 이래요. '어디 가?' '노조 활
동 하러 간다' 이래서 가입하는 경우도 있고. 서울은 대부분 노조가 있고 계약
직도 가입할 수 있다는 사실을 잘 알고 있어요. 하지만 지방은 잘 모르겠어요."

조합원의 날이 시작된 지 5년 됐는데, 직원들 사이에서는 '아, 저건 노조가 하는 거구나' 이런 식으로 하나의 표시처럼 된 거네요. 엘지카드 노조도 정규직 중심의 노조이기는 하지만 출발할 때부터 비정규직에게도 개방했고, 비정규직까지 대변해 보려고 나름대로 열심히 했지만, 비정규직 노동자들 입장에서는 서운한 점이 많을 텐데요? 계약직이나 운영 사원들 입장에서 볼 때 이런 점은 개선해야 된다 하는 게 있으면 말씀해 주세요.

"입사하고 얼마 안 되서 노조 가입을 권유받아서 들어갔어요. 처음엔 그냥 조합원의 날 행사에 참석했는데, '계약직이라서 혜택을 못 받을 수 있겠구나' 하는 생각이 들었어요. 그런데 병원 진료를 받을 때였는데, 언니들이 '계약직들도 혜택을 받을 수 있다'고 알려 주고 챙겨 줘서 좋았어요. 노조가 계약직에게 벽을 친 게 아니기 때문에, 운영 과정에서 소외되고 서운할 수도 있는데 혜택 같은 것도 많고 좋은 점도 많아요."

운영 사원이 말하는 운영 사원 제도

운영 사원 제도를 우여곡절 끝에 도입했는데 어떤 것 같아요? 고용이 안정되니 그전보다는 좋아진 건데, 이게 또 여러 측면이 있을 텐데요?

"회사 입장에서는 굉장히 좋은 노예제도, 매어 놓은 노예를 만들어 놨다는 생각이 들었어요. 왜냐하면 이 사람들은 그 분야에서는 베스트 중에 베스트에요. 운영 사원 중에서 1등 한 번 안 해 본 사람 거의 없거든요. 이 사람들은 자기 일에 대해서는 최고의 역량을 발휘하는 사람들인데, 이 사람들이 '운영 정규'라는 틀 안에서 '정규'라는 것 때문에 쉽게 미련을 못 버리는 거죠. 복리 후생 등 여러 가지 혜택이 있으니까. 근데 회사에서 난이도가 높은 모든 일에 불려 다니는 건 대부분 운영 사원들이에요. 물론 저는 팀장 입장에서 이 친구들이 워낙 탁월하니까 칭찬을 해주지만, Day2(통합) 때 저희 상담 센터는 거의 폭탄을 맞았었죠. 운영 사원들을 여기다가도 배치했다가 저기다가도 배치했다가. 물론 저도 멀티 플레이어라고 칭찬도 하고 다독이기도 하고 힘들어도 해보자 해보자 했지만, 제가 생각할 때 이 사람들이 너무 불쌍한 거예요. 여기저기 휘몰아치듯이 모든 일을 다 잘하는 사람들이기 때문에 '너희들은 당연히 그렇게 해야 된다'고 회사는 생각하고 있어요."

"똑같은 업무라도 운영 사원은 더 많은 책임감과 더 많은 목표량을 제시받아요."

"예전에 한때 정규 사원 면접도 있었잖아요, 이 회사에 와서 면접 본 것만 해도 네다섯 번은 되고 그때마다 옷 사 입고 가는데, 그렇게 노력해도 안 되고, 계약제도·전문제도·운영제도도 했지만 이제는 내가 할 수 있는 것도 많이 제한되어 있잖아요. 10년 가까이 몸 바쳤는데 남은 거는 정말 '너희는 운영이니까'예요. 그런 걸 느끼니까 점점 더 힘들어요. 여태까지 그래도 성취감도 있었고 1등하면서 내가 이만큼 전문·운영 사원으로 그만큼 보상받는다고 생각해서 여기까지 왔는데, 더 이상 갈 데는 없고 일은 많아지고 나이도 많고 결국 갈 데는 집밖에 없다는 생각을 해요. 이러다 보면 처지가 다 비슷하기 때문에 단체로 회사를 나갈 수도 있겠구나 하는 생각이 들 때도 있어요."

"대전에 있을 때, 운영 사원 전환될 때 정말 집단적으로 회사를 많이 나갔어요. 정말 실력 있는 사람들끼리 경쟁시키면서 쳐냈기 때문에, 그때 전환 안 되어서 나간 사람들이 남아 있었으면 Day2 때 그렇게 힘들지 않았을 거예요."

"'인생은 둘이다'라는 것도 여기 와서 알았고, 입장에 따라서 ……."

"제가 계약직이었다가 운영 사원이 되면서 심적으로 부담됐던 건 …… 계약직에서 운영 사원이 되기 위해 목숨 걸고 실적 관리했거든요. 면접이라는 걸 보기 위해 최선을 다하고 합격돼 운영 사원이 됐는데, 아무래도 계약직 때 최고로 받았을 때 페이(월급)보다 낮은 페이를 받을 수가 있거든요. 운영 사원은 상대평가니까 누구는 최악의 평가를 받게 되요. 이제 막 운영 사원이 됐으니 5~6년된 언니들하고 경쟁하는 거 자체가 너무 치열해요. 치열한 경쟁을 뚫고 왔는데 계약직 때 받은 페이를 맞추려면 더 치열하게 경쟁해야 하는 거죠."

"운영 사원이 되기 위해서는 정말 치열해요. 지금 센터에 일반 계약직은 몇 명 안 남았거든요. 근데 다섯 명 중에서 1, 2, 3등을 정해야 하는 거죠. 서로 너무 친한데 운영 사원이 되려면 정말 계속 치열하게 경쟁해야 하니, 진짜 어휘! 모두가 운영이 되고 싶어 하니, 친한데도 눈치를 봐야죠."

"우리는 너무너무 힘든 거야. 예전에는 사람이 많아서 그만큼의 사람들이 줄을 서 가지고 등급을 나눴는데, 지금은 열 명도 안 되는 사람들이 줄을 서서 1등을 하지 않으면 10퍼센트에도 못 들고 2등 하면 20퍼센트로 탁 떨어지니까 면접 볼 기회 자체가 없어요. 1등과 2등인데 한 사람은 면접 보고 한 사람은 못 보는 거죠."

"운영 사원이 되려는 사람들한테는 실망스런 얘기일 수도 있는데, 운영 사원이 되고 4년이 지나도 마찬가지예요. 승급 제도가 있다고는 하지만, 외부에서 물어보면 그냥 운영 사원이라고 하고, 운영 사원이 뭐냐고 하면 장기 계약이라고 대답하고 말아요."

"12년이 지나도……. 국민은행에 가니까 데스크에 앉아 계신 분들이 주임을 달고 있더라구요. 그런데 '정규직은 아니에요' 이렇게 얘기하더라구요."

"12년 뒤면 난 마흔 다섯인데 그때가 돼도……."

"직군 분리하면서 은행계나 카드사에……."

"마흔 살에 상담을 할 수 있을지……."

센터 업무에 입사하는 분들은 학력이 대체로 어때요?

"천차만별이에요."

"고졸, 전문대졸, 4년제……. 법학과 나온 사람도 있어요."

여기 취직하기 전에 낯선 사람들하고 전화하면서 먹고살 거라는 생각을 해보신 적 있나요?

(대부분) "아무도 없어요!"

"전 어렸을 때 이 일을 해보고 싶었어요, 114에 전화하고 그랬을 때요. 그래서 졸업하자마자 그냥 해봤거든요. 아웃바운드도 있어 보고 영업도 있어 보고 인바운드도 있어 봤어요. 일은 힘들지만 적성에는 맞아요. 다른 회사에 있을 때도 '엘지카드만큼 일 힘든 데 없다, 엘지카드 나오면 어디 가서든 팀장을 할 정도로 스킬이 향상된다' 이렇게 들었어요. 엘지 왔을 때도 카드 회사 비전 보지도 않았고 계약직 하나 보고 왔거든요. 스트레스는 어떤 직업이든 있는 것 같고. 콜센터 한번 하면 다른 업무는 잘 못하게 되는 것 같아요. 스트레스도 있지만 매력도 있는 것 같아요."

"일반 회사는 프로젝트가 있어서 준비도 하고 그러면서 일하잖아요. 그런데 저희는 항상 똑같이 하루하루를 사는 하루살이 같아요. 가끔 슬퍼요."

"시간도 빨리 가고 나이도 빨리 먹는 것 같아요."

"그런데 한번 발을 들여 놓으면 이 업무를 떠날 수가 없어요."

"힘들어서 그만 두고 나가도 또 콜센터에 취직해요."

"솔직히 나가서 일반 사무실에 가도 이만큼 급여 못 받아요. 그러니까 나가서 또다시 오고, 그러는 거거든요."

"텔레마케터에 대한 인식이 안 좋아요."

"예전에 간호원을 간호사로 명칭을 변경했듯이 상담원이라는 명칭을 좀 바꿔야 한다고 생각해요. 상담원이라는 명칭 때문에 고객들이 우리를 비하하는 경우가 많아요."

"상담원도 그렇고, 콜센터라는 말 자체가 좀 안 좋은 것 같아요."

"다른 것보다, 회원들이 민원을 걸면 못 받아치니까. 상담원들이 욕을 해도 말을 못 한다, 이런 인식이 박혀 있으니까."

"회원들의 무리한 요구에 대해 아닌 건 아니라고 딱 잘라 얘기할 수 있어야 하는데, 경영자는 외부 평가나 언론에 한 번 터지기만 해도 타격이 커서 수그러들 수밖에 없으니까, 아닌 건 아니라고 잘라 줄 수 있는 환경이 돼야죠."

"생각보다 알아야 하는 지식량이 진짜 많아요. 우리는 상담 고시를 본다고 그

래요. 신문도 다 봐야 되고 뉴스도 다 들어야 되고. 신한카드 업무 전반을 다
아는 게 바로 상담원이에요. 본사 담당자보다 오히려 우리가 더 잘 알아요. 이
런 점을 잘 모르는 것 같아요."

생활 속의 노동조합 활동

2008년 3월 7일 노조 창립 4주년을 기념하는 정기 대의원대회에서 엘지카드 노동조합 활동은 또 다른 변화의 가능성을 예고했다.

황원섭 위원장은 대회사에서 "지난 4년간의 시간을 아름다운 추억과 뿌듯한 자부심으로 간직할 수 있게 되었다"며, 노동조합 활동이 한편으로는 회사의 지속적인 성장과 강건한 노사 문화를 유지하기 위해 견제와 투쟁이라는 본연의 역할을 하면서도, 예전의 명분을 중시하는 전투적 상황에서 벗어나 실사구시의 정신으로 현장의 다양성을 중시하는 역할로 발전해 나갈 것이라고 밝혔다.

이날 세운 2008년 사업 계획을 보면 노조의 문제의식이 좀 더 분명하게 나타난다. 대주주 변경 전 노조의 역할이 '전쟁 때 군대'와 같았다면 대주주 변경 후에는 '평상시 시민단체'와 같은 마인드로 변화해야 한다는 것이다. 따라서 그동안 노조 활동에서 전쟁을 수행하기 위한 구심체로서 중앙 집중성이 강조됐다면, 지금부터는 현장을 중심으로 다양성을 중시하는 마인드로 변화해야 한다는 것이다.

또 그동안 추상적이며 포괄적인 총론을 중심으로 명분을 강조하는 이슈를 제기해 왔다면, 앞으로는 구체적인 각론을 바탕으로 실사구시의 태도로 나아가야 한다는 것이다.

그런데 엘지카드 노동조합 활동 5년을 유심히 살펴보면 이 같은 문제의식이 초기부터 강하게 배어 있음을 알 수 있다. 엘지카드 노조는 우리사주 문제 해결, 대주주 변경, 비정규직 문제 해결 등을 위해 강력한 조직 활동을 전개해 오면서도 '생활 속의 노동조합'으로 자리 잡아야 한다는 문제의식의 연장선에서 다양한 일상 활동을 펼쳐 왔는데, 2008년 들어 이 같은 활동에 좀 더 적극적으로 나서겠다는 의지를 표현한 셈이다.

원론적으로 말하면 노동조합은 단일한 이념으로 뭉친 정당과는 달리 남 밑에 고용돼 직장 생활을 한다는 것 말고는 서로 닮은 데라고는 하나도 없는 사람들이 함께 뭔가를 모색해 나가는 조직이다. 따라서 '자본에 고용됐다'는 공통점에서 출발해 노동자라는 하나의 계급 이익을 위해 투쟁하는 '계급성' '투쟁성' 등등의 원칙과 더불어 천차만별로 다양한 사람들의 참여를 보장하고 존중하며 민주적이고 투명하게 조직을 운영해야 한다는 '대중성' '민주성' '투명성'과 같은 원칙도 매우 중요한 조직 운영 원리가 된다.

해방 직후 조선노동조합 전국평의회('전평')의 노조 활동 경험을 담은 『노동조합교정』(1947년 첫 출간)이라는 책을 보면 노조원의 일상생활 속에서 펼쳐지는 대중적인 활동의 중요성과 사례가 '알선역' 활동이라는 이름으로 소개되고 있는데, 이 같은 활동이 초기 노동운동 때부터 매우 중요하게 다루어졌음을 알 수 있다.

금연 캠페인에서 시작된 '생활 속의 노조'

엘지카드 노조는 '생활 속의 노동조합' 활동을 '생협 활동'으로 불러왔다. 무엇이라 표현하든 간에 노조원 곁에 가깝고 친근하게 자리 잡으려는 문제의식과 활동은 중요하다. 물론 당장의 문제를 해결하는 것이 시급하고, 상근 인력이나 전문성이 부족해 욕심만큼 충분히 실천하지 못하는 아쉬움은 항상 남는 법이지만 말이다. 여기서는 '생활 속의 노동조합'을 지향하는 문제의식을 녹여 노조가 펼친 몇 가지 일상 활동을 살펴본다.

생활 속의 노동조합 활동을 챙겨 온 사람 중 하나는 새 노조 출범 당시 기획 실장으로 상근하기 시작해서 총무 기획 국장, 비정규제도 개혁 국장을 거친 문정하 노조 대외협력 국장이다. 문 국장이 기억하기에 생활 속의 노동조합 활동은 실내 금연 캠페인에서 시작됐다. 2004년 당시 노조 사무실이 서울 강남구 역삼동 본사에 있을 때였는데, 금연 건물인데도 관리자들이 공공연하게 담배를 피워서 특히 여직원들이 힘겨워했다. 그래서 문 국장은 노조의 비상근 현업 여성 간부들과 의기투합하여 금연 캠페인을 시작했다. 활동이라기보다는 게시판에 글을 올리고, 여성 간부들의 경우 담배 피는 직원을 발견하면 '실내에서는 금연입니다'라고 지적하는 수준의 실천이었지만 그때부터 생활 속의 노동조합 활동이라는 문제의식이 싹텄던 것이다.

카드사의 장점을 살려 공연이나 콘서트를 할인받아 관람하는 사업을 안내해서 노조원들과 김건모 콘서트도 보러 가고 노래를찾는사람들 공연도 보러 갔다. 노조원들은 문화생활을 즐겨서 좋았고, 노조는 상근자가 적어서 노조원을 만날 기회가 없었는데 부담 없이 서로 만나게 되니 꿩 먹고 알 먹고였다.

노조 사무실에 비상약을 준비해 놓고 필요한 사람들은 와서 사용하게 했는데, 의외로 많은 노조원들이 이용했다. 밴드도 찾고 파스도 찾고 소화제도 찾고 ……. 작은 거라도 노조원들에게 보탬이 돼서 좋았고 덤으로 그만큼 노조원들이 노조 사무실에 자주 드나드니 일석이조였다.

새 노조가 출범한 초기에 노조원의 생일을 한 사람씩 챙겨서 사내 인트라넷에 올려 주고, 위원장 명의로 축하 이메일 카드도 같이 올렸는데 몸보다 마음이 더 추웠던 시절이라 훈훈한 정이 느껴졌다.

2006년 2월부터 YTN 본사 건물에 근무하는 노조원들을 대상으로 책이나 DVD를 대여하는 사업을 시작한 것도 비슷한 취지였다. 노조 예산을 천만 원 정도 들여 도서 279권, 만화책 423권, DVD 418개를 사서 대여했다. 노조원들 집에 있는 책과 DVD도 기증 받았다.

이 일로 노조 사무실을 드나드는 노조원은 더욱 늘어났다. 나중에는 본사 이외의 부서에 근무하는 노조원에게까지 확대했는데, 일일이 행낭으로 보내 주고 관리하는 게 손이 참 많이 가는 일이었다. 그러나 호응이 너무 좋아서 힘든 줄도 모르고 계속했다. 약 2년 정도 노조에서 운영하다가 회사가 비슷한 방식으로 정보자료실을 운영한다기에 노조에서 하는 것보다 노조원들이 이용하기에 더 편리하기도 해서 이관했다.

인기 만점 '효도 관광'

2006년부터 노조가 매년 주관하고 있는 효도 관광도 인기 상품이다. 이는 5월 가정의 달을 맞아 노조원의 부모나 가족들을 5~6일간 일본이나 동남아로 여행을 보내 주는 일이다. 일반 여행사에 비해 특별히 가격이 싼 것은 아니다. 다만 노조가 이를 도맡아 책임 있게 추진함으로써 여행사 상품에서 으레 따라붙는 쇼핑이나 옵션 등을 다 없애 버리고, 말 그대로 지갑 안 들고 가도 여행할 수 있는 진짜 여행을 부모와 가족들에게 선물한 것이다.

노조는 실제로 '효도하는 관광'을 만들기 위해 노조원들을 직접 찾아가서 부모님께 드리는 영상 편지를 찍었다. 노조원들이 전국 구석구석에서 일하고 있어서 매우 번거로운 작업이었지만, 막상 여행지에서 부모님들이 자식들의 영상 편지를 보고 자식의 마음을 온몸으로 느끼고 기뻐하며 눈물 짓기도 하는 걸 보면 보람을 느꼈다.

더구나 자식이 다니는 회사가 부도 위기에 몰려 신문이며 방송에 대문짝만하게 보도되는 것이 항상 불안했는데 이런 행사를 통해 안심을 하게 되고 부모들끼리도 친해져서 교류를 하는 일도 생겨났다.

효도 관광에는 여행사 사장과 현지 가이드 말고도 노조 간부가 직접 실무 책임을 지고 동행한다. 부모들 중에는 거동이 불편한 사람들이 참석하기도 하는데, 이런 경우 일반적으로 여행사가 주관하는 관광에 참여하기 어려운 것이 현실이다. 그렇다고 자식이 휴가 때마다 모시고 다닐 수도 없는데 노조가 주관하는 효도 관광에서는 휠체어를 탄 사람, 지병 때문에 인슐린 주사기를 쓰는 부모까지도 세심하게 업고 다니며 여행할 수 있도록

사진 에세이 효도 관광 떠나다

직장의 위기는 부모와 가족 모두의 위기이자 걱정거리였다. 2005년 '가정의 달'을 맞아 직원들이 부모와 가족에게 어떤 선물을 하면 좋을까 고심했다. 그리고 부모님들께 자식의 직장 생활도 자세히 알려드리고 여행도 시켜 드리자는 취지에서 효도 관광을 시작했다.

노조가 꼼꼼히 챙기는 효도 관광이 안겨 준 감동은 남달랐다. 자식의 직장 생활에 대한 부모의 이해도 깊어졌고 덤으로 노조의 인기도 올라가 노조가 가슴으로 노조원들에게 다가가는 활동으로 자리 잡았다.

아들딸의 얼굴과 목소리가 흘러나오자 부모님들은 눈물부터 글썽인다.

태국의 한 호텔, 자녀들이 영상 편지를 통해 부모님께 감사의 마음을 전하고 있다.

태국 농눅 빌리지에서 큰 소리로 외쳐 본다.
우리 아들딸, 파이팅!

여기는 태국 산호섬. "사랑한다, 얘들아~♥"

"여기를 보세요! 에~
자녀분들의 직장 생활은요~"

오늘 만큼은 자식 걱정, 집 걱정
모두 저 바람에 휙~ 날리고 달려 보자.

자녀들이 다니는 회사, 얼마나 튼튼한지
설명도 듣고⋯⋯ "아, 그렇구나!"

코끼리 등에서 찰칵! "여보~ 꼭 잡아!"

이번에 부모님께서 효도관광을 다녀오셨는데⋯⋯.
너무나 구경 잘하시고, 편하게 있다가 오셨다고
입에 침이 마르도록 칭찬을 하시네요. ^^
건강한 모습으로 잘 다녀오실 수 있도록
항상 챙겨주시고, 보살펴 주셔서 감사하다는 말씀을 드립니다.
특히나, 여행 중 메일로 발송한 편지까지 전달해 주시는 등
참 애를 많이 써 주신 것 같습니다.
부모님께서 감사하다는 말씀을 꼭 전해드리라고 합니다. ^^
감사팀 박○○ 차장

안녕하세요. ^^ 정산업무팀 정○○입니다.
이번에 조합에서 마련된 효도관광에서
부모님과 함께 태국을 다녀왔습니다.
정말 알차고 즐거운 여행이었습니다.
개인적으로 느끼기엔 저희 부모님뿐만 아니라
모든 어르신들이 즐거운 여행을 하셨다고 생각합니다. ^^
좋은 상품으로 준비해서 여러 모로 애써주신 것에 감사드리
또 함께 동행하며 3박 5일 내내 애써주신
국장님께 감사드립니다. 감사합니다. ^0^

일본 유노하나 재배지에서 모두 함께 기념 촬영

키티랜드에서 마스코트와 함께 한 장,
"근데 넌 누구냐?"

일본 사적 앞에서 다정하게 기념 촬영,
"얼굴 작게 찍어 주세요"

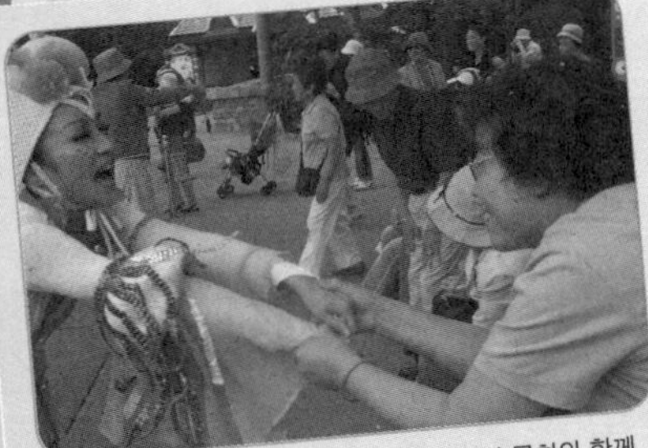

일본 키티랜드에서 무희와 함께,
"아유, 이뻐라. 우리 아들이 아직 혼잔데~"

아들딸들이 보낸 사랑의 영상편지,
"엄마, 아빠, 사랑해요"

일본 고궁 앞에서 전체 사진 또 한 장 "다 모이셨죠?"

시원하게 펼쳐진 아소산에서, "즐거웠습니다!"

"여보, 다음에 또 옵시다!"

국장님 안녕하세요..전략기획팀 엄○○입니다.... ^^*
시골 부모님과 처음 해외 나가보는 누님이어서 좀 걱정이
되었는데 준비도 잘 되었고, 또 국장님께서 개인적으로
신경도 많이 써주신 덕에 아주 좋으셨다고 말씀하시더군요.
부모님께서도 국장님께 감사하단 말씀
전하시라고도 하시구요..^^*
기대하셨던 것 보다는 훨씬 더 좋으셨나 봐요.
여튼 고생 많으셨구요.
많이 신경 써주셔서 감사하단 말씀 드려요.
그럼 수고하시고, 즐거운 하루 보내셔요.^^*

안녕하세요~^^ 지난주에 저희 시부모님께서
요도 관광(태국)을 다녀오셨습니다. 다녀오셔서
처음 하시는 말씀이, 같이 동행해 주신 직원분께 만나면
꼭 감사드린다는 말씀을 전해 달라고 하시더라고요~^^
부모님께서 여러 번 말씀을 하셔서
감사 말씀을 드리고 싶어 이렇게 글을 올립니다.
여행지에서 부모님들 불편함 없이
하나하나 챙겨주시고 몸에 배어있는 친절함에
저희 부모님은 물론 동행하신 부모님들도
모두 감동하셨다고 합니다. 사위 삼고 싶었다고
말씀하시더라고요.
5월 가정의달에 시부모님 해외여행 보내 드리고
잘 다녀오실까 걱정도 많이 했는데
너무 즐거우셨고 국장님의 친절에
더욱더 편안한 여행이 되었다고 말씀하셔서
감사의 글 올립니다.
고생 많이 하셨습니다~. 감사드립니다~^___^

안녕하세요? 춘천D 박○○입니다.
부모님들 모시고 여행 다녀오시느라
정말 수고 많으셨습니다.
부모님들이 어쩌나 칭찬을 많이 하시는지……
정말 내 부모님 모시고 여행 오신 것처럼
고생 많으셨다고……. 많이 힘드셨을 텐데
무사히 잘 모시고 컴백하셔서 정말 고맙습니다.
오늘 하루도 즐건 하루 보내세요.~~^^

배려했다. 처음에는 노조원들도 반신반의했는데, 이런 사실이 소문이 나자 지금은 너도 나도 참여하겠다고 아우성이다.

2006년에 첫 효도 관광에 참여한 노조원들은 노조에서 하는 행사는 무조건 맨 먼저 신청한다. 그만큼 믿는 거다.

효도 관광을 오랫동안 담당해 온 김태진 정책기획 국장은 효도 관광을 시작했던 배경을 이렇게 설명한다.

"가족들은 내 남편이나 내 아들이 엘지카드 다니는 거는 다 알지만 제가 가족들에게 노조 간부 활동 한다고 밝히는 거는 쉽지가 않죠. 걱정하시니까요. 저도 처음에 노조에 상근할 때 부모님들이 걱정하실까 봐 '인사팀에 근무해요'라고 말씀 드렸어요. 지금이야 아시지만요. 노조 간부입니다, 조합원입니다, 이렇게 자연스럽게 말할 수 있는…… 노조라는 게 뭔가 세상에 불만 있는 사람만 하는 게 아니라, 회사가 어려울 때만 하는 게 아니라 평상시 직장인이면 다 상식적으로 하는 일이라는 걸 가족들에게 느끼게 해 주고 싶었어요. 그래서 가족이랑 같이 하는 행사를 되도록 많이 하려 했죠. 이렇게 좋은 효도 관광이 바로 우리 노동조합에서 하는 거다, 이런 자긍심을 노조원들이 느끼길 바랐죠."

광주 신용지원센터 김환 팀장 가족도 효도 관광을 다녀왔는데 '효과 만점'이었다. 노조 대의원인 김 팀장 외에도 효도 관광에 참여한 광주 근무 노조원이 몇 명 더 있는데 다들 아주 좋았다고 한다.

효도 관광 여행 경비는 참가자들이 부담하고 노조는 여행 때 다과회와 조그만 선물, 영상 촬영비 등 4백만 원 정도를 들인다.

2008년에도 어김없이 5월 가정의 달을 맞아 가족 40명이 나흘간 일본을, 38명이 엿새간 태국을 다녀왔다. 노조 예산은 354만8천 원이 들었다.

엘지카드 노조 문예패 '이루리'

2004년 조합원의 날을 시작하던 초기에는 경험이 부족한 탓에 자치활동이 잘 진행되지 않아서 애를 먹었다. 어떻게든 흥미와 관심을 끌어 보려고 퀴즈 대회도 열고 통닭 파티도 자주 하면서 조합원－지회장－대의원－집행부의 조직을 구축하고 가동하는 데 최선을 다했다. 그런데 사실 이런 공식 조직만으로는 한계가 있었다.

처음 생활 속의 노조 활동을 계획할 때는 어떤 걸 하면 좋을까 설문조사도 하고 아이디어도 많이 짜냈는데 '그런 걸 노조가 해도 될까'하고 금기시하는 분위기도 있어 '꺼리'를 찾기가 쉽지 않았다. 이런저런 거 다 따지다 보면 노조는 자꾸만 멀게 느껴지니 발상을 바꿔야 했다.

그래서 사내 그룹사운드에서 활동하는 노조원들 공연 때 노조가 홍보도 해주고 이웃돕기 성금도 모금하고, '우리 가족 여름휴가' 사진 콘테스트, 고궁 역사 기행, 심지어 카트라이더 오락 대회를 노조에서 주관해서 상품도 주고 그랬다. 하여튼 뭐든 노조원들 주위에서 재미있고 기분 좋은 이벤트가 있으면 어김없이 노조가 하는 것이라는 생각이 떠오르게 하려고 노력했다.

알뜰 장터도 수시로 열었다. 본사 위주이긴 했지만 계열사였던 엘지패

노동자들의 투쟁 공간에서 환희와 열정을 뿌리는 엘지카드 노동조합 중앙문화대 '이루리' 는 출범 3년 만에 자체 행사뿐만 아니라 대외 행사에서도 초청되는 유명 인사가 되었다.

션이나 슬레진저 등과 함께 저렴하게 물건을 살 수 있게 하거나 컴퓨터 할인 행사를 유치하는 등의 활동을 벌였다. 치과, 안과, 한의원 무료 시술 및 할인과 같은 의료 기관 제휴 서비스도 매년 계속했다. 개인 재무 컨설팅도 했다.

시행착오를 거친 끝에 결실을 거둔 활동이 '이루리'라는 이름의 문예패 활동이다. '이루리'는 민중가요를 함께 부르거나 율동을 함께하는 조직이다.

새 노조 출범 직후부터 이와 비슷한 활동을 해보자는 얘기가 나왔고 풍물패나 노래패라는 형식으로 모집도 해봤으나 잘 안되다가 2005년부터 현재 이루리 대장을 하고 있는 윤호영 씨가 알음알음 사람을 모으기 시작했다. 대학 다닐 때 노래패 활동을 했던 문 국장도 한몫을 단단히 했다.

처음엔 비공식 노래패를 띄웠고, 노조는 외부 강사 초청 비용이나 뒷풀이 비용을 지원했다. 이렇게 실력을 닦은 뒤 2005년 하반기 산업은행 앞 집회 때 데뷔했는데 이때부터 활약이 대단했다. 지금은 아예 이루리 대장이 비상근이지만 노조 문화국장을 맡고 있고, 10여 명이 별정 조직처럼 활발하게 움직이며 노조의 위상을 높여 주고 있다.

엘지카드 노조 자체 행사는 물론이고 외환카드 매각 철회 투쟁 등에 단골손님으로 초대받고, 민주노총 메이데이 집회에 나가 공연도 하면서 맹활약하고 있다. 2008년 정국을 뜨겁게 달궜던 촛불집회 때 노조 집행부가 홍보를 하긴 했지만 직접 조직을 하진 못했는데, 막상 거리에 나가 보면 노조원들이 눈에 많이 띈 것도 '이루리'와 같은 현장 활동 덕분이라는 평가다.

엘지카드에 다니는 사람 중 여성은 60~70퍼센트를 차지하며, 이는 노조에서도 마찬가지다. 그러나 직장 생활이나 노조 활동에서 여성은 오히려 소외되기 쉽다. 아무래도 여직원들은 노조에서 책임을 맡는 것에 부담을 많이 느낀다. 대의원이나 지회장도 남성이 더 많다. 여직원들이 대다수인 부서는 여성이 맡지만, 남녀가 섞여 있는 곳은 주로 남성이 대의원이나 지회장을 맡는다. 그래서 노조원 중 여성 비율은 절반을 훌쩍 넘지만 대의원 중 여성 비율은 10~15퍼센트 수준이다. 이런 구조에서는 노조 활동도 남성 중심으로 가기 쉽다. 대한민국 사회와 노조 운동이 모두 안고 있는 문제가 아닐 수 없다.

노조의 여성 부위원장, 여성 국장, 상근 여성 간부들이 정기적으로 모임을 갖고 노동계의 여성 이슈들을 공유하거나 사업을 구상하기도 해봤지만 쉽지는 않았다. 금연 운동도 해봤고, 수유 문제를 고민하면서 본사 여성 휴게실에 수유 시설도 설치하고, 사내에서 성희롱 사건이 불거진 것을 계기로 성희롱 대책위원회를 구성해 예방법과 대응 방법도 홍보했다.

2005년 여성들이 많은 상담 센터에서 근골격계 질환 때문에 고통 받는다는 문제가 제기되어 회사 전체를 대상으로 실태 조사를 벌였고 2006년도에 오래된 헤드셋이나 기기들을 모두 새것으로 교체했다. 업무로 인한 질환에 대해 의료비 지원을 확대하고 정기 검진 때 귀, 목, 턱에 대한 검진을 포함시켰다. 점심시간 한 시간을 보장하고 평가 방식을 개선해야 할 필요성도 제기했으나 아직 충분히 개선되지는 못하고 있다.

2008년에는 여직원들이 모성보호를 위해 부담 없이 생리휴가를 사용할 수 있는 환경을 만드는 데 힘썼다. 때마침 금융권에서는 생리휴가 수당의 미지급 문제로 소송이 줄을 잇던 때였다. 그러나 엘지카드는 그동안 생리휴가를 쓰지 못했는데도 휴가 사용과 관련된 정확한 전산 기록이 남아 있지 않아 소송을 걸기도 쉽지 않았다. 또 과거에는 노조도 제구실을 못했기 때문에 이에 대해 문제를 제기한 적도 없었다.

이를 계기로 노조는 노조원들에게 조합원의 날을 통해 생리휴가 사용이 기본 권리임을 인식하게 하는 한편, 경영진에게는 생리휴가를 사용할 수 있는 환경을 갖추도록 요구한다. 예전에는 월 1회 생리휴가를 무급으로 사용해야 했으나 통합 인사 제도에서는 생리 휴가를 사용해도 급여를 공제하지 않도록 했다. 그래도 현장에서 생리휴가 사용이 원활하지 않자 노사협의회 안건으로 제기해 제도 운영상의 문제점을 개선하도록 했다.

실제로 통합 인사 제도 도입과 노조의 노력에 힘입어 2008년부터는 생리휴가 사용이 많이 늘었다. 상급자 눈치 보느라 사용하지 못하는 일은 많이 줄어든 것이다. 그러나 상급자 눈치 때문이 아니라, 예를 들어 실적에 따라 임금이 달라지는 계약직이나 운영 사원의 경우 생리휴가를 사용하면 그날 임금 자체는 유급으로 보장되지만 실적이 떨어져 경쟁에서 밀릴 수 있으니 사용하기 어려운 현실은 아직 해결되지 못하고 있다.

한편 엘지카드 노조는 주로 비정규직이 많은 여성 노동자들의 권익을 보호하는 데 노력한 공로로 2006년 3·8 세계여성의 날에 즈음해 민주노총이 수여하는 평등상을 수상하기도 했다.

'신속, 정확, 보안 철저'가 생명인 고충 상담방

한편 노조가 운영하는 안건 제안방과 고충 상담 및 성희롱 신고방도 노조원들이 직장 생활에서 생기는 문제를 제기하고 함께 해결책을 찾는 창구 구실을 했다. 2006년 1년 동안 안건 제안방에는 총 63건의 글이 올라왔는데, 근로조건 관련 복리 후생 문제(38퍼센트), 전화 인사말 개선과 같은 불합리한 일상 업부 개선 문제(25퍼센트), 인사와 관련된 비정규직 문제(13퍼센트) 등이 주를 이루었다. 이 가운데 노조는 90퍼센트를 처리했고 10퍼센트는 장기적인 검토 또는 임단협 요구에 반영했다.

안건 제안방과 별도로 운영된 고충 상담방과 성희롱 신고방에 접수된 내용은 타인이 열람할 수 없고 오직 노조 수석부위원장만 볼 수 있으며, 중요한 사안일 경우 노조 위원장에게 보고되었다. 또한 특수한 경우를 제외하고는 접수 후 하루 안에 의뢰한 노조원에게 전화로 연락하여 해결 계획을 논의했다. '신속' '정확', 그리고 '철저한 보안'을 원칙으로 했던 것이다.

2005년부터 2006년 2월 17일까지 고충 및 성희롱 신고방에 접수된 건수는 총 40건이었는데, 승진과 발령 관련 고충(14건), 근무시간과 휴일 근로 등 근로조건(9건), 노조 활동 방해(2건), 성희롱(2건) 등이 주된 내용이었다. 그중에서 23건은 단순 상담이나 의견을 제시하는 것으로 처리할 수 있는 성격이었지만, 17건은 노조 내부나 사측과 협의를 거쳐 해결했다.

엘지카드 노조는 한마음 봉사 활동, 희망나눔 바자회 등 회사 차원의 사회봉사 활동에도 참가했다. 당시 회사의 봉사 활동은 카드 사태로 회사에 대한 사회적 불신을 줄이고 이미지를 개선하기 위한 목적이 강했는데, 노

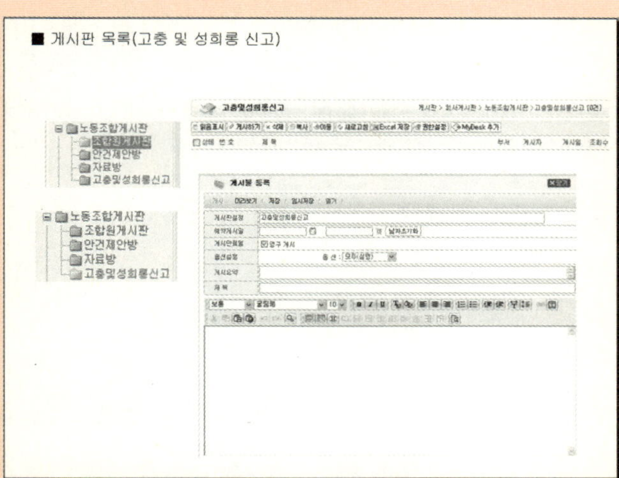

조합원들의 불편함과 애로 사항을 해결하기 위해 안건 제안방(공개 게시판)과 고충 및 성희롱 신고방(비공개 게시판)을 운영하고 있다.

조는 대의원과 지회장 등 현장 조직을 가동해서 열심히 사회봉사 활동을 벌였다. 무의탁 독거노인 무료 급식 봉사 활동, 급여 중 천 원 미만의 자투리 금액 모금 등 후원금 모금, 태풍과 폭설 피해나 태안 기름 유출 피해 구제 활동에도 참가했다.

2005년에는 한 발 더 나아가서 매달 하루를 '사회 공헌의 날'로 지정하자고 제안했다. 2006년 한 해 동안 직원 2,362명이 1인당 4.6시간 동안 사회봉사 활동을 벌였다. 2007년 들어 노조는 경영진에게 '사회 공헌 활동 이수제' 도입을 제안하는데, 모든 직원이 반드시 사회봉사 활동을 하도록 하고 직급별로 이수 요건을 미달할 경우 승진급에서 제외하자는 내용이었다. 물론 이 제안은 실현되지 않았고, 회사가 신한으로 인수되면서 노사가 함께하는 사회봉사 활동은 중단되었다. 앞으로 노조는 노조 자체적인 사회봉사 활동을 모색해 나갈 계획인데, 어쨌든 노조가 현장 조직까지 가동해서 벌여 온 봉사 활동은 그대로 남아 있기 때문에 이에 대한 후속 지원은 계속해 나갈 예정이다.

진화하는 생협 활동

노조는 2008년 9월 8일부터 5일 동안 노조원들을 대상으로 '생활 속의 노동조합 활동' 관련 설문조사를 벌였다. 495명이 설문에 응했는데 가장 기억에 남는 활동은 공연 할인 등 문화 행사, 조합원의 날에 진행한 퀴즈 풀이와 통닭 파티, 가족이 참여하는 효도 관광 등이었다. 본인이나 가족이 참여한 활동은 알뜰 장터, 불우이웃돕기, 퀴즈 대회 및 사진 콘테스트 순이었다. 앞으로 참여하고 싶은 활동으로는 특가 판매(알뜰 장터), 문화 공연 할인과 단체 관람이 가장 많았고, 효도 관광, 가족 참여 활동과 의료서비스가 뒤를 이었다. 응답자의 74퍼센트가 효도 관광과 같은 가족 참여형 행사에 대해서는 개인 비용이 부담되더라도 확대가 필요하다고 응답했다. 그간 노조의 생협 활동에 대해서는 23퍼센트가 '매우 만족', 47퍼센트가 '만족'을 표시했고, 24퍼센트는 '보통'이라고 응답했다. '불만족'은 2퍼센트로 나타났다.

노조원들이 공통으로 바라는 내용으로는 지역과 지회까지 생협 활동을 확대하자, 효도 관광 횟수를 늘리고 여행지도 넓히는 등 가족 참여형 행사를 많이 하자, 문화·봉사 활동을 더 강화하자 등이었다. 사내 복지 포인트 제도인 카페테리아를 정산해서 생협 활동 비용으로 쓰자, 물놀이 보트나 텐트 등을 노조에서 구입해 대여하면 어떠냐, 생협 매장을 만들자 등의 아이디어도 나왔다.

노조는 이 같은 결과를 바탕으로 효도 관광이나 알뜰 장터, 의료 행사 등 정례화된 활동은 진행 계획을 먼저 알리고 시스템화하기로 했다. 또 조합원의 날을 통해 노조원의 관심 분야를 수렴하고 홍보하며 지역과 연령별로 다양한 기획을 해 나가기로 했다. 본사와 수도권 위주의 행사를 전국으로 확대하고 지회나 부서 등 조직별로 참여와 교류가 가능한 사업을 늘려가기로 했다. 또 생협 활동이 전체 상집위 활동으로 확대될 수 있도록 위상을 높여 가기로 했다.

부록

▪ 엘지카드 노조원들의 에필로그
▪ 엘지카드 노동조합 활동 일지

엘지카드
노조원들의
에필로그

엘지카드 노조 5년 활동을 담을 책을 낸다니까 노조원들이 지난 추억과 지금의
심정, 앞으로의 직장 생활에 대한 다짐을 보내왔다. 앞으로도 결코 '의자를 뒤
로 빼지 않겠다'는 노조원들의 생생한 목소리를 담았다.

1

2003년 4월 초 신혼여행을 다녀오니 내가 근무하던 사무실이
없어졌다. 책상도 없어지고 동료들도 모두 흩어져 지점들이 서
로 통합되었다. 그게 벌써 5년 전 봄. 그때 노동조합이 생겼지 ……. 그렇게 내 결
혼 생활과 함께 다시 시작한 엘지카드 노동조합 2004년 봄을 잊을 수가 없다. 그
때 태어난 울 아들이 벌써 다섯 살. 노동조합과 나이가 같다. 5년이 지난 지금, 신
한카드 노동조합이 태어났구나. 신한카드 노동조합과 또 나이가 같은 우리 둘째
가 태어났으니 엘지카드와 신한카드 노동조합은 내 아이들과 나이가 같구나. 비
록 첫째 아이와 나이가 같은 엘지카드는 사라졌지만 같이 태어난 울 아들이 있기
에 내 맘속에서 엘지카드 노동조합의 역사는 영원하리라 …….

박종호 _제8지구 대의원(원주 할부 지점 강릉 Depot)

2

소회를 말하려니 제일 먼저 생각나는 장면이 추운 겨울날 첫 집회를 했던 금감원 앞입니다. 이때의 느낌이 엘지카드 노동조합을 지금의 모습으로 이끌어 온 힘이라 생각합니다.

날씨가 추우니 손난로(찜질팩)와 장갑을 사라며 돈을 건네 주신 팀장님. 비록 함께하지는 못했지만, 정당한 주장에 응원해 주신 조합원·비조합원 엘지카드 모든 식구의 따뜻한 사랑은 잊지 못할 듯합니다.

또 추운 날 자리를 뜨지 않고 맑은(?) 목소리로 구호를 외치던 센터 직원분들. 금감원 앞에서 저희 팀 옆에 있던 센터 직원분들. 목청들이 얼마나 크던지 ……. 옆에서 보기에 집회라고는 처음 나온 듯한 해맑은 모습이었습니다.

회사를 사랑하고 동료를 사랑하는 순수한 마음을 느끼기에 충분했고, 그들과 함께 목소리를 낼 수 있다는 것만으로도 기분 좋은 경험이었습니다.

선두에서 늘 저희를 이끌어 주시는 위원장님·집행부 여러분. 처음 무대에 서서 인사하시는 위원장님, 조금은 서툴러 보였지만, 지금의 모습은 우리에게 큰 버팀목이 되어 있습니다.

이 집회 이후 쌍둥이 빌딩 1층 로비에도 드러누워 봤고, YTN 1층 로비에도 드러누워 봤습니다. 머리에 머리끈을 메고 산업은행 건물을 빙빙 돌면서 고래고래 소리도 질러 봤습니다. 많은 사람들이 '왜 우리가 이러고 있을까?'라는 의문을 가졌고, 눈물을 글썽거리기도 했습니다.

엘지그룹, 산업은행, 그리고 신한지주.

투쟁의 대상은 바뀌었지만, 늘 우리의 마음가짐은 금감원 앞 그 현장에서 가졌던 초심이 아닌가 합니다. 어려울수록 힘을 모아 지금의 모습이 되었다고 생각합니다. 엘지카드 조합원이 가졌던 열정, 사랑, 순수를 조합 활동을 통해 봤기에 엘지카드를 잊지 못할 것 같습니다.

비록 이름은 바뀌었지만, 사람은 그대로인 지금의 조직에서도 늘 금감원 앞에서 봤던 모습을 기억하면서 열심히 살고자 합니다.

엘지카드에 다녔기에 자랑스럽습니다. 지금도 그들과 함께하기에 뿌듯합니다.

조승범 _ 제26지구 대의원(경영관리팀)

3

처음 회사에 입사했을 때부터 우리 회사가 위기에 처했다는 말을 들었습니다. 그런 말을 들을 때마다 사장님이 괜히 하는 소리라고 생각했었고, 크게 마음에 와 닿지 않았습니다. 제가 어떻게 행동하든지 회사의 미래와는 상관없는 일이라고 느껴졌으니까요.

그러다, 정말 2005년도에 위기가 오더군요. 그리고 나서야 앞으로의 미래가 불안해지고 걱정되기 시작했습니다. 그때, 모든 직원이 함께 하나가 되어 투쟁할 수 있는 노동조합이 생겼습니다. 처음에는 노동조합이라 하면 정규직원만 가입할 수 있는 정규직의 특권이라 생각했습니다. 비정규직들은 가입도 할 수 없고, 보호받기도 힘들다고요. 그런데, 저희 회사에서는 비정규직 직원들도 가입할 수 있게 해주었습니다. 정규직과 비정규직의 차이가 없고, 다 함께 회사를 위해 열심히 일하는 직원들일 뿐이라는 생각이 들게 되었습니다.

모두가 하나되어 회사를 살리기 위해 힘을 합쳐 투쟁하며 열심히 일을 했고, 그 결과 회사도 빠르게 회생할 수 있었습니다. 또한, 비정규 직원들의 복리 후생 및 근무 여건의 향상을 위해 열심히 노력해 주신 노조 간부 위원님들과 여러 사우들로 인해 정규직원으로 직간 전환도 이룰 수 있었습니다.

노동조합이 정규직만의 특권이라고 생각했던 제 생각이 틀렸으며, 정규직이든 비정규직이든 한 회사에서 일하는 모든 직원들에게 노동조합에서는 동일한 혜택을 주기 위해 노력하는 것을 보면서 조합원으로서 감동을 느낄 수 있었습니다. 앞으로도 한결같은 노동조합이 될 수 있기를 간절히 희망합니다.

그동안 고생 많으셨던 모든 조합원들에게 감사드립니다.

조지영 _ 제40지구 VIP 센터 지회 지회장

4

어쩌다 지회장을 두 번이나 하게 되어 현재 이 글을 쓰고 있지만, 처음 노동조합이 생겼을 때 전 계약 사원이었습니다. 계약 사원인 저도 노동조합에 가입되는 것이 신기하기도 했고, 조합원의 날 한 시간이 마냥 휴식인 듯 너무나 달콤했더랍니다. 노동조합에서 무슨 일을 하는 건지도 몰랐고, 오히려 두렵기까지 했습니다. ^^ 지금 생각하면 너무나 바보스런 생각이었지만요. 지회장이 되어 첫 대의원대회를 갔던 것이 생각납니다. 그 많은 대의원과 지회장이 한목소리를 내며 투쟁가를 부르고, 투쟁 구호를 외칠 때 왜 그런지 모르지만, 얼굴이 붉게 달아오르고 가슴이 터질 것만 같았습니다. 아마도 우리가 하나가 되었다는 것을 몸으로 느꼈기 때문이겠지요?

신한은행 본사 앞에서 어깨동무를 하고 투쟁가를 불렀던 것도 생각나네요. 위원장님이 한마디 한마디 하실 때마다 눈에서 눈물이 맺히더라구요. 울 만한 대목도 아니었는데 북받쳐서 눈물이 난 것 같기도 하고, 참 그 마음은 그 당시가 아니면 정말 모를 것만 같습니다.

지금은 이렇게 운영 사원이 되어 회사를 다니고 있습니다. 물론, 제가 열심히 일해서 이 자리에 왔을 수도 있지만, 노동조합이 아니었으면 아마 계약 만료로 다른 직장을 전전하고 있었을지도 모릅니다.

이렇게 안정적인 제 모습은 상상도 할 수 없었겠지요?

이제 노동조합이 통합되어 엘지카드 노동조합이 아닌 신한카드 노동조합이 되었습니다. 아직은 낯선 이름이지만, 그래도 같이 했던 우리 조합원들이 있어 익숙해지는 데 그리 오래 걸리지 않을 것 같습니다.
엘지카드, 엘지카드 노동조합 모두 제 마음속에 오랫동안 남을, 아니 잊히지 않는, 잊을 수 없는 정말 소중한 추억이 될 것 같습니다.

황인욱 _ 제40지구 VIP 센터 지회 지회장

5

2006년 겨울 갑작스런 지회장의 회의 요청으로 모든 조합원이 한자리에 모였습니다. 회사 분위기도 있고 해서 웅성웅성거렸던 기억이 납니다.
"진짜 하는 거야!"
그렇습니다. 첨도 아니었지만……. 길거리에서 모든 조합원들과 함께했던 여의도 두 번째 입성기.
"자~ 낼은 최소 필수 인원 3~4명만 남고 모두 참여하겠습니다. 남고 싶으신 분 말씀하세요."
하지만 누군가 그랬죠. 모두 가자고, 남을 필요 있냐고, 우리의 단합된 모습을 보여 줘야 한다고. 아니 누군가의 말이 아니었습니다. 모든 조합원의 눈빛이 그랬습니다. 함께하겠다고.
그렇습니다. 저희 40지구 발급지회의 "할 때는 한다"는 단합된 모습을 다시 한 번 볼 수 있었습니다.
다음 날 여의도에서 조합원들을 봤을 때, 저희뿐만 아닌 모든 조합원들은 하나도 춥지 않았을 겁니다. 맘속에 있는 저희 발급지회와 같은 뜨거운 열정을 봤기 때문입니다.
노동조합 영원하라, 발급지회 파이팅!

양철주 _ 제40지구 발급 업무팀 지회 지회장

272

6

2004년 2월 14일. 엘지카드 노동조합 창립 총회.

1기 대의원 신분으로 연단에 서서 어색한 팔뚝질에, 가사도 음정도 모르는 민중가요를 눈치 보며 립싱크했던 내가 이제 '철의 노동자'를 목청 높여 부르는 5년차 노동조합 간부가 되었다. 삭풍이 불어 대던 2004년 12월의 여의도 투쟁, 기습적으로 단행했던 엘지 트윈타워 로비 점거 투쟁, 생존권 사수를 위한 산업은행 앞에서의 투쟁이며, 졸속 매각 반대 투쟁까지 ……. 기억에 켜켜이 자리 잡은 그 투쟁들이 나의 노동운동 이력과 더불어 이제 역사가 되어 간다.

뿌듯할 것도, 회한이 될 것도, 자랑할 것도 아니겠지만, 엘지카드를, 그리고 우리 엘지카드 노동조합의 동지들을 사랑했던 조합원의 한 사람으로서 진정 바래 본다.

우리가 했던 몸짓이 우리만의 헛된 몸부림이 아니기를 ……

우리가 목청 높여 외쳐 댔던 함성이 공허한 메아리가 아니기를 ……

설령 노동운동사에 한 획을 긋는 그런 위대한 투쟁은 아니었더라도, 엘지카드 노동조합 깃발 아래 우리가 단결했던, 그 투쟁이 미래를 살아갈 우리 동지들의 가슴에 뜨거운 기억으로 영원하기를 …….

임용택 _ 노동조합 선전홍보국장(생활서비스팀)

7

I have a dream~ ♬

제겐 꿈이 하나 있답니다. 그 꿈만 생각하면 가만히 앉아 있어도 엔도르핀이 마구 솟고 입안에 군침도 돌면서 기분 좋아지는 꿈이죠. 입사 후 회사 생활 5~6년이 지나면서부터인가. 뭔가 갇혀 있는 듯한 느낌이랄까요?

나는 없고 조직만 있는, 주체는 없고 객체만 있는 그런 갑갑함.

열심히 땅 파라고 해서 팠는데 결국은 그게 내 무덤인 듯한 그런 기분이요. 2003년 카드 사태 때, 우리 선배들이 하루아침에 짐 싸서 나가는 뒷모습을 보면서 "씨~. 입사는 맘대로 못해도 퇴사는 내가 결정할 권리가 있는 거 아닌가?"라는 태어나서 처음으로 주체적인 생각을 했었던 것 같습니다.

우리가 늘 하는 말 "그때 노동조합이 있었다면 ……."

그러다가 정말로 우리 손으로 노동조합을 세우는 꿈같은 현실이 2004년 밸런타인데이에 이뤄지게 된 거지요. 그때부터 오늘까지 어색했던 팔뚝질도, 악보를 봐야만 따라 부를 수 있었던 노동가도 수줍고 아름다운 기억들로 쌓여 가고 있습니다.

I have a big dream~♬

신한카드 노동조합의 깃발 아래 우리 조합원이 강철같이 뭉쳐 노동조합의 진정한 역할이 무엇인지, 살아 있는 노동조합이 어떤 것인지 서두르지 않고 차근차근 만들어 가는 꿈.

저는 그런 멋지고 신나는 꿈 하나를 품고 산답니다.

오선영 _ 노동조합 부위원장(고객서비스팀)

8

내게 노동조합이란 참으로 낯설고 어울리지 않는 단어였지 싶다. 목표와 실적만 보며 거리를 걸어 다니는 사람들조차 사람이 아닌 신청서로 보이던 그야말로 업계 1등에 목메던 시절. 직원에 대한 배려나 생존에 대해 사측으로부터도 최소한의 담보만 가지고 있던 시절이 아니었나 싶다.

그즈음 본의 아니게 경영층의 홍위병으로서 나팔을 불고 다니는 역할을 담당하던 나로서는 '노동자에 의한 노동자를 위한' 조합을 만든다는 건, 그리고 노동조합을 위하여 봉사하는 직책을 맡는다는 건 참으로 어울리지 않는 모습이었다.

물론 자의로 손 들고 그런 역할을 맡은 건 아니었지만 그전의 내 모습과는 참으로 많이 달랐던 모습이 아닌가 싶다.

하지만, 소위 카드 대란이라는 이름으로 내가 생활해 온 나의 회사, 나의 청춘을 바친 나의 회사가 아무도 지켜 주는 이 없이 초라해져 가는 모습은 참을 수 없는 일이었다. 모두들 같은 마음이었으리라.

9시뉴스 중에 breaking news로 전해진 화면 밑둥에 두꺼운 글씨로 '엘지카드 퇴출될 듯!'이란 화면이 떠올랐다. 그야말로 충격이었다. 나의 회사 우리의 엘지카드가 이렇게 끝날 순 없어.

하지만 우리에겐 우리가 있었고 그 '우리'에겐 잠재되어 있는 일터를 지키려는 엄청난 마음과 누구도 두렵지 않은 열정이 있었다.

가끔씩 행사 때마다, 그리고 그 당시 투쟁의 모습에서 그 '우리'가 있었던 것에 감사하며, 부여잡았던 서로의 손끝으로 전해지는 고압의 전류를 아직도 잊을수 없다.

그리 길지 않은 내 인생에서 우리 모두의 열정으로 쟁취한 엘지카드 노동조합의 승리는 가장 큰 사건 중의 하나로 기억될 것이며 나뿐만이 아니라 우리 조합원 모두의 인생에 커다란 순간으로 아로새겨질 것을 믿는다.

이제 또 다른 위기에 서 있는 요즈음 우리의 열정이 다시금 부활하여 또 다른 에너지로 극복되기를 기대해 본다.

정재윤 _ 노동조합 조사통계국장(기관영업팀)

추운 겨울, 서울 시내 한복판, 아스팔트길 위에 우리가 있었습니다.

제주에서 첫 비행기를 타고 가서 그 차디찬 길 위에 앉아 외쳤던 구호와 노래들!

내 가족보다 더 사랑스러운 동료들의 열기,

우리네 뜨거운 가슴을 하나로 묶어 준 민중가요!

그때부터 내 가슴은 정의에 눈을 떴고

사회 부조리에 짜증을 낼 줄 알고

누군가의 울분에 관심을 갖게 되었습니다.

전혀 즉흥적이지 않고, 간판이 화려하지는 않았지만

항상 준비된, 항상 이성적인, 항상 신중한

엘지카드 노동조합이 자랑스럽습니다.

고경희 _제25지구 제주지점지회 지회장

10

엘지카드 노동조합이 실질적으로 탄생하던 동작구민회관 총회가 아직까지 아련한 추억으로 기억 한구석에 자리 잡고 있건만 이제는 '엘지카드 노동조합'이라는 여덟 글자를 기억 저편으로 보내야 하다니 …….

처음부터 조합의 일원으로 활동한 나로서는 여기저기에 많은 흔적을 남긴 것 같다. 물론 조금이지만. 찬바람 불던 여의도 트윈타워 집회에서 경찰과의 숨 막히는 대치 국면, 산업은행 집회, 구본무 회장 집앞과 트윈타워 앞에서의 1인 시위, 트윈타워 기습 점거 및 항의농성 작전, 위원장님 단식 투쟁, 부위원장님의 삭발 투쟁 등……. 이루 말할 수 없을 만큼의 적지 않은 순간들을 함께하며, 기쁨과 감격,

환희, 실망 등 만감이 교차하는 기억들이 너무나도 많다.

첫 번째 한마음대행진 하는 날, 배식조로 식사와 간식을 담당했던 일, 음식과 방석 등 일부 물품이 남아 주위 어르신과 시민들에게 나눠주며 "엘지카드입니다"라고 자신 있게 말했던 순간들 ……. 참으로 많은 순간이 주마등처럼 지나갑니다.

조기 정상화, 고용 안정, 우리사주 해결이라는 정말 정말 가슴 뿌듯한 결과물이 있고, (구)신한카드 노동조합과의 통합 등, 엘지카드인(人)이 아니었다면 이뤄 내지 못할 일들을 너무나도 많이 해결했고, 관철시켜 왔던 것 같습니다.

그런 자리에 동참해서 함께하고, 미력이나마 힘을 보탤 수 있어서 저 또한 너무 자랑스럽고, 말할 수 없는 감격스러움이 있습니다.

이제 통합 신한카드 노동조합의 깃발 아래 다시 뭉친 우리들입니다.

초심을 잃지 않고 한 걸음 한 걸음 나갈 땐 우리 3천2백 조합원 동지들은 언제까지나 함께할 것이며, 영원한 동지로 남을 것입니다.

정말 수고하셨습니다. 모두들, 사랑합니다.

참고로 저는요 ……, '엘지카드 노동조합'의 상무집행위원과 대의원을 겸임한 처음이자 마지막 인물입니다. 당근 임명장도 두 개 있죠.

김경훈 _ 노동조합 산업안전국장(발급업무팀)

11

♬사랑 영원한 사랑 변치 않을 동지여!!!
♬사랑 영원한 사랑 너는 나의 동지!!!
그냥 그렇게 단순히 우리의 생존권을 위해 뜨거운 열정 하나와
낯선 붉은 머리띠 하나로 노동조합이라는 이름과 함께 한 지
벌써 5년!!!
차디찬 삭풍과 칼바람도 맞았으며 한여름 뜨겁게 달구어진 아

스팔트가 토해 내는 열기와도 맞서서 우린 승리했다. 이제 와서 그 시간을 다시 돌이켜 보니 왠지 모를 진한 기운이 등줄기를 스쳐 지나 내려간다. 이제 웃으면서 그 시간들을 이야기할 수 있고 아련한 멋진 추억으로 남길 수 있게 된 것이 정말 스스로에게 감사하고 대견스럽기까지 하다.

더 큰 비상을 준비하는 엘지카드 노동조합 사랑하고 감사합니다.

전해영 _ 제17지구 대의원 (서대구채권지점)

12

2004년 2월 14일은 엘지카드 노동조합 창립기념일이다. 2003년 말 카드 대란으로 많은 선배님들을 보내고, 참으로 힘들고 어려웠던 시절 엘지카드 노동조합이 창립되었다. 조합원 모두가 "단결만이 살 길"이라는 마음으로 하나가 되어 탄생했다. 노조 창립 이후 그동안 조기 경영 정상화, 고용 안정, 우리사주 문제 해결 등 많은 목표를 선정하여 조합원 모두가 일치단결하여 목표들을 모두 달성했다. 또 임금 및 복리 후생에서도 괄목할 만한 성과를 얻었다.

구엘지카드와 구신한카드의 HR제도 통합을 통해 양사의 인사 제도를 일원화함은 물론 사원 직급의 사기 진작 이슈 및 비정규직 정규직화 등을 해결하고 조합원의 권익을 한층 더 업그레이드시키는 성과를 거두었다.

2008년 12월 1일 양사 노동조합을 통합하여 '신한카드 노동조합'을 출범시키고, 강원도 강촌 리조트에서 1박2일 전체 대의원 워크숍을 가지면서 노동조합의 단합된 모습을 보여 주었다. 3천2백 명 신한카드 조합원들이 일치단결하고, 똘똘 뭉쳐 강력한 '신한카드 노동조합'을 만들어서 지속적으로 성장 발전시켜야 할 것이다.

노동자의 힘은 단결, 단결뿐이다!

'신한카드 노동조합'의 무궁한 발전을 위하여 파이팅!

권기헌 _ 18지구 대의원(대구카드지점)

13

노동조합이라 ……. 가끔 친구들끼리 모여 술을 마실 때면 친구 회사에나 있는 것인 줄 알았는데, 내가 다니는 회사에도 정말 번듯한 노동조합이 어느새 소중한 존재가 되어 자리하고 있다. 그 이름은 엘지카드 노동조합이었고 …….

유홍근 _ 제18지구 대구카드지회 지회장

14

엘지카드 노동조합 활동사를 발간한다니 만감이 교차합니다. 어려운 시기에 단결만이 살 길이라는 목표를 가지고 동지들과 함께 여의도의 차가운 아스팔트 위에서, YTN 안팎에서 벌였던 투쟁, 대주주 변경 과정에서의 투쟁들 ……. 힘들었지만 인생에서 그 어느 때보다 소중했던 시간들이었습니다. 이제 역사의 저편으로 남을 엘지카드 노동조합의 이름을 영원히 잊지 못할 겁니다. 우리 모두 그 이름을 가슴속 깊이 간직한 채 새로운 역사를 써 나갔으면 합니다. 새로운 역사를 엮어 가는 대오에 우리의 투쟁 정신이 같이 한다면 어떤 어려움도 충분히 헤쳐 나갈 수 있으리라 생각합니다.
단결! 단결! 단결!

김종수 _ 제24지구 대의원(인천채권지점)

15

처음부터 아무것도 없는 허허벌판이 푸르른 숲이 되리란 것을 믿었던 사람은 과연 몇 명이나 될까 싶습니다. 혹시나 하고 시작했던 일들이 한 사람, 한 사람 뜻을 같이하게 되고 희생과 노

력이 더해져서 오늘의 조합이 만들어지지 않았나 생각됩니다. 지금의 우리가 이렇게 기쁨을 나눌 수 있기까지 많은 분들의 희생과 노력이 있었다는 것을 잊지 말고, 모든 조합원이 뭉치고 뭉쳐서 절대 깨지지 않는 조직이 되어 지금보다 더 강한 조직으로 발돋움 할 수 있었으면 합니다.

황필준 _ 제17지구 동대구채권지회 지회장

16

지난 시간 되돌아보면 엘지카드 노동조합이라는 이름 아래 다 같이 한 힘으로 뭉쳐 투쟁한 결과로 지금 이 자리가 있지 않았나 생각됩니다. 2004년 2월 엘지카드 노동조합 출범 이후 채권단 관리 체제하에서 전 조합원들의 단결된 힘이 없었다면 투쟁에서의 승리를 맛볼 수 없었을 겁니다. 또한 수많은 과정에서 전 조합원이 한자리에 모일 수 있게 만든 엘지카드 한마음대행진은 엘지카드인의 자긍심을 고취시키고 한마음의 장을 마련하여 결의를 다지는 자리가 되어 조합원의 한 사람으로 잊을 수 없는 축제의 장이었던 것 같습니다. 아직도 장기자랑 때 당시 유행했던 마빡이춤을 선보였던 모 관리자분과 탱고춤 등 연예인의 끼를 뽐내던 조합원들의 모습이 지금 생각해 보니 흐뭇 웃음짓게 합니다. 경제적 위기 상황과 카드사의 급변하는 환경 속에 전 조합원이 바쁘고 힘들게 보낸 지난 5년이지만 참으로 엘지카드 노동조합의 조합원으로 자랑스럽습니다.

김미정 _ 제18지구 대구콜센터/VIP센터지회

17

노동조합 ……. 노동조합이란 단어는 내게 너무나도 생소했다. 지점에 근무하던 어느 날 출근을 하니 지점장이 PC를 못 키게 했던 생각이 난다. 나중에 안 사실이지만 회사에서 못 만들게 한 노동조합이 설립되어 전 직원에게 메일을 보냈던 것이다. 그때까지도 너무나도 생소했고 직원들도 별로 관심을 갖지 않았던 노동조합. 그러나, 2003년 11월 회사에 부도설이 나돌고 현금서비스 정지 및 산업은행 위탁 경영과 엘지그룹 계열 제외 등 엄청난 폭풍들이 직원들을 강타했다. 그때부터인 것 같다. 전 직원이 하나가 되어 전진한 것이. 역사적인 그날 2004년 2월 14일 전 직원이 용산에서 뭉쳐 어느 누구보다 강한 엘지카드 노동조합이 출범했다. 우리는 그렇게 시작했다.

우리는 승리를 확신했고 전 조합원의 단결로 지금의 통합 신한카드를 만들 수 있었으며, 그 어려운 역경 속에서도 아시아 1등 신한카드를 지킬 수 있었다.

이제는 알 것 같다. 진정한 노동자의 힘은 단결, 단결뿐이라는 것을.

나의 선후배들과 나의 가족을 지켜 준 전 조합원들과 엘지카드 노동조합에 감사하고 싶다. 이젠 엘지카드 노동조합이 없어지고 재탄생을 했지만 오랫동안 조합원들의 가슴에 남아 있는 엘지카드 노동조합이 되길 바란다.

김정희 _ 제40지구 대의원(발급업무팀)

18

해마다 이맘때쯤 한겨울 삭풍이 몰아치는 요즈음이 되면 저는 2005년 겨울의 여의도가 자연스레 떠오릅니다. 엘지그룹사가 엘지카드를 내팽개치던 그 울분을 참지 못하고 YTN에서 한걸음에 달려갔던 쌍둥이빌딩에서 서로의 온기로 추위를 녹이며 온몸으로 엘지대주주의 단죄를 외치던 일, 한여름 더위에 지쳐 힘들 때도 저는 한여름의 여의도가 떠오릅니다. 그해 여름 이글대는 뙤약볕의 아스팔트 위에서 동지들의 이글대는 눈빛을 바라보며 함께 동지가를 외치던 일. 엘지카드 노동조합의 역사는 이렇듯 5천 조합원과 함께한 투쟁의 역사입니다. 우리 일터를 지키고 우리의 가정을 지키는 숭고한 투쟁 속에서 우리는 민주주의를 배웠고 단결의 힘을 느꼈고 투쟁의 소중함을 알게 되었습니다. 이제 엘지카드 노동조합은 새롭게 거듭날 것이고 투쟁의 전통 또한 고스란히 계승될 것입니다.
엘지카드 투쟁의 역사 속에 함께했다는 자부심으로 엘지카드 노동조합은 우리의 가슴속에 영원히 남아있을 것입니다. 엘지카드 노동조합이여 영원하라~~!!

윤호영 _ 노동조합 문화국장 (경영혁신팀)

19

2008년 12월 1일 통합 신한카드 노동조합출범식을 하고 나니, 아직도 낯설은 생각이 드네요!! 엘지카드 노동조합이라는 명칭이 많이 생각나네요. 벌써 조합 간부로 일한 지도 4년이 되어갑니다(지회장 1년, 대의원 3년). 2004년 2월 추운 겨울 조합 출범식 때부터 겨울 여의도 엘지트윈빌딩 집회 등 회사 일보다 조합 일들이 많이 생각나네요!! 엘지트윈빌딩 집회, 산업은행 본사 집회, 신한지주 집회 등 추운 겨울에도, 더운 여름에도 단결이라는 구호 아래 조합원들이 모여서 투쟁을 했던 것 같다.
한 번도 패배하지 않고 승리만 했다.
얼마 전까지만 해도 고용 안정 사수를 위해서 투쟁했던 것 같은데……,
요즘 주변에는 삼삼오오 모이면 희망퇴직 이야기를 하고 있다. 이런 글을 쓰면서 많은 생각을 하게 된다. 또 다른 일이 발생하지 않을까 하는…….

권창근 _ 제1지구 대의원 (강남카드지점)

20

고비와 위기의 순간마다 혼연일체의 정신으로 강건함을 잃지 않았던 엘지카드 노동조합이 자랑스럽습니다. 이제 그 이름은 역사의 뒤안길로 사라지겠지만 그 숭고한 정신만큼은 영원히 계속되리라 믿습니다.

김교준 _ 제6지구 대의원(동대문카드지점)

21

엘지카드 노동조합은 역사 속으로 사라졌지만 초심을 잃지 맙시다.
내 직장과 우리의 권리를 지키기 위해 겨울 칼바람 속에서 자발적으로 모였던 처음의 마음, 이 마음만 우리가 기억하고 삶에서 계속 실천할 수 있다면 엘지카드 노조의 정신은 영원할 것입니다.

오현균 _ 제16지구 대의원(천안카드지점)

22

우리는 순수합니다. 비빌 언덕 하나 없이 쏟아지는 신용 대란 뉴스에 한숨을 토해내며 우울한 기분을 그저 술로만 달랠 수 없어서 내가 일하는 일터를 살리고자 우리는 그렇게 모였습니다.
우리는 열정적입니다. 내 일터를 지키기 위해 그래왔듯이 언제 어느 순간에서도 두려움보다는 담대함으로 한발 한발 불확실한 미래에 대처해 왔습니다.
우리는 항상 승리했습니다. 피땀 흘려 회사를 다시 일으켜 세움으로써 우리 스스로의 삶을 풍요롭게 했습니다.
지나간 시간의 감상에 빠지기보다는 유연한 사고로 이제 펼쳐질 새로운 미래에도 단결된 힘으로 항상 승리하겠습니다.

All For One, One For All, 엘지카드 노동조합 파이팅 !!!

이시호 _ 노동조합 회계 감사(리테일기획팀)

엘지카드 노동조합은 한마디로 '성공신화 창조의 주역'이라고 할 수 있다. 엘지카드 노동조합 출범 당시 내걸었던 '조기 경영 정상화' '고용 안정' '우리사주 문제 해결'이라는 목표를 불과 3년 만에 모두 달성했으며, 모든 임직원이 일치단결한 결과 경쟁 우위의 임금 및 복리 후생 제도를 구축했으며 남들은 몇 년에 걸쳐서도 힘들다는 HR제도 통합, 노동조합 통합 등을 단시일 안에 이루었기 때문이다.

엘지카드 노동조합 조합원으로서, 특히 간부로서 가장 자랑스러웠던 순간은 바로 이런 수많은 성공 신화의 현장을 가까이서 보고 경험했다는 것이다. 하나의 목표를 향해 불끈 쥔 수많은 조합원의 강인한 주먹, 승리를 확신하는 열정의 눈동자, 차가운 겨울 한파도 물리치는 뜨거운 함성 소리 ……. 거기서 느껴지는 뜨거운 열기, 그 경험들은 아마 앞으로의 나의 삶에서 긍정적 가치관으로 뿌리박힐 것이다.

앞으로 엘지카드 노동조합은 신한카드 노동조합이라는 새로운 이름으로 새 역사를 이어갈 것이다. 지금까지 엘지카드 노동조합이 그러했듯 앞으로의 우리 새 역사도 조합원의 단결과 믿음만 있다면 승리의 연속일 것이라 확신하며 엘지카드 노동조합 조합원으로 살았던 몇 년을 다시 한 번 감사한다.

박현신 _ 노동조합 여성국장(고객서비스팀)

24

지난 2004년 2월, 서울 용산구민회관에서 1천 명이 넘는 조합원들이 참석한 가운데 뜨거운 열기 속에 탄생한 엘지카드 노동조합이 어느덧 신한카드 노동조합으로 다섯 번째 생일을 맞이하고 있습니다. 한여름의 폭염 속에서도, 한겨울의 칼바람 속에서도 우리 조합원들의 열정은 거침없이 불타올랐고 5년간의 자랑스러운 역사를 만들어 내는 데 원동력이 되었습니다. 여러 가지 악조건을 꿋꿋하게 헤쳐 온 우리 조합은 앞으로도 조합원의 권익 향상과 회사의 지속적인 발전을 위해 깃발을 높이 치켜들고 나아갈 것이라 확신합니다. 지난 5년을 거울삼아 앞으로 50년, 500년을 바라보며 한 걸음 한 걸음을 내디딜 우리 조합의 앞날에 무궁한 영광만이 가득하기를 기원해 봅니다.

신덕철 _ 제3지구 대의원(브랜드전략팀)

25

세월이 유수와 같다는 말이 정말 딱 맞지 않을까 싶네요.
5년이라는 기간 동안 우리엘지카드 노동조합은 너무나도 많은 일을 일궈 냈습니다. 회사가 위기에 있을 때 우리 조합원을 중심으로 모든 임직원이 일치단결하여 노동조합 출범 당시 내걸었던 '조기 경영 정상화, 고용 안정, 우리사주 문제 해결'이라는 목표를 불과 3년 만에 모두 달성하며, 엄청난 성과를 거둬 냈습니다.
우리 단결의 힘으로 일궈 낸 노동조합이 있었기에 모든 것이
순조롭게 진행되었습니다.
전 조합원이 합심 단결했던 투쟁의 순간순간이 모두 기억 속
에 빠르게 스쳐 지나가네요.
서로 기뻐하고, 슬퍼하고, 괴로워하며 마지막까지 열심히 싸
워 나갔습니다.

엘지카드 노동조합원들 모두 너무나도 고생 많았고, 자랑스럽습니다.

구엘지카드 노동조합은 상생과 미래지향적 기본 정신으로 조합을 발전시켜 온 만큼 새로이 출범하게 된 신한카드 노동조합에서도 모두가 단결하여 통합 노동조합의 위상을 세워 나가시길 바랍니다.

김헌주 _ 제20지구 대의원(AM기획팀 부산DM센터)

26

투쟁! 투쟁! 단결 투쟁!

아직도 생생하게 들리는 구회!

우리사주 해결과 고용 안정을 외치며 하나가 된 우리!

수많은 시련을 지혜롭게 극복한 엘지카드 노동조합 5주년이다.

조합 행사에 적극적으로 참여한 조합원들이 있었기에 가능한 일이다.

엘지카드 노동조합원들이 모두 건강하고 건승하길 빈다!

강영철 _ 제25지구 대의원 (제주카드지점)

27

나 하나의 안위만을, 그저 "회사 다닌다"는 막연한 생각으로 지나쳐 온 입사 후 6년간의 생활. 대의원으로서의 2년은 의식 없이 6년을 반성할 수 있었던 소중한 시간이었습니다. 노동이라는 단어가 아직도 낯설고, 노동운동에 대한 이해도 아직 부족합니다. 한결같은 모습으로 조합 활동을 하는 것이 반성할 수 있는 기회를 주신 LG카드 노동조합 37지구 조합원께 보답하는 길이 아닌가 싶습니다. 앞으로도 적극적으로 참여하며, 더욱 많이 배울 것을 약속드리면서, 험한 물살과 바위들이 기다리고 있더라도, 항상 강건한 신한카드 노동조합이 되길 신한카드 기원합니다.

정익중 _ 제37지구 대의원(할부영업팀)

28

노동조합이 무엇인지도 모르고 우리의 일터는 우리가 지키자는 한마음으로 용산 구민회관에 모인 우리들. "너와 내가 아닌 우리는 하나다"를 외치며 거리에서 싸웠던 수많은 나날들. 그 고통과 통한의 눈물로 서로를 위로하며 한마음으로 걸어왔던 우리들. "엘지카드 노동조합" 그것은 우리의 자존심이며, 사랑이며, 우리 자신이었습니다. 이제 새로운 이름으로 또 다른 역사를 위해 한 걸음 나아가지만 우리들의 맘속엔 언제나 엘지카드 노동조합이라는 이름이 아로 새겨져 있을 것입니다. 사랑합니다. 고맙습니다. 엘지카드 노동조합! 아듀! 엘지카드 노동조합!

이성은 _ 노동조합 조직쟁의국장

엘지카드 노조 활동 5년을 한눈에 볼 수 있도록 노동조합이 작성한 활동일지를 싣는다.

일자			주요 이슈	성과 내용
2004	2월	14일	경영 정상화 결의 대회 및 노동조합 총회	신 노조 출범 및 임원단 선출
		27일	노동조합 상무집행위원 인선 공고	
	3월	12일	노동조합 간부 워크숍	
		16일	신임 사장 취임 및 경영 정상화 참여 관련 언론 보도 자료 배포	
	4월	6일	단협 전면 개정 투쟁 선포	
		9일	임시 대의원대회	상급 단체 변경 및 조직 정비(조합비, 지회장 제도 신설), 우리사주 상환 연장 요구
		23일	우리사주 상환 연장	원금 상환 연장 연기(2개월)
		27일	임시주총, MOU 내용 공개 요구	
		28일	경영 지원단장 면담	
		29일	MOU 공개와 독소 조항 수정 요구	MOU 내용 중 불합리한 독소 조항 수정 쟁취
	5월	1일	노동절	노동절 집회 조직적 참여
		3~4일	"자주적 MOU 체결 단체협약 조기 개정 경영권 사수"를 위한 단체 행동	단체 행동을 통한 조직력 강화
		4일	경영 지원단 출근 저지 투쟁	MOU 1, 2, 3안 내용 공개
		6일	MOU 독소 조항 삭제 요구	5월 11일 MOU 독소 조항 삭제
		13일	MOU 체결	
		15일	수도권 지회장 간담회	
		25일	임시 대의원대회	수석부위원장 보궐선거(김용춘 조합원 당선) 1차 단체협약 심의 우리사주 원금 상환 인사 제도 개선안 보고
		27일	1차 단협(조합 활동) 체결	조합원 범위 개정, 조합 활동 법적 근거 마련
	6월	1일	뉴 스타트 발대식	노사 협력을 통한 경영 정상화 운동 전개
		9일	조합원의 날 행사 시작	근무 시간 내 조합 활동 확보
		11일	위원장 전산 직무 조합원 간담회	단협 내용 설명 조합 운영 및 이수 공유
		18일	우리사주 대출금 상환 무이자 확보	원금 상환 1년 연장 우리사주 무이자 쟁취
		25일	우리사주 조합 운영 주체 변경 실무 검토 및 진행	우리사주 조합 총회 소집 요구서 취합(25퍼센트 이상 요구 시 가능)
		28일	근로 조건·인사 관련 단협 실무 교섭 시작	
	7월	12~21일	비정규 관련 비대협 구성 사측에 압박 수위 강화	직간 전환 기준 제시 요구

		뉴 스타트 한마음 봉사 활동 참여	
	24일	우리사주 조합 임시총회 및 노동조합 임시 대의원대회	우리사주 조합장 및 이사, 감사 변경 선임 : 황원섭 위원장 선출 우리사주 규약 개정 2차 단협 상정 및 가결 노동조합 규약 변경안 상정 및 가결 노동조합 선거 관리 규정 변경안 상정 및 가결
8월	2일	노사 경영 정상화 협의회 개시	경영 정상화 조기 달성을 위한 노사 공동 실행 프로그램 논의
	12일	2차 단협 관련 보충 교섭 실시	
	24일	우리사주 문제 해결 관련 '법무 법인' 1차 진단 계약 경영 정상화 협의회	노사 공동 경영 현황 설명회 개최 관련 세부 사항 논의
9월	6일	2차 단협 관련 보충 교섭 실시	
	10일	퇴직금 중간 정산 관련 실무 회의 실시 '사내복지기금 협의회'	2004년 11월 23일 실시 주택 자금 대출 재개, 추석 선물 지급
	17일	단체협약 조인식	야간 근무 및 휴일 수당 현실화, 퇴직금 중간 정산제 도입, 양성 평등에 따른 청원 휴가 확대, 모성보호, 비정규직 운영 원칙 수립 및 복리 후생 확대, 주택 자금 대출 재개
	17일	무분규 선언식	2004년 말 자본 확충에 대한 채권단의 불안 해소를 위한 조합 주도 경영 정상화 의지 피력
	23일	국정감사 관련 재경위 국회의원 접촉	엘지그룹의 부당성 및 엘지카드 임직원의 정상화 노력 전달
10월	5일	위원장 국회 재경위 김양수 국회의원 면담	우리사주 피해 현황 공감대 형성 및 엘지그룹의 책임 주지
	8일	상무집행위원회 워크숍	상집위 업무 강화 논의
	15일	황원섭 위원장 여수신 전문 분과 부본부장 선출	
	22일	2004년 대의원·지회장 수련회	대의원·지회장의 역할 정립 및 향후 업무 공유
	27일	조합원의 날 깜짝 이벤트 실시	2004년 9월 흑자 전환에 따른 조합원 사기 진작을 위한 통닭 파티
11월	4일	채권 부문 휴일 근무 관련 대책회의	주 5일제 근무 준수 게시물 게시(노사협력팀)
12월	1일	희망나눔 바자회 실시(1~3일)	본시 7층 강당
	7일	위원장 엘지그룹 구본무 회장 면담 요청(16일)	
	15일	한마음 봉사 활동 참석 희망나눔바자회 성금 전달	
		엘지카드 출자 전환 관련 언론 성명서 배포	엘지그룹의 국민 기만 행위 중단 및 엘지카드 정상화를 위한 출자 전환 참여 촉구
	16일	엘지그룹 본사 항의 방문	위원장 외 5명
	17일	노동조합 성명서(2차) 신문 광고 게재	『한겨레신문』 1면, 『노동신문』 2면
	18일	생존권 확보를 위한 궐기 대회 준비 대책회의	
	21일	생존권 확보를 위한 궐기 대회 준비 대책회의	
		엘지그룹 출자 전환 이행 촉구 1인 시위 진행(~22)	

연도	월	일	내용	비고
			노동조합 성명서(3차) 배포 및 신문 광고 게재	『한겨레신문』 2면
		23일	엘지그룹 책임 이행 촉구와 엘지카드 생존권 확보를 위한 결의 대회	여의도 금감원 앞 전 조합원 참여
		28일	생존권 사수 투쟁 결사대 기습 시위	여의도 트윈타워, 200명
			위원장 외 2명 엘지그룹 관계자 면담 후 출자 전환 촉구 및 총력 투쟁 의지 전달	
		31일	출자 전환 합의	엘지그룹 채권단 각 5천억 원 출자 전환 합의
2005	1월	3일	노동조합 확대 간부회의 및 운영위원회	규약 변경, 투쟁기금 모금
		4일	우리사주 피해 관련 인터뷰	우리사주 관련 조합원 피해 현황 설명 및 기사 자료 제공(『파이낸셜 타임즈』)
		19일	위원장 및 경영 지원단장 면담	조합 활동에 대한 경영 지원단 중립적 위치 확인 및 우리사주 관련 채권단 협조 요구
		21일	경영 정상화 노사 협의회	창립 기념일 선정 논의 등
		26일	2005년 1/4분기 정기 노사 협의회	우리사주 문제 해결, 매각 절차, 인력 운영, 조합원 범위 확대, 제수당 논의 및 설 선물 지급 협의
		28일	2005년 간부 승진 축하연	2005년 간부 승진 부부 동반 축하연(서울 프라자 호텔)
	2월	2일	1/4분기 사복 기금 협의회	기금 협의회 이사 변경 및 주택 자금 대출 기준 등 협의
		18~19일	새출범 1주년 기념식 및 제1차 정기 대의원대회	세종문화회관 컨벤션홀, 곤지암 수련원
		24일	2월 정기 운영위원회	임단협 교섭 위원 선임, 지회장 활동비 지급, 출범식 특별 행사비 승인
	3월	8일	2005년 임금 협상 1차 교섭	노사 대표자 교섭 위원 상견례(11층 임원 회의실)
		8~9일	위원장과 조합원 간담회	서울 상담 글라스타워(3월 8일) 부산 지역 조합원(3월 9일)
		8~14일	비대위 구성, 투쟁 기금 모금 관련 조합원 총투표 진행	97퍼센트 투쟁 기금 납부 동의
		16, 28일	금융 산업 균형 발전 회의	민주노총 사무 금융 연맹 주관 수석부위원장 참석
		19일	노동조합 조합원 역사 기행	문화국 주관, 강화도 역사 기행
		15~21일	위원장 현장 방문 간담회	해운센터, 본사 조합원, 천안 청주
		24일	상무집행위원 워크숍	조합 사무실 워크숍 진행 전 한남동 구본무 회장 자택 앞 부당내부거래 규탄 집회 진행
		30일	생존권 사수 비상대책위원회, 우리사주 조합 대의원대회, 부당 내부 거래 엘지 대주주 규탄 서울지검 등 외부 집회	보도 자료 배포, 서울지검, 여의도 금감원 앞 규탄 집회 진행
	4월	16~30일	현장 조직 활성화 지구별 자체 행사	체육대회 등
		20일	서울지검 금융조사부 방문	엘지대주주 구속 수사 촉구 방문(위원장)
	3월 ~5월	8일 16일	2005년 임금 협상 실무 본교섭 진행	총 13차 임금 협상 본교섭 및 실무 교섭 진행(협상과 준법투쟁 병행)
	5월	10일	임시 대의원대회	임단협 협상 진행 경과 보고 사장실 및 경영 지원단 기습 항의 방문
		17일	긴급 대의원대회 및 본교섭 진행	2005년 임단협 노동조합 최종안 의결 후 본교섭

월	일	내용	비고
			진행
			대의원, 간부 연좌 및 기습 시위 YTN 빌딩 조합원 7층 강당 집결 본교섭 결렬시 철야 농성 준비
			2005년 임단협 노사 합의안 승인 최종 의결 완료, 폐회
	18일	임단협 세부 후속 실무 교섭 진행	계약직 고용 안정(추가 25퍼센트) 확대 및 복리후생 기타 세부 사항 협상
6월	2~3일	엘지패션 알뜰 장터	7층 강당
	18일	노사 화합 산행 행사	북한산 산행
6월 7월	30일, 7일	미혼 남녀 미팅 페스티발	사내외 미혼 남녀 교제 기회 제공
6월	22일	희망나눔 봉사 활동	한사랑 마을
	28~29일	위원장, 집행부 현장 방문	전주·부산
	30일	조합 운영위원과 사장 중식	본사 인근 금자네 식당
7월	1일	하반기 확대 경영전략 회의	홍제동 그랜드힐튼
	6일	퇴직금 중간 정산 시행	생활안정자금 대출(8월 3~8일)연계
	13일	2005년 임단협 후속 실무 종결	임단협, SI실무 보충 협의 종결
	26일	봉사 헌혈 활동	본사 대의원 주관 헌혈 행사 진행
	26~29일	상담·심사센터 등 실질적 휴식권 확보	실질적 휴가 사용 제약 요소 제거
8월	4일	㈜엘지관계자 면담	엘지 대주주 투쟁 관련 ㈜엘지 관계자 면담
	18일	사복 기금 협의회	임직원 상조, 장례 용품 지원 등 협의
	31일	투기자본감시센터 방문	투기자본감시센터 허영구 대표 면담(위원장)
9월	4일	서울 지역 노동자 축구 대회	서울산업대, 준우승
	5일	인수 희망 금융기관 노조 위원장 면담	
	6일	매각 관련 조합 전임자 W/S	본사 901호 세미나실
	9~10일	조합 운영위, 상집위 간부 W/S	임원 상집위, 운영위 올림픽 파크텔 : 매각 대응 방안 수립
	12일	사랑의 송편 나누기 행사	독거노인 돕기, 7층 강당
	20일	인수 희망 금융기관 노조위원장 면담	
10월	3일	위원장 국회 방문	산은 졸속 매각 저지 위한 재경위 심상정 의원 면담 : 산은 국감 질의 요청 사항 전달
	22일	2005년 한마음 대행진	잠실 펜싱 경기장
11월	1일	엘지카드 매각 관련 기자 간담회	본사 9층 회의실
	9~10일	확대 간부 W/S 및 졸속 매각 분쇄 결의대회	임원, 상집위, 대의원, 지회장 1일차 : 양평 수련원 2일차 : 산업은행 본점 앞
	16일	금융 공공성 강화를 위한 국회 정책토론회	산은 엘지카드 졸속 매각 강행 관련 위원장 특별 발언
	18일	엘지카드 18주년 창립 기념식	장기 근속자 등 표창
	18~19일	우리사주 조합(ESOP) 공대위 연석회의	거제도 대우조선 노동조합(위원장, 사무처장 참석)
12월	8일	바람직한 매각을 위한 국회 정책 토론회	엘지카드 매각 관련 정책 토론회(국회 소회의실)

		9일	엘지카드 매각 관련 우리의 주장 전달	대통령, 재경부 장관, 금감위원장
		22~23일	2005년 희망나눔 바자회	희망나눔 봉사 활동과 연계
		23일	노동조합 확대 간부회의	임원, 대의원, 지회장, 상집위 SI배분 기준 및 보충 협상안 의결
		~29일	보충 협상 투쟁 진행 및 사측 공문 접수	2005년 임단협 부충 협상 개최를 위한 준법투쟁 진행
2006	1월	10일	1차 보충 협약 교섭	SI 1차분 배분 기준 및 지급 일자 등 안건 결렬
		13일	2차 보충 교섭	SI 배분 기준 및 지급 일자, 노동조합 창립 기념일 기념품 지급, 교육 프로그램 활성화 등 일부 합의
		13~14일	상무집행위원 워크숍	2006년 상무집행위원 워크숍 (포천 한화 콘도)
		17일	3차 보충 교섭	사복 기금 협의회 이사 변경 및 주택 자금 대출 기준 등 협의
		19일	사랑의 쌀 나누기 행사	설날 맞이 사랑의 쌀 나누기 행사
		23일	2006년 대의원, 지회장 당선자 공고	제3대 노동조합 대의원, 지회장 선출
		24일	긴급 대의원대회	SI 지급기준의 건, 2005년 임단협 보충 협상 회사안 수용 여부의 건
	1월 ~2월	27일 3일	2005년 하반기 회계 감사	엘지카드 노동조합 회계 감사 시행
	2월	6일	임직원 대상 도서·DVD 대여 시행	노동조합 사무처 주관 시행
		14일	새출범 2주년 기념식 및 정기 대의원대회	YTN빌딩 7층 강당, ① 2005년 회계 감사 보고 및 결산 승인의 건 ② 2006년 사업 계획 승인의 건 ③ 규약 변경의 건 등
		17~18일	2006년 확대 간부 W/S	수원 라비돌리조트
	3월	4일	여성의 날 '평등상' 수상	민주노총 주관
		9일	3월 운영위원회	상무집행위원 인준, 2006년 임단협교섭위원선임의 건, 새출범기념식 및 정기 대의원대회 간부 W/S결과 보고 승인의 건
	3월 ~4월	13일 26일	위원장·수석부위원장 현장 방문	3월 13일(대구), 3월 14일(포항, 울산), 3월 21일(창원, 부산), 3월 22일(서울고객만족센터), 3월 28일(진주, 순천, 원주, 수원), 3월 29일(목포, 광주, 춘천, 강릉), 4월 4일(해운센터), 4월 6일(동대문, 상계, 영등포, 광화문), 4월 11일(강남, 분당), 4월 12일(스타디아빌딩), 4월 20일(서울신용관리센터, 일산, 신촌, 안양, 안산), 4월 26일(상공회의소)
	3월	20일	성희롱 대책위원회 구성	여성국 산하에 대책위 구성
			엘지카드 매각 공고	매각 공고 ·주관사 : 산업은행 M&A실, JP모건 ·방식 : 공개 경쟁 입찰 ·인수 의향서 접수 기간 : 2006년 4월 12~19일
		30일	2006년 임단협 상견례	2006년 임단협 1차 교섭
	4월	6일	상무집행위원과 박해춘 사장 중식 미팅	복리 후생 등 임단협 사항 등 의견 개진 (임원회

월	일	활동	내용
			의실)
	12일	본사(YTN)조합원과 위원장 간담회	조합원 고충 및 건의 사항 접수
	14일	위원장과 산은 기업 금융 2본부장 면담	·장소 : 여의도 산업은행 본점 ·내용 : 엘지카드 매각에 대한 산업은행 입장 및 엘지카드 노동조합 요구 사항 전달
	26일	노동절 퀴즈 이벤트 진행 및 시상	제116주년 노동절 기념 퀴즈 이벤트 시행
5월	1일	노동절 기념행사	서울시청 앞 노동절 행사 참여
	26일	가정의 달맞이 효도 관광 시행(노동조합 주관)	태국 방콕·파타야 한 곳 운영
6월	21일	운영위원회	임원 선거관리위원회 선출, 사복 기금 협의회 위원 선출, 노동조합 경조금 지급 기준 변경, 매각 및 임단협 투쟁 진행 경과 공유 등
6월 ~7월	22일 19일	노동조합 임원 선거	입후보자 등록(6월22일)~당선자 공고 및 이의 제기(7월19일)
7월	11일	확대 간부 결의대회	매각 진행 경과 및 2006년 임단협 진행 경과 보고, 향후 투쟁 계획 논의
	19일	매각 중단 사태 규탄 결의대회	엘지카드 매각 과정에서 산업은행이 증권거래법상 공개 매수 규정 위반으로 매각 중단 사태가 발생된 것에 항의하는 규탄 대회 실시
	21일	쟁의 조정 신청 접수(2006년 임금 협상 관련)	2006년 임금 협상 노사 조정 불발로 중앙노동위원회에 쟁의 조정 신청
	25~28일	2006년 상반기 회계 감사	2006년 상반기 엘지카드 노동조합 회계 감사 실시
8월	16일	졸속 매각 반대 1차 신문 광고	동아, 매일경제, 머니투데이, 매일노동뉴스 1면 광고(8월16일자)
	24일	졸속 매각 반대 투쟁 결의대회	장소 : 산업은행 앞, 참여자 : 전 조합원(필수 인원 제외)
9월	1~7일	1차 상세 실사단 저지 투쟁	엘지카드 우선 협상 대상자인 신한금융지주 상세 실사단 저지(YTN 로비)
	7일	임시 대의원대회	중앙노동위원회 최종 조정 결과 공유, 졸속 매각 저지 투쟁 경과, 2006년 임단투 진행 경과 등
	20~22일	상세 실사단 저지 투쟁	3차 협의체 구성에 대한 약속 미이행으로 매각 주관사인 산업은행 M&A실, JP모건, 신한지주 관계자 등 상세 실사단 저지 투쟁
	22일	운영위원회	매각 진행 경과, 2006년 임단투, 투쟁기금 모금 현황 공유
10월	12~19일	노조 집행부 철야 농성 돌입	2006년 임금 협상 12차 교섭 결렬로 노동조합 집행부 철야 농성 돌입
	16~19일	철야 농성+ 임원 단식 농성 돌입	2006년 임금 협상 결렬에 항의(위원장, 수석부위원장)
	17~19일	운영위원 철야 단식 투쟁 동참	운영위원 전원 참여
	19일	긴급 대의원대회	2006년 임금 협상 잠정 합의안 찬반 투표 진행(가결)

		20일	2006년 임금 협상 투쟁 종료	2006년 임금 협상 합의안이 통과됨에 따라 2006년 임금 협상 투쟁 종료 공식 선언
		27일	임금 협상 합의문 대표자 서명	2006년 임금 협상 노사 합의문 대표자 서명 및 체결식(YTN 9층 회의실)
	11월	6일	상세 실사 마감	
		11일	2006년 엘지카드 한마음대행진 개최	Run Together! 2006 엘지카드한마음대행진 (장소 : 장충체육관, 참가 인원 : 2827명)
		22일	정치자금 후원 행사 참여 안내	조합원 대상 홍보 진행
	12월	1~26일	회계 감사 선임 투표	12월 1일 회계 감사 선거 공고, 26일 이의 제기
		7일	졸속 매각 반대 투쟁 결의대회	장소 : 산업은행 앞 참석 대상 : 서울·경인지역 조합원
2007	1월	9일	신한지주 공문 발송 지주 주관 타운미팅 저지 투쟁	협상 촉구 관련 신한지주 공문 발송 엘지카드 임원 대상 '신한지주 비전 설명회 및 타운미팅' 저지 투쟁 실시(전임 간부 및 본사 간부, 기흥연수원)
		18일	기업 결합 심사 통과	공정거래위원회, 엘지카드-신한지주 기업 결합 심사 통과 발표
		19일	투쟁 지침 1호 게시	대주주 변경 투쟁 관련 행동 지침 1호 게시 긴급 운영위원회 개최 금융감독위원장 면담 신청
		22일	대주주 변경 투쟁 출근 집회	차장급 대상 '신한지주 비전 설명회 및 타운미팅' 저지 투쟁 · 출근 집회, 수석 부위원장 삭발 투쟁 · 차장급 조합원 연판장 작성 후 집행부 전달. 위원장과 대표이사 면담(4개항 합의)
		24일	신한지주·엘지카드 집행부 미팅 결렬	신한지주 관계자 게시물 문구를 이유로 회의 불참 통보, 미팅 결렬
		29일	확대간부회의	임원, 대의원, 상무집행위원 참석(대주주 변경 투쟁 전략 수정)
		30일	금융감독위원회 의견서 접수	신한지주 엘지카드 편입인가 관련 금융감독 위원회에 의견서 전달
	2월	14~15일	창립 기념식 및 정기 대의원대회	노동조합 창립3주년 기념식, 정기 대의원대회, 확대 간부 수련회 진행 : 투쟁 기금 모금의 건 등 의결
		22일	06년 단체협상 결렬 선언	06년 단체협상 결렬 선언 및 노동쟁의 조정 신청서 중앙노동위원회 접수
		23일	자회사 편입 승인	금융감독위원회, 신한금융지주의 엘지카드 자회사 편입 승인
	2월 ~3월	28일 19일	공개 매수 개시	신한지주, 엘지카드 주식 공개 매수 개시 · 1주당 67,770원 · 공개 매수 결과 신한지주 지분 85.73퍼센트
	3월	5일	중노위 본조정 회의	2006년 단체협약 교섭 관련 중앙노동위원회 본 조정 회의(결론 : 기일연장)
		8일	중노위 본조정 회의/엘지카드 이사회	2006년 단체협약 교섭 관련 중앙노동위원회 본

			조정 2차회의(결론 : 조정중지) 주총안건 확정을 위한 엘지카드 이사회 · 이종호 부사장 엘지카드 대표이사 내정
	12~14일	집행부 현장 방문	대주주 변경 관련 노동조합 진행 계획 공유를 위한 현장 방문(조합원 간담회 진행)
	15일	긴급 대의원대회	긴급대대, 확대 간부 결의대회 개최 · 쟁의 행위 찬반 투표 실시(전원 찬성) 및 쟁의대책위원회 구성 등 의결
	16~20일	쟁의 행위 찬반 투표	2006년 단체협상 결렬 및 조정 중지 결정에 따른 총 조합원 쟁의 행위 찬반 투표 진행
	20일	신한지주 주총 투쟁	신한금융지주 정기주주총회 참석 엘지카드 노동조합 주장 전달
	21일	투쟁 기금 모금	2007년 투쟁 기금 1차분 모금
	22일	쟁의 선언 신한지주 공문 발송	쟁의 행위 찬반 투표 개표 결과 공지 및 쟁의 선언(투표율 99.7퍼센트, 찬성율 97.0퍼센트). 대(對) 신한지주 대화 참여 공문발송(4차)
	23일	신한지주 계열사 진입 완료	신한지주,엘지카드 자회사 편입 완료
	26일	정기주주총회 대표이사 이취임식	엘지카드 정기주주총회 · 신임 이종호 대표이사 등 등기 이사진 선임 집행임원 인사, 임원 조직/인사발표
	28일	투쟁 지침 1호 게시	대주주 변경 투쟁 투쟁 지침 1호 게시
	30일	신한지주 관계자 노동조합 방문 및 집행부 면담 진행	이재우 부사장 등 신한지주 관계자 노동조합 방문 및 회의진행(상호발전 대원칙 합의) 투쟁 지침 1호 잠정 중단 공지
4월	9일	임시 대의원대회	엘지카드 지속 성장 및 고용 안정을 위한 잠정 합의안 승인의 건(가결)
	11일	합의문 체결식	엘지카드 지속 성장 및 고용 안정을 위한 합의서 체결 진행
	17일	투쟁 기금 2차분 모금 유보	합의서 체결에 따라 2007년 2차분 투쟁 기금 모금 잠정 유보(운영위 의결완료)
	30일	임시 대의원대회 한가족 기념식	임시 대의원대회 개최 · 2006년 단체협상 잠정합의안 가결 · 2007년 2분기 노사협의회 협의 결과 공유 등 엘지카드 신한금융그룹 한가족 기념식 진행
5월	4일	합의서 체결식	2006년 단체협상 노사합의서 체결식 (단협 유효기간 : 2006년 5월 2일~2008년 5월 26일까지)
	28일	엘지카드 이사회	엘지카드의 (구)신한카드 영업양수도 및 주식교환을 통한 엘지카드의 신한지주 완전회사화 등에 대한 이사회 결의 · 영업양수도 1조556억 원, 2007년 10월 1일 통합
6월	8일	임금 협상 Kick-off	2007년 임급 협상 kick-off(1차 협상)
	13~22일	집행부 현장 방문	통합 및 2007년 임급 협상 진행 경과 및 향후 진

			행계획 공유 등을 위한 집행부 현장방문
6월 ~7월	14일 3일	공개 매수 개시	주식 교환을 위한 2차 공개 매수 실시 · 공개매수가 : 46,392원
6월	19일	임시 대의원대회	2007년 임금 협상 노동조합(안) 의결 등
7월	10~25일	통합 카드사 브랜드명 공모	통합 카드사 브랜드명 공모 캠페인 진행(37만 건 접수)
	20일	영업양수도 예비 인가 본사 이전 결정	금융감독위원회 엘지카드 (구)신한카드 영업 양수도 관련 예비 인가 승인 본사 사옥 명동 포스트 타워 입주 결정
	25일	조합원의 날	2006년 성과배분 잠정합의안 공지 사규 및 취업 규칙 개정안 합의 후 공지 · 노사(17개 규정), 인사(8개 규정)
	26일	임시 대의원대회	2006년 성과 배분 잠정 합의안 가결
	30일	2006년 경영성과급 합의서 체결	2007년 임금 협상 내용 중 2006년 경영 성과급 노사합의문 체결식 진행
7월 ~8월	30일 2일	회계 감사	2007년 상반기 노동조합 회계 감사 실시
8월	13일	임시 주주총회	영업양수도 및 완전 자회사화 관련 임시 주주총회 개최 주식교환 반대주주 주식매수청구권 행사 개시(~9월 3일) · 주식 매수 청구 가격 : 1주당 45,416원
	22일	HR제도 설명회	통합 HR제도 사측 초안 對 조합 설명회 개최
	28일	긴급 운영위원회 신임 대표이사 선임	9월 급여에서 2007년 2차 투쟁 기금 모금 의결 자회사경영위원회 : 통합 카드사 대표이사 이재우 신한지주 부사장 선임 발표
	29일	쟁의 행위 조정 신청	2007년 임금 협상 15차 교섭결렬 중앙노동위원회 조정 신청 접수
	30일	졸속통합 분쇄 투쟁 선포식	졸속 통합 분쇄를 위한 총력 투쟁 선포식 개최 · 신한지주 건물 앞, 18:00~20:00 · 신한금융그룹노동조합협의회 성명서 발표 투쟁 지침 1호 게시
9월	5일	투쟁 지침 2호	투쟁 지침 2호 게시
	11~12일	쟁의 행위 찬반 투표	총 조합원 쟁의 행위 찬반 투표 진행
	13일	쟁의 행위 발생 신고	쟁의 행위 찬반 투표 개표 및 결과(97.95퍼센트 찬성)공고 및 쟁의 행위 발생 신고
	14일	긴급 운영위원회 투쟁 지침 3호 게시	쟁의대책위원회 구성, 교섭권 상급단체 위임 권한 쟁의대책위원회 위임, 투쟁 기금 전용 위원장 권한 위임 등 의결
	17일	부당 노동 행위 고소장 접수 위원장·대표이사 내정자 면담	서울지방노동청 부당 노동 행위 중 지배·개입 금지 고소장 접수 위원장과 대표이사 내정자 면담 : 4대 주장 및 현안 논의, 9월 18일 16시까지 집중 교섭 후 합의안 도출 대원칙 합의

		18일	교섭 결렬 긴급운영위원회	집중 교섭 결렬 한 시간 경고 파업(ASP 전면 불참) 특별 투쟁 지침 공지, 추가 실무교섭 계속 진행
		20일	조합원 총회(등촌동 88 체육관)	2007년 임금 및 통합 관련 현안 이슈 잠정 합의 후 조합원 보고대회 진행 : 잠정합의안 대의원 의결 연기 투쟁 지침 해제 공지
		21일	우리사주 주식 교환	우리사주 주식 교환 : 교환 비율(엘지카드 1주당 신한지주 0.84932주) 단수주는 10월10일(주식교환 후 상장초일) 종가 기준으로 현금화하여 급여 계좌 지급
	10월	1일	통합 카드사 출범	영업양수도 종결, 상호변경 및 본사 사옥 이전 (포스트 타워)
		2일	임시 대의원대회	2007년 임급 협상 및 통합 주요 현안에 대한 잠정 합의안 의결(92.5퍼센트 찬성)
		5일	합의문 체결식	2007년 임금 협상 및 통합주요 현안에 관한 노사합의문 체결식 진행
		30일	기업리스 영업양도 관련 회사 설명	기업리스 영업양도 해당 조합원 전직 관련 대(對) 노동조합 설명 및 전직 조건 협의 개시
	11월	7일	HR TFT출범	뉴 신한카드 통합 HR TFT 운영에 관한 합의서 체결 및 Kick-off 미팅 실시
	12월	17일	4분기 노사협의회	기업리스 영업양도 등 의결의제 4건 대(新)HR제도 시행 등 협의의제 3건 협의
		18일	기업리스 영업양도 관련 설명회	기업리스 영업양도 관련 노사 합의 후 해당 조합원 노사 공동 설명회 개최
2008	1월	15일	임시 대의원대회	통합 HR TFT(안) 및 향후 진행 계획 보고 및 논의
		17~23일	현장설명회	HR TFT 진행 내용 공유를 위한 '현장설명회' 개최 · 1월 17일 : 포스트타워 - 본사, IT, 6지구, 9지구 중 광화문 지역 지회, 3지구 중 DM 2P 등 삼성동 글라스타워- 4, 5, 30, 31, 40지구 및 1지구 중 강남채권 송무, 41지구 중 AM2 지회 · 1월 18일 : 대전 - 15,16(청주),38지구 광주 - 12, 13, 14(전주)지구 · 1월 21일 : 영등포 - 9지구 중 영등포 지역,10지구(일산, 영등포),11지구(수원, 안양), 24지구(인천) 역삼동 만족센터 - 1지구 중 강남·분당 카드 및 할부지점, 2, 3지구(발급) · 1월 22일 : 대구 - 17,18지구 및 39지구 중 포항지회 · 1월 23일 : 부산 - 19, 20, 21, 23(창원)지구 및 39지구 중 울산지회 원주 - 8지구
		29일	임시 대의원대회	· 통합 HR 제도(안) 의결의건 가결

	21~25일	하반기 회계 감사	· 2008년 지구·지회 변경 및 신설 관련 지구별 검토와 의견수렴 2007년 7~12월 일반회계 및 특별회계 감사 결과 공고
	31일	노사합의서 체결	통합 HR 제도 노사합의서 체결식 진행
2월	22일	상무집행위원회	· 2008년 노동조합 사업계획(안) 논의 · 엘지노동조합 창립 4주년 기념식 및 2008년 정기 대의원대회, 확대간부수련회 준비사항 등 공유
3월	6일	조합 창립 기념식	노동조합 창립 4주년 기념식(2월14일)
	6~7일	확대간부수련회 및 정기 대의원대회	· 2007년 회계 감사 보고 및 결산승인의 건 가결 · 2008년 사업 계획 및 예산 승인의 건 가결 (상무집행위원 인준 포함) · 조합비 조정의 건 가결 · 노동조합 규약 일부 개정의 건 수정가결 · 2008년 운영위원 선출의 건 가결 · 2008년 임금단체협상 진행 계획 보고 · 투쟁 기금의 향후 관리 및 처리에 관한 내용 논의
	19일	재무컨설팅 실시	조합원 대상 제2차 무료 개인 재무컨설팅 실시
	28일	대외 교류	일본 카드사 노동조합 간부 조합 방문 · 향후 교류 협력 강화 의견 공유
4월	1~4일	알뜰장터	엘지패션 제휴 알뜰장터 4일간 시행, 본사 8층 회의실
	8일	운영위원회 및 상무집행위원회	· 2008년 임금 및 단체협상 노동조합 교섭위원 선임의건 가결 · 지구·지회 변경의 건 가결 · 2008년 정기 대의원대회 및 확대 간부수련회 결과 보고 · 2008년 1분기 노사협의회 진행 경과 보고 · 상반기 집행부 현장 방문 계획(안) 보고 · 2008년 임금 및 단체협상 진행 방안 논의 · 투쟁 기금 환불 관련 사항 논의
	11일	2008년 1/4분기 노사협의회 실시	통합 HR제도 보완, 우리사주문제, 근로 조건 등 협의
4월 18일 ~5월 22일		집행부 현장 방문	지구별 단위의 전국 지점, 센터 등 현장방문 실시 5월 7일 본사, 제주 / 5월 8일 당산동 사옥 / 5월 9일 스타디아빌딩 5월 13일 강릉, 원주 / 5월 14일 보라매센터 / 5월 15일 인천, 부천 5월 16일 일산, 영등포 / 5월 19일 광주 / 5월 20일 전주 / 5월 21일 부산, 창원 5월 22일 고객만족센터
4월	22일	2008년 임단협 상견례	2008년 임단협 KICK-OFF를 포스트타워 21층 임원 회의실에서 실시함

월	일	행사/내용	비고
	30일	조합 소식 공지	"제118주년 노동절(May Day)를 기념하며…" 게시
5월	14~18일	효도 관광 시행	제3차 효도 관광 시행(태국, 일본)
5월	23일	임시 대의원대회	· 투쟁 기금 환급의 건 가결 · 운영위원 보궐 선출의 건 가결 · 2008년 임금 및 단체협상 노동조합(안) 보고 · 노동조합 통합 관련 진행계획 보고 · 2008년 집행부 현장 방문 결과 보고 · 노동조합 조직 활성화 방안 논의 · 봉사 활동 세부기준 변경 관련 공유 · 노동조합 경조금 지급 기준 변경 논의
6월	9~10일	쇠고기 재협상 촉구 대회 참가	쇠고기 재협상 촉구 사무금융노동자 행동의 날 참가
	10일	운영위원회	· 노동조합 경조금 지급기준 일부 변경의 건 가결 · 2008년 임금단체협상 진행 경과 및 향후계획
	27일	투쟁 지침	2008년 임금 협상 투쟁 지침 제1호 · 투쟁 조끼 및 투쟁 풍선 부착
7월	3일	임시 대의원대회	· 2008년 임금 협상 노사 잠정합의(안) 가결 · 노동조합 명칭 변경 검토 논의
	4일	2008년 임금협상 체결식	2008년 임금협상 타결로 인한 체결식을 임원 회의실에서 진행
	7일	노동조합 통합 합의서 체결식	금융노조 신한카드지부와 노동조합 통합 추진 합의 - 합의서 체결식 진행 - 통합추진위원회 구성 진행 합의
	9일	통닭 DAY	7월 1차 조합원의 날을 맞아 전국 지회에 통닭 배달 시행
	28일	상반기 회계 감사	2008년 상반기 회계 감사 결과 공고
7월 ~8월	31일 31일	아이스 이벤트	포스트타워, 해운센터, 역삼사옥 세 곳을 대상으로 아이스이벤트 실시
8월	4일	디지털 카메라 특판 행사	후지필름과 제휴하여 디지털 카메라 특판 행사 실시
	14일	auto oasis 할인서비스 행사	신한카드 임직원 대상 auto oasis에서 공임 할인 서비스 실시(2008년 8월 14일~2009년 12월 1일)
	28일	운영위원회 및 상무집행위원회	· 2008년 3분기 노사협의위원 선임의 건 가결 · 2008년 3분기 노사협의회 진행 계획 보고 · 노동조합 통합추진위원회 진행 경과 보고 · 노동조합 명칭변경 진행 계획 보고 · 2008년 단체협상 진행 계획 보고 · 위원장배 체육대회 및 2008년 한마음대행진 관련 사항 논의
9월	1~25일	HP노트북 특판 행사 실시	HP와 제휴하여 노트북 초특가 할인 행사 실시

	30일	08년 3/4분기 정기 노사협의회 실시	복리 후생 제도 개선, 2008년 전사체육대회, 2008년 노사화합연수 등 협의
10월	1~18일	의료 할인 행사 실시	치과, 피부과 할인행사 실시
	1일	신한카드 출범 1주년	신한카드 출범 1주년 기념 행사 실시
	10~11일	LG패션행사	LG패션 맞춤정장 할인 행사 실시
	11일	생태놀이교실 실시	사무금융연맹과 LG카드노동조합 여성/문화국이 함께 진행하는 생태놀이교실 실시
	16일	임시 대의원대회	· 노동조합 규약 일부 변경의 건(노동조합 명칭 변경 관련) 가결 · 노동조합 통합추진위원회 진행 경과 보고 · 2008년 단체협상 진행계획 보고 · '엘지카드 노동조합 활동사(가칭)' 출간 추진계획 보고 · 상각채권 아웃소싱 진행 경과 보고 · 콜/DM센터 도급 확대 관련 사측안 보고
	21일	콜/DM센터 도급 확대	"상각채권 아웃소싱, 콜/DM센터 도급화 확대에 대하여" 게시
	27일	운영위원회	'(가칭)엘지카드 노동조합 활동사' 출간 추진 계획 가결
	27~31일	도급 관련 현장 방문	콜/DM센타 도급화 관련 현장의견 수렴을 위한 현장 방문 실시
10월 ~11월	28일 6일	상각 채권 O/S 관련 현장 방문	상각채권관련 현장의견 수렴을 위한 현장 방문 실시
11월	13일	운영위원회 및 상무집행위원회	· 노동조합 통합 관련 진행 경과 및 향후 계획 보고 · 2008년 단체협상(경영 성과급 제도화 포함) 진행 경과 및 향후 계획 보고 · 상각채권 O/S 및 운영센터 도급 확대 관련 진행 경과 및 향후 계획 보고 · 기타 현안 이슈 논의
	20일	임시 대의원대회	· 노동조합 통합의 건 가결 · (노동조합 통합에 따른) 규약 변경의 건 가결 · 2008년 단체협약 잠정합의안 승인의 건 가결 · 경영 성과급 제도화 감정합의안 승인의 건 가결 · 콜/DM센터 도급화 확대 및 상각채권 아웃소싱 진행 경과 보고 · 2008년 정치자금 기부행사 논의
11월	24일	통합 선언식 및 합의서 체결식	노동조합 통합 선언식 및 2008년 단체협상/ 경영성과급 제도화 관련 합의서 체결식
12월	1일	조합 통합 출범 기념식	신한카드 노동조합 출범 기념식 거행
2월	1~2일	통합 대의원 워크숍	통합 대의원 워크숍 실시